U0596499

中國史學基本典籍叢刊

元朝名臣事略

〔元〕蘇天爵 撰
姚景安 點校

中華書局

圖書在版編目(CIP)數據

元朝名臣事略/(元)蘇天爵撰;姚景安點校. —北京:中華書局,2019.11(2021.6 重印)
(中國史學基本典籍叢刊)
ISBN 978-7-101-14172-6

Ⅰ.元… Ⅱ.①蘇…②姚… Ⅲ.政治人物-生平事迹-中國-元代 Ⅳ.K827=47

中國版本圖書館 CIP 數據核字(2019)第 222398 號

初版責編:崔文印
本版責編:許 桁

中國史學基本典籍叢刊
元朝名臣事略
〔元〕蘇天爵 撰
姚景安 點校
*
中華書局出版發行
(北京市豐臺區太平橋西里 38 號 100073)
http://www.zhbc.com.cn
E-mail:zhbc@zhbc.com.cn
北京瑞古冠中印刷廠印刷
*
850×1168 毫米 1/32 · 11¼印張 · 2 插頁 · 208 千字
2019 年 11 月北京第 1 版 2021 年 6 月北京第 2 次印刷
印數:3001-6000 册 定價:38.00 元

ISBN 978-7-101-14172-6

目録

卷第七

卷第八

卷第九

前言

元朝名臣事略十五卷，元末蘇天爵撰輯，原名國朝名臣事略，清乾隆中武英殿聚珍版刊行本書，改爲今名。本書是一部史料價值很高的傳記體專著，記述了元初四十七位名臣的事迹，在元代史學著作中是頗有代表性的。

一

蘇天爵字伯脩，人稱滋溪先生，真定（今河北正定）人，生于元世祖至元三十一年（一二九四），卒于順帝至正十二年（一三五二），其事迹具見元史本傳。這裏着重探討他的思想形成過程、在學術上的成就及元朝名臣事略有關的情況。

元代真定蘇氏爲望族，蘇天爵之曾祖誠，「當國初自汴還真定，買别墅縣之新市，作屋三楹，置書數十卷」，[一]且以「獨能教其子」名鄉里。其祖榮祖，「幼穎悟善學」，後「家藏書數百卷，手録讎校不倦」，[二]名其藏書處爲滋溪書堂，亦「教子甚嚴」。其父志道，歷官憲府史、中書掾、刑部主事，終嶺北行省郎中，「好讀書，尤尊信大學及陸宣公奏議，未嘗去左右。

篤于教子，餘俸輒買書遺之。」〔三〕「又嘗因公事至江之南，獲萬餘卷以歸」。〔四〕蘇天爵就出生在三世知書、富于藏書、嚴于教子的書香世家，自幼受熏陶，「少讀孔氏書」，〔五〕稍長「即從同郡安敬仲先生受劉公（因）之學。〔六〕這位安先生是劉因的私淑弟子，「其學一以聖賢爲師，尤深于六經語孟」，「入學以居敬爲本，讀書以經術爲先」。〔七〕天爵爲安熙敬仲的入室弟子，但「未卒業，奉親北上」。〔八〕到大都後，「既入胄監，又得吴公（澄）、虞公（集）、齊公（履謙）先後爲之師。故其清修篤志，足以潛心大業而不惑于他歧，深識博聞，足以折衷百代而非同于玩物。」〔九〕蘇天爵所受的系統、嚴格的儒家教育，並得到名師指點，對其一生的發展有着重要影響。

延祐四年（一三一七）試國子生，「伯脩試碣石賦，文雅馴美麗，考究詳實」，受到以御史監考的一代文宗馬祖常的賞識，特拔列爲第一。〔一〇〕于是「釋褐，授從仕郎、大都路薊州判官」，遂步入宦途。〔一一〕在蘇天爵近四十年的宦海生涯中，特別值得一提的，是他曾在史館供職多年，泰定元年（一三二四）爲翰林國史院典籍官，陞應奉翰林文字。至順元年（一三三〇）又預修英宗實録、明宗實録；〔一二〕二年陞修撰，並參加經世大典的纂修。元統二年（一三三四）又預修文宗實録，因遷翰林待制。在八年中三爲史屬，在元代實爲殊遇，這對其一生，尤其是在史學上的成就，有決定性影響。他曾説：「昔者天爵爲太史屬，侍會稽袁公

（桷）、蜀郡虞公（集），聞説故國世家衣冠人物之懿，蓋嘗慨想其遺風餘論」，〔一三〕使其眼界大開，並由袁桷之薦而預修英宗實録，從此進入史學領域，而且國史館的豐富史料，遠非他處可比，對少時就「好博觀前言往行」，「年弱冠即有志著書」的他來説，真乃如魚得水。在這期間，他不僅完成了元朝名臣事略的編纂，還使可與姚鉉唐文粹、吕祖謙宋文鑑鼎立的元文類的編輯工作順利結束，再加上他預修四朝實録及參加編纂經世大典，對元代史學的發展及基本史料的保存，作出了巨大的貢獻。明初修元史，直接或間接地利用了這些著作，時至今日，人們研究元代歷史，亦無不極端重視元朝名臣事略和元文類。

許有壬在元朝名臣事略序中説：「今士大夫，用心如伯脩者幾人？世所望于太史氏，出於事略之外者，其將有所屬乎？」對蘇天爵此書給予了充分肯定。他的成就，與當時崇尚文治有密切關係，師友們的提攜與相互影響，更是不容忽視的客觀條件，但就其本人的特質來説，亦有值得研究之處。首先是蘇天爵立志頗早，歐陽玄説他「年弱冠即有志著書」，〔一四〕這顯然得益于嚴格的家教和系統的儒家教育，有志者事竟成，這是個重要的起點。然而志向的實現，必須經過長期的艱苦跋涉，他在這點上是深受元代名儒許衡的影響。他認爲「我國家興隆之初，南北未一，覃懷許文正公始得先生（朱熹）諸書，讀之起敬起畏，乃帥學者盡棄舊學而學焉。既相世廟，遂以其學推行天下，迄今海内家蓄朱子之書，人習聖賢之學者，皆文正公輔相之力也。」〔一五〕對「魯齋先生奮起草野，推明聖賢之遺經，篤實踐履」的實踐精神極爲推崇，〔一六〕稱衡爲「篤學力行君子」。〔一七〕正是這「篤實踐履」精神，促使蘇天爵從「在胄館時」，就「手抄近世諸名公及當代聞人逸士述作，日無倦容，積以歲年」，經過二十年的辛勤勞動，終于完成了元朝名臣事略、元文類等彙集元代史料淵藪的巨著。〔一八〕他不是只説不練的假儒，也不是學一套行一套的僞儒。他這種「篤實踐履」儒家學説精神的升華，是追求「先天下之憂而憂，後天下之樂而樂」的境界，〔一九〕使之成爲「獨身任一代文獻之寄，討論講辯，雖老不倦」的學者。

蘇天爵的「篤實踐履」精神，也同樣體現在他的爲政上，不管是長期任職憲臺，還是作爲行政官員，他都是「知無不言，言無顧忌」，以致「夙夜謀畫，須髮盡白」，〔二〇〕是元王朝的忠臣。面對元末農民起義的風暴，他痛心疾首地指出：「郡縣貪污苟且之徒，德既不足綏懷，威又不能臨制，假以號令，專務煩苛，其徼之作弗靖者，蓋有所自矣。不然，好生而惡死，喜安而惡危，皆人情之常也，東南之民何獨異于人哉！　當國者可不深謀長慮，以求其故歟！」〔二一〕雖然如此，他至正十二年（一三五二）爲江浙行省參政時，「總兵于饒、信，所克復者一路六縣」，「然以憂深病積，遂卒于軍中」，〔二二〕成了元王朝的殉葬品。

蘇天爵的著述頗豐，據元史本傳記載，有元朝名臣事略十五卷、元文類七十卷、滋溪文稿三十卷、詩稿七卷、松廳章疏五卷、春風亭筆記二卷，遼金紀年、黄河原委未及脱稿；又曾預修武宗實録、文宗實録。黄虞稷千頃堂書目著録其著作九種，治世龜鑑一卷、兩漢詔令□卷爲本傳所未著録。金門詔補三史藝文志又著録其預修泰定帝實録和明宗實録。錢大昕補元史藝文志計著録其著作十二種，讀詩疑問一卷及衛王事迹爲上述書目所未著録。四庫全書總目實際上著録了九種，劉文靖公遺事一卷則爲總目僅録。綜上各種書目之著録，其著作計十三種，又預修四朝實録。蕭啓慶教授在蘇天爵和他的元朝名臣事略一文中，又指出天爵曾預修英宗實録、參修經世大典，並與謝端合著正統論。那麽，總計蘇天爵著作共有十四種，又預修五朝實録，及參修經世大典。流傳至今的著作有元朝名臣事略、元文類、滋溪文稿、治世龜鑑和劉文靖公遺事五種。這裏有兩個問題需要澄清，一是預修武宗實録的問題，二是遼金紀年是否已脱稿。

蘇天爵預修武宗實録，首見于元史本傳：「至順元年預修武宗實録」，上引各家書目，除錢大昕補元史藝文志外，均有著録。但據元史文宗紀記載，至大四年(一三一一)五月，「命翰林國史院纂修先帝實録及累朝皇后、功臣列傳」；程鉅夫傳云：「皇慶元年(一三一二)，修武宗實録。」其他有關纂修武宗實録的記載，亦云即在此時。按下一朝修上一朝實録的慣例，這種記載是可信的。是時，蘇天爵只有十七八歲，到了延祐四年(一三一七)才由國子生試爲第一，步入仕途，直至泰定元年（一三二四）始入國史院，在此之前的十多年是不可能預修武宗實録的。至順元年蘇天爵確實預修過實録，但不是武宗實録，而是英宗實録。英宗實録始修于泰定元年，由吴澄「總其事，分局纂修既畢，先生有歸志」，〔二三〕因澄未及上實録而去職，所以蘇天爵云：「英宗一朝大典撰述未終，國有大故，命公（黄清老）與天爵修爲成書四十卷。又奉旨分纂明廟實録，皆藏史館。」〔二四〕英宗實録未最後修成而吴澄去職，當與泰定帝也孫鐵木兒實爲弒英宗碩德八剌後臺事有關，這個問題在泰定朝是絶對弄不清楚的，文宗天曆二年（一三二九）十一月，翰林國史院曾上言：「纂修英宗實録，請具倒剌沙款伏付史館」，〔二五〕就道出了其中的緣由，因倒剌沙是也孫鐵木兒的親信，鐵失等正是由斡羅思將欲弒碩德八剌、擁立晉王也孫鐵木兒之謀，通過倒剌沙而達于晉王的。然而蘇天爵之預修英宗實録，並非始于至順年間，在他寫的袁桷墓志銘中云：「公喜薦士，士有所長，極口稱道。公之南歸，會史館將修英皇實録，今中書左丞吕思誠、翰林直學士宋褧、河南行省參政王守誠，皆新擢第，公薦其才堪論纂，天爵與焉。」〔二六〕據元史袁桷傳，其南歸在泰定初，時天爵任職國史院，預修英宗實録乃順理成章之事。

至于遼金紀年，元史蘇天爵傳將其與黄河原委一併列爲「未及脱稿」，蕭啓慶教授在蘇天爵和他的元朝名臣事略中亦持此説。實則遼金紀年是寫作已畢的。王理在名臣事略序中云天爵嘗閲「遼、金簡而徑，事多湮昧。於是著其故〔實〕，輯其闕漏，别爲遼金紀年。」宋本在至順二年寫的滋溪書堂記中亦云：「其所著書曰遼金紀年、曰國朝名臣事略者，皆脱稿。」〔二七〕是遼金紀年之已脱稿可爲定讞。

二

元朝名臣事略的史料價值向爲學者所公認。本書所收録之人的事迹均輯於相關人的碑銘、墓誌、行狀、家傳及時人文集和其他記載，全書引文達一百二十三篇，都是第一手資料，有不少篇章就靠本書得以保存，如元初著名文人王鶚、王磐、徐世隆、閻復、元明善、李謙等人的文集今已不存，他們的不少名篇即只見於本書。如繆荃孫就把本書保存的記載土土哈事迹的紀績碑、記載完澤事迹的勛德碑輯入閻復的静軒集，有關商挺事迹的記載唯本書所引墓碑最爲完備，亦被輯入元明善的清河集，足資證明本書有極高的史料價值。再如蒙古國開國元勛之一的木華黎，被列爲四傑之首，其生平事迹亦靠此書得以流傳後世。本書卷四平章魯國文貞公多取材于姚燧神道碑，而此碑却不見於傳世的牧庵集和元文類中，其記事亦與元史本傳頗有出入。類似的例子還不少，這正是人們珍視本書的原因之所在。元朝名臣事略還有很高的校勘學上的價值。如清光緒年間重刊姚燧牧庵集時，就曾因本書

「采取姚燧之文甚夥」，即取以「參互考證，藉資審定」。〔二八〕再如卷二丞相河南武定王，全取材于王惲大元光禄大夫平章政事兀良氏先廟碑銘，此文唯見秋澗集卷五十。然而秋澗集脱文、墨釘頗多，至有難于卒讀者，廟碑即有此類問題。幸有本書可資校勘，計補廟碑脱文、墨釘十六處四十字，使之成爲完璧。卷七丞相史忠武王，亦泰半取資王惲開府儀同三司中書左丞相忠武史公家傳，見秋澗集卷四十八。家傳除數處墨釘靠本書補正外，在記述史天澤攻金武仙下仙之巢穴高公、抱犢諸寨後，只云：「繼又取相、衛」，此下記述他事，而本書却云：「繼又下相、衛蟻尖、蒼峪、馬武京等砦。」如無本書記載，則史天澤所攻取者似乎是相、衛全境了，這是有悖史實的。又如見于元文類卷五十的齊履謙知太史院事郭公行狀，是本書卷九太史郭公的唯一史料來源。讓人奇怪的是，行狀記述中統三年郭守敬「面陳水利六事」，却只列五事，唯有事略記有「其六，黄河自孟州西開引，少分一渠經由新、舊孟州中間，順河古岸下至温縣南，復入大河，其間亦可溉田二千餘頃」的記載，如無本書，恐怕這「其六」就永遠湮没無聞了。

關于元朝名臣事略的編纂，歐陽玄在本書序中説天爵「初爲胄子，時科目未行，館下士髫言詞章講誦，既有餘暇月，筆札又富，君獨博取中朝鉅公文集而日鈔之，凡而元臣世卿墓表家傳，往往見諸編帙中。及夫閒居，紀録師友誦説，於國初以來，文獻有足徵者，彙而萃之，始疏其人若干，屬以其事，中更校讎，櫛去而導存，抉隱而蒐逸，久而成書」。在本書諸序跋中，王守誠跋最早，爲天曆二年（一三二九）二月，故成書似不得晚于此時，而天爵爲胄子乃延祐四年以前事，則本書編輯歷時十餘年，經仁宗、英宗、泰定、文宗四朝，用力可謂勤矣。蒙、元「百餘年來，元勛偉績世未盡白，故老知者湮没無幾，家乘志銘不能家至而徧知」的問題，〔二九〕由于本書的問世，部分地得到了解決。

四庫全書總目提要説本書的編纂體例，「蓋仿朱子名臣言行録例，而始末較詳；又兼仿杜大珪名臣碑傳琬琰集例，但有所棄取，不盡録全篇耳。」蘇天爵克服了兩者的缺點，這是他得益于「培學上庠，歷史屬久，故考之也詳，擇之也審」，使本書「條有徵據，略而悉，豐而核」，〔三〇〕將此類書的編纂水平大大提高了。韓儒林教授在影印元刊本國朝名臣事略序中還指出：「此書四十七篇事略，都是元朝前期的名臣，除前四卷所録都是蒙古人、色目人外，其餘都是漢人（其中没有南人），而元史列傳前三十二卷都是蒙古人和色目人，三十三卷以下都是漢人和南人，可見元史連列傳的編次也是仿照此書的。」且不説明初仍如此做是否恰當，本書編纂體例的影響却是不容忽視的。

當然，無論就本書的收録范圍，還是編纂體例上，也不是無懈可擊的。首先，以國朝名臣事略之名核諸書中收録之人，即不無可議者。本書許序云：「國朝真才雲集，是編才四十七人，有齊民知名而未録者。」已明確指出了本書收録人物的局限性。再分析一下所收録的四十七人，除木華黎、耶律楚材、楊惟中、汪世顯、嚴實、楊奂六人爲元憲宗朝以前人物外，其餘四十一人均爲元世祖忽必烈時代的人物，亦即元朝開國之臣，以此元初一朝之四十餘人爲主體却冠以「國朝」之名，似乎欠妥。蘇天爵本人在四先生畫像記中曾云：「少時好觀前言往行，是以竊取國初名公行事識之，以爲師法。」〔三一〕爲何將名實相符的「國初」改爲「國朝」，則不得而知了。

其次，廿二史劄記元史迴護處云：「元史亦多迴護處，非明初修史諸人爲之著其善而諱其惡也，蓋元時所纂功臣等傳本已如此。」元朝名臣事略亦復如此。如元史張雄飛傳云：「阿里海牙以降民三千八百户没入爲家奴，自置吏治之，歲責其租賦，有司莫敢言。」世祖紀至元十七年正月載：「敕相威檢覈阿里海牙、忽都帖木兒等所俘丁三萬二千餘人，並放爲民。」直至十九年四月行御史臺還言：「阿里海牙占降民爲奴，而以爲征討所得。」〔三二〕至元二十年崔彧又奏：「阿剌海牙掌兵民之權，子姪姻黨分列權要，官吏出其門者十之七八，其威權不在阿合馬下。」〔三三〕這些事關重大又多年未解決的問題，本書卷二丞相楚國武定公却只字不提。再如本書卷四平章魯國文貞公記載了土土哈「多取編氓入籍，中書遣僉行省臣王國用覈之，爲所螫正什七，彼遂讒其專行不奉詔」，國用因此幾乎被殺。而卷三樞密句容武毅王中又祇云：「有旨欽察種人或隸諸王或在民編，皆命析出隸公部伍。」絶口不談其擾民及誣陷王國用事。他如嚴實曾被金俘；〔三四〕姚樞至元十二年反對在伯顔攻占之宋地推行鈔法，忽必烈斥其爲「不識事機」，〔三五〕均不見于本書傳文。這些問題的存在，是因本書主要取材于傳主後代、門生、故吏等提供資料而寫成的碑銘、墓誌、行狀、家傳等等，其揚善抑惡勢在必然，這正是本書編纂體例上的一個重要缺陷。

三

元朝名臣事略的版本，見于現藏國家圖書館等處的，有元刻本、明鈔本、清影元鈔本、清鈔本、清武英殿聚珍本、畿輔叢書本等。

元刻本，現只有元統乙亥（三年，一三三五）余氏勤有書堂刊本，即本書的祖本。但此本流傳不廣，到明正統（一四三六—一四四九）中楊士奇撰文淵閣書目，已不見于著録。這個刻本爲半葉十三行，行二十四字，有許有壬、歐陽玄、王理序和王守誠跋，目録之末刻有「元統乙亥余志安刊于勤有書堂」一行，第一卷卷題之下行題「趙郡蘇天爵伯脩輯」。除了余氏刊本之外，元代還有無其他刊本，有人提出過懷疑，清嘉慶間鄧邦在一清鈔殘本跋中推測有「必勝于勤有」本者，即是一例。本書許序云：「國朝名臣事略十五卷，湖北憲刻諸梓，徵叙其端。」此序作于至順壬申（三年，一三三二），似在余氏刊刻之前已有刻本。清人李文田在漢陽葉氏平安館鈔元刻本跋中説本書「刊于至順辛未（二年，一三三一），世有藏本。」但至今未發現至順刊本。

元代建安余氏勤有書堂刊刻的書，是很有些名氣的，質量比較好，本書即是一例，證諸現存于元文類及其他元人文集中本書所引用的原始資料，便可知曉。確定元余氏刊本是本書的祖本，證據有二。一是明祁氏澹生堂鈔本出于元余氏刊本，這不僅表現在正文行款相同，其卷二丞相楚國武定公第十三、十四兩葉闕文，正是由于所據之元刻本版子斷爛造成的，這點可由清漢陽葉氏平安館鈔元刻本得到證明。其他各種清鈔本，包括聚珍本所據的于敏中家藏本，與明鈔本亦同出一源。二是元余氏刊本卷四丞相順德忠獻王附啓昔禮事迹中「英」字已漫漶，卷七平章廉文正王「開罪」之下有五字爲墨釘，現存各種本子，這兩處無一例外地爲闕文。這就足以説明元余氏勤有書堂刊本是本書的祖本。

有明一代對元史的研究是很不够的，這也許是北元、蒙古的存在一直是明王朝的一大威脅，因之諱言元事造成的。國朝名臣事略恐怕也受了這種影響，迄未重刻過，明代只有一種鈔本流傳至今，即祁氏澹生堂鈔本。此本除了上文已提到的卷二闕文，卷十一樞密趙文正公「初我師取四川」之下脱去六葉，即元余氏刊本的第十二至十七葉，其中包括參政賈文正公之首的三葉半，至使賈傳只保留了一葉，造成趙、賈二傳合二而一。據卷二丞相楚國武定公造成兩葉脱文的原因，似可斷定此處六葉脱文，亦爲鈔本所據元刊本是斷爛版較甚的殘本。清道光四年(一八二四)黄丕烈得到了祁氏鈔本，並「借(張)訒菴手校元本，增補缺失，改正訛誤」，「凡所增補，悉附于後，恐失真也。」黄氏所增補者，除上述八葉脱文，還有許序、王跋。並針對此本的嚴重錯誤云：「書之貴元刊，而舊鈔之不可信有如此者。」〔三六〕然而就此明鈔本而言，其脱誤正是刷印較晚的元刊本之斷爛版造成的，黄氏因未見光緒壬申(十八年，一八九二)李文田跋清鈔元刊本，故有是議。誠然，不少鈔本質量欠佳是常事，下文所談清鈔本的問題即可爲證。至于許序、王跋是原闕，亦或明鈔者有意删去，以彌合卷十一之闕文，尚難斷定。

值得引起重視的是，明祁氏鈔本的這種情況，一直延續到清代，乾隆(一七三六——一七九五)中葉武英殿聚珍版刊行本書，所用的于敏中家藏本，與明祁氏鈔本並無二致。于氏家藏本係出明祁氏鈔本，或另有所據，現不得而知，但爲祖于元刊殘本當無問題。聚珍本因卷十一之闕文而少了參政賈文正公的題目，使全書總人數由四十七人變成了四十六人，就把卷首四庫提要説的「凡四十七人」改爲「凡四十六人」。再加上奉乾隆諭旨改譯了人名、地名、官名，更弄得面目全非，使人們利用此書更加困難。而一般讀者見到的又恰恰只有這個本子，可見其影響之深廣。這種情況的出現，當然要由清人負責，但明人對元史研究不深入，對元代史籍的保存整理幾乎未做任何工作，也是難逃其咎的。

更讓人遺憾的是，過了一百年後的光緒十三年（一八八七），王灝刊刻畿輔叢書時，又收有此書，用的仍是聚珍本，雖其内封背面刻有「新城王鄂校」，却未做什麽校訂工作，這是很不應該的。因爲在這百餘年里，乾嘉學派已形成，不僅對元史的研究大大前進了，對本書的版本研究、校勘也有了突破性進展，以黄丕烈爲代表的不少人做了大量工作。從嘉慶十一年（一八〇六）至道光四年（一八二四），發現了元元統乙亥余志安勤有書堂刊本，還發現了清影元鈔本及數種清鈔本，並校補了明祁氏澹生堂鈔本。這些本子大多優于聚珍本，至少未改譯過人名、地名、官名，尤其是元刊本的發現更爲有價值。但王灝却未把眼界轉向學術界和藏書家們，對他們的成果未加利用，却再一次繼續了聚珍本的失誤，閉門造車，抱殘守缺，實在有愧時人。

光緒二十年（一八九四），福建重刊聚珍版，傳以禮重刊跋云：「原版歲久漫漶，各卷脱文誤字多不勝乙，爰屬孫明經用譽再取元統、影元兩本逐一對勘，擇善而從，其有兩本誤而聚珍本不誤，與夫字句多寡，聚珍本之義較長者，悉仍其舊。」「另繕潔本重録，並成校勘記一卷附後。」「從此海内讀者當同所愉快。」應該説此次重刊聚珍本是下了功夫的，校正了原版的不少錯誤，最重要的是補了卷十一的六葉脱文，使趙良弼、賈居貞兩傳得以分開。但奇怪的是卷二的兩葉脱文却未補正，且又出現了卷四平章魯國文貞公「爲吏曹歷工曹轉刑曹凡三爲尚書其位士師用獄惟理詰折俾自屈服不加搒掠神道碑」的一段脱文（爲元刊本兩行），許有壬序、王守誠跋亦未補刊。這種粗疏是極不應該的，因傅跋中明明寫着：「素稔錢塘丁明府丙藏有影元刻舊鈔，爰廣書借校，附以闕鐫舊帙，明府屬羅茂才椠勘補五千餘言。復從歸安陸觀察心源所藏元刊元印本增許有壬、王守誠二序。」如果説乾隆年間改譯的人名、地名、官名，因礙于皇帝諭旨不便回改還可以理解的話，直至光緒二十年的刊本尚不能搞出個足本，就説不過去了。

上述就是清代三個刊本的基本情況，總的來説不能令人滿意。到了「清末，歸安陸心源（一八三四—一八九四）撰群書校補，有名臣事略校補四卷，根據元刊本校殿本，把改譯了的人名、官名、地名一一給改回來，錯字脱文也一一改正，才使讀者得見此書的真面。」〔三七〕但人們利用本書仍很困難，因之一九六二年中華書局影印了元統乙亥余志安勤有書堂刊本，使從事蒙、元史研究的同志們爲之「歡喜贊嘆」。然而從元刊本問世到重新影印，時間已流逝六百餘年，治學之難，善本流傳之艱，于此可見一斑，從事古籍整理工作不宜慎乎！

清鈔本元朝名臣事略，現藏于北京圖書館的有四種，其共同點是均名爲國朝名臣事略，人、地、官名未改譯過。清代本書鈔本的流行，是因明代未刊過此書，清乾隆中葉雖有武英殿聚珍本的刊行，却脱誤甚多，又改譯了人、地、官名，弄得面目全非； 至于元刻本，則已成稀世之寶，道光年間竟「索直五十餅金」，〔三八〕更遠非一般讀者所能購買，鈔本的流行正好補了這些缺憾。

第一種清鈔本有嘉慶十一年（一八〇六）黄丕烈、鄧邦述跋和陳鱣校後記。黄跋云：「丙寅（嘉慶十一年）春買得惠氏遺書中，有蘇天爵名臣事略一書，惜只七卷，余家雖有鈔本兩部皆全，然未敢信其必從元刻出，因假得香嚴書屋藏元刻本，照其行款補録八卷至十五卷。此七卷似系舊鈔，未忍輕棄，遂用之手校元刻于上，孰知行款（半葉十行，行二十二字）即未同，文理亦多謬，甚至脱落幾葉此僅空幾字僞之，始知鈔本之不足信也。」陳記則明確指出此本缺葉爲「第二卷既缺二葉，又第九卷缺一葉、第十一卷缺六葉，又缺許序三葉、王序一葉，計前後十三葉（爲元刻本葉數）。」鄧跋又明確了「鈔本所據亦爲元統乙亥余氏勤有書堂刊本」，並提出「何以兩本出入如此」的疑問。

與第一種清鈔本類似的是光緒壬辰（十八年，一八九二）李文田校跋的第二種清鈔本，其封面題有「漢陽葉氏平安館鈔元刻」，前七卷行款同元刊本，第八卷之後改爲半葉十二行，行二十二字，顯爲配鈔本。此本亦缺許序、王跋；明祁氏鈔本卷二所缺的兩葉，此爲斷版；卷十一左丞李忠宣公自至元「七年上以蝗旱爲憂」始，脱去五行（爲元刊本行數，適爲一段）；卷十二内翰王文康公脱「庚戌春」三字（爲元刊本一行）。由此本卷二之兩葉斷版，可以判定明祁氏鈔本所據爲刷印較晚、已有斷爛版的元刊本。與第一種清鈔本相較，二者似同出一源。

第三種清鈔本，爲半葉十二行，行二十四字，有嘉慶己巳（十四年，一八〇九）張紹仁跋和道光癸未（三年，一八二三）黄丕烈跋。張跋云：「名臣事略吾家曾蓄元刊本，乃吴枚庵舊藏物也，中有漫漶。丁卯（一八〇七）季秋蕘圃黄君易去，以香嚴書屋精本校補，遂爲完璧。余得此鈔本，中多闕字，與元本漫漶處正同，想即祖前本録出耳。且抄手甚劣，有全行脱落者。今閒居多暇，因復從黄君借得校定元本校讀一過，闕者補之，訛者正之。」經張氏校補後，使之成爲完本。

第四種是清影元鈔本，黄丕烈在此本跋中交待，是本原爲吴伊仲所有，並作了校補，後轉歸張氏執經堂，最後爲黄氏所得。此本爲足本，行款與元余氏刊本無異，抄寫亦佳，爲清鈔各本之佼佼者。

這次點校本書，以中華書局影印的元統乙亥余志安勤有書堂刊本爲底本，校以上述明、清鈔本，清畿輔叢書刊本和光緒二十年福建刊聚珍本，吸收了明、清鈔本及聚珍本的校勘成果。叢書集成收有本書，整理時亦作爲參考，然而叢書集成所據爲聚珍本，已先天不足，雖作了斷句，却有不少失誤。本書所收四十七人，元史均有傳，校勘時一一作了核對。另外，蘇天爵撰輯本書時所引用的原文，現見于元文類和元遺山文集、還山遺稿、藏春集、許文正公遺書、郝文忠公集、中庵集、秋澗集、牧庵集、道園學古録及元典章等書中的，有近五十篇，亦均校核了原文。爲了使讀者了解蘇天爵和本書，將元史本傳和四庫全書總目名臣事略提要，作爲附録置于書末。目録是新編的。

限于水平，點校失誤難免，敬請讀者指正。

姚景安

一九八八年五月

注　釋

〔一〕滋溪書堂記，元文類卷三一。四部叢刊本，下同。

〔二〕真定蘇氏先塋碑，道園學古録卷一四。四部叢刊本，下同。

〔三〕嶺北等處行中書省左右司郎中蘇公墓碑，道園學古録卷一五。

〔四〕滋溪書堂記，元文類卷三一。四部叢刊本，下同。

〔五〕書孔子及顔子以下七十二賢像，滋溪文稿卷三〇。民國天津徐氏刊本，下同。

〔六〕滋溪文稿趙汸序，卷首。

〔七〕默菴先生安君行狀，滋溪文稿卷二二。

〔八〕祭默菴先生墓文，滋溪文稿卷二四。

〔九〕滋溪文稿趙汸序，卷首。

〔一〇〕滋溪文稿馬祖常跋，目録後。

〔一一〕蘇天爵傳，元史卷一八三，中華書局點校本，下同。

〔一二〕見元故奉訓大夫湖廣等處儒學提舉黄公墓碑銘並序，滋溪文稿卷一三。元史蘇天爵傳云：「預修武宗實録」，誤，詳見後文。

〔一三〕題馬氏家藏宋名公尺牘後，滋溪文稿卷二八。

〔一四〕元朝名臣事略序。

〔一五〕題晦菴先生行狀後，滋溪文稿卷三〇。

〔一六〕題魯齋先生手書後，滋溪文稿卷三〇。

〔一七〕題魯齋先生遺書後，滋溪文稿卷二八。

〔一八〕元文類王守誠跋，卷末。

〔一九〕題胡古愚隱趣園記，滋溪文稿卷三〇。

〔二〇〕蘇天爵傳，元史卷一八三，中華書局點校本，下同。

〔二一〕跋丘侯送行序後，滋溪文稿卷三〇。

〔二二〕蘇天爵傳，元史卷一八三，中華書局點校本，下同。

〔二三〕見故翰林學士資善大夫知制誥同修國史臨川先生吴公行狀，道園學古録卷四四。

〔二四〕見元故奉訓大夫湖廣等處儒學提舉黄公墓碑銘並序，滋溪文稿卷一三。元史蘇天爵傳云：「預修武宗實録」，誤，詳見後文。

〔二五〕文宗紀，元史卷三三。

〔二六〕滋溪文稿卷九。

〔二七〕滋溪書堂記，元文類卷三一。四部叢刊本，下同。

〔二八〕本書聚珍本傳以禮跋。

〔二九〕本書許有壬序。

〔三〇〕本書許有壬序。

〔三一〕滋溪文稿卷二。

〔三二〕世祖紀，元史卷一二。

〔三三〕崔彧傳，元史卷一七三。

〔三四〕見史天倪傳，元史卷一四七。

〔三五〕見阿合馬傳，元史卷二〇五。

〔三六〕均見明祁氏澹生堂鈔本黄丕烈跋。

〔三七〕韓儒林影印元刊本國朝名臣事略序。

〔三八〕本書黄丕烈跋，國家圖書館藏本。

許有壬序[一]

聖元基朔方立人極，世祖皇帝混破裂而一之，廣輪疆理，古職方所未半。其天地之再初乎，渾淪所鍾，命世卓絶之才，實葦出輔成之。故盛德大業之所著，自顥穹生民未之有也。然而百餘年來，元勛偉績世未盡白，故老知者湮没無幾，家乘志銘不能家至而徧知也。仁皇御極，敕太史傳功臣，而玉堂秘奥，世莫得而見焉。監察御史趙郡蘇天爵伯脩輯國朝名臣事略十五卷，湖北憲刻諸梓，徵叙其端。有壬在京師，早知伯脩之才，而未知其有是編也。惟其培學上庠，歷史屬久，故考之也詳，擇之也審。其類例倣朱子言行録，條有徵據，略而悉，豐而核，其四方之争先快覩者乎。竊惟國朝真才雲集，是編才四十七人，有齊民知名而未録者，蓋朱子例，嗣有所得，當續書之也。若是，則四方之快覩者不一，伯脩之學其益昌矣。又不知今士大夫，用心如伯脩者幾人，世所望於太史氏，出於事略之外者，其將有所屬乎？憲長篤禮質班，幕府李穀、王大有，職風紀，育人材，俾觀者率作，是亦韓子所謂「牽聯得書」者也。至順壬申良月中議大夫、前參議中書省事相臺許有壬叙。

歐陽玄序〔二〕

應奉翰林文字趙郡蘇伯脩，年弱冠，即有志著書。初爲胄子，時科目未行，館下士書言詞章講誦，既有餘暇月，筆札又富，君獨博取中朝鉅公文集而日鈔之，凡而元臣世卿墓表家傳，往往見諸編帙中。及夫閒居，紀録師友誦說，於國初以來，文獻有足徵者，彙而萃之。始疏其人若干，屬以其事，中更校讎，櫛去而導存，抉隱而蒐逸，久而成書，命曰國朝名臣事略。他日，余與伯脩同預史屬，從借讀之，作而嘆曰：「壯哉！元之有國也，無競由人乎！若太師魯國、淮安、河南、楚國諸王公之勛伐，〔三〕中書令丞相耶律、楊、史之器業，宋、商、姚、張之謀猷，保定、藁城、東平、鞏昌之方略，二王、楊、徐之辭章，劉、李、賈、趙之政事，興元、順德之有古良相風，廉恒山、康軍國之有士君子操，其他臺府忠藎之臣，帷幄文武之士，内之樞機，外之藩翰，班班可紀也。太保、少師、三太史天人之學，陵川、容城名節之特，異代豈多見哉。至於司徒文正公，尊主庇民之術，所謂九原可作，我則隨武子乎。嗟乎！乾坤如許大，人才當輩出，伯脩是編未渠央也，姑志余所見如是云。天曆己巳四月乙卯翰林待制冀郡歐陽玄謹序。

王理序〔四〕

自古帝王有天下，或受於人，或起而取之，堯、舜禪讓，湯、武弔伐，厥時義大矣。書紀虞、夏之際，易稱湯、武革命，應天順人，皆有輔佐，同心一德，後世可述焉。孟子曰：「五百年必有王者興，其間必有名世者。」傳曰：「有立德立功立言，是謂不朽。」誠哉是言也。三代而降，其盛者曰漢曰唐曰宋。夫子言「革之時」，蓋謂必有不得其義者矣，彼近代是也。皇元起朔方，紹帝運，接天統，資始於天，不因於人，遂大作明命，訓咸宇內。一啓而金人既南，遼海和輯；再啓而西域率服，遂拓坤隅；三啓而靖河北，秦晉戡集，河南是同，分宗子以方社，胙功臣之土；四啓而庸蜀是柔；五啓而江漢奄從，趙氏爲臣。陸道西北見角端，慄海無際，舶乃旋艫。凡有血氣者，莫不尊親，而崇極配天矣。厥初受命，南北割裂，天氣不通，二氏不享，天實醜之，乃眷北顧，俾我聖人作神民主。完顏璟割虐下民，趙叡爽盟背約，自伐喪其國家。大哉貞矣，其允時義也。易曰：「田有禽，利執言。」此之謂也。其始桓毅討伐，虔劉戡定之；其曁肅揚恪勤，棐囷輯柔就緒之；其曁勸相富厚之，定之以上下，道之以名分，淑之以庠序，秩之以禮樂，慶之以官賞，董之以威罰，而天下成矣。列聖運於上，賢臣贊於下，穆穆明明，相須以成，相濟以寧。是故舜有臣五人而天下治，武王有亂臣十人，非虚言也。故論本朝輔亮之臣，其佐命垂統，或鷹揚於外，或運籌於内，有同肇迹之艱難者矣。其輔翼成化，或規模弘遠，或論思密勿，有登治道之鴻熙者矣。翰林修撰趙郡蘇君天爵，始爲成均諸生，好訪當今之故，放失遺迹，構百家行狀、碑誌、傳贊、叙述及他文該載者，見其本末。既而仕爲典籍、應奉，凡三爲史氏，在職八年，遂徵以所知，無所乖舛。於是紀述其故，自國初至于延祐之際，自太師國王以下，或周、召懿親，或岐、豐舊姓，或秉義效順，或降附後見，或策杖上謁，或徵起草野，功格皇天，保乂國家，所謂名世者夫。德器優遠，悉心盡職，不顧己私，所謂不朽者夫。歷代以來，善始善終，未有若今日之懿者也。昔漢高之臣，皆戰國之餘，非南面而王之，不能畢其功，全莫我若也。光武之臣，皆生西漢，多經術之士，功定天下，不過封侯，賞莫我若也。使高、光易世而居，亦不能相反，何哉？其人異也。天生聖賢，共成大業，豈漢敢望哉。書成，凡十五卷，號名臣事略。其事之所載，盡標作者姓氏，亦不相掩也。其名位顯著，功在帝室，求未得者，續爲後録。蘇君嘗閔宋氏以來，史官不得盡其職，載筆之士，多乖故實。宋人詳而不端，曲文以比時。遼、金簡而徑，事多湮昧。於是著其故，輯其闕漏，别爲遼金紀年。皇道之成，與三代同風，身爲史氏，顧己職業，繹而明之，君子哉其用心也。蘇氏，自唐宰相味道以文章顯，宋太師、文忠公軾父子兄弟，〔五〕稱欒城焉，所從來遠矣，繼之者修撰君也。泰定初，故侍講會稽袁公，薦君亮達前代文獻，今侍講蜀郡虞公，舉君該洽，文辭爾雅，由是還修撰云。至順辛未六月辛亥賜進士出身、文林郎、翰林國史院編修官南鄭王理謹叙。

王守誠跋〔六〕

右國朝名臣事略，趙郡蘇君伯脩所編也，爲書凡十五卷，四十又七人。惟我國家起於朔方也，則有國人族姓，服其勤勞。及定中土也，則有才臣碩輔，任其經畫。凡百有爲，天實相之。然猶列聖相承，歷時既久，而大統始集。故世祖之用人，不以異域之臣爲疑，亡國之俘爲賤，拔於卒伍，聘於韋布，皆能佐一王之業，輔萬世之基，致治之規，上軼隆古，何其宏遠哉。概兹在録，其從太祖之肇基王迹，事世祖之受天明命，歷成宗、武宗、仁宗之繼體守文，其時有後先，故人人事功或有異焉。然使昭代之典，焕乎可述，得人之際，於斯爲盛。凡家傳、碑誌之所載者，此得以摭其略，詳則具於國史。蘇君學博而材周，器弘而識遠，今爲應奉翰林文字、同知制誥兼國史院編脩官。天曆二年二月朔旦太常博士王守誠書。

校勘記

〔一〕許有壬序　此序題爲點校者所加。

〔二〕歐陽玄序　原題作「國朝名臣事略序」，現改作此題，以保持各序題體例一致。

〔三〕若太師魯國淮安河南楚國諸王公之勛伐　「楚國」原脱「國」字，據聚珍本補。

〔四〕王理序　此序題爲點校者所加。

〔五〕宋太師文忠公軾父子兄弟　「太師」原作「太史」，宋史卷三三八蘇軾傳云：「高宗即位……遂崇贈太師，謚文忠。」今據改，聚珍本已校。

〔六〕王守誠跋　此跋題爲點校者所加。

國朝名臣事略卷第一

卷一之一

太師魯國忠武王

王名木華黎，札剌兒氏，以戚里從討幕北諸部有功。歲丙寅，拜左萬户，進兵討金。丁丑，封太師、國王、都行省承制行事。癸未，薨，年五十四。

王生於阿難水之東，生時白氣充帳，有神巫見而異之，曰：「此非常兒也。」及長，身長七尺，虎首虬鬚黑面，多謀略，雄勇冠一時，與博爾术、博爾忽、赤老温俱以忠勇佐太祖，時號爲掇里班曲律，猶言四傑也。太常元公撰世家。

太祖軍嘗失利，會天大雪，失牙帳所在，卧草澤中，王與博爾术張氊蔽之，自暮及曉竟不移足。世家。

太祖一日從三十餘騎行谿谷間，有群賊突出叢木中，列射我，矢下如雨，衆皆恐。王引滿向賊三發三殪，徐解馬韉，兩手張翳太祖，麾餘騎射賊，賊引去。繇是太祖益重之。世家。

克烈王可汗爲奈蠻氏曲薛窟撒不剌所困，王可汗之子亦剌哈詳穩繼爲所傷，求援於我。

太祖遣王暨博爾术、博兒忽、赤老温引兵救之，殲其衆於按臺之下，獲甲仗輜重以還。於是王可汗見太祖聖德日隆，左右將士威聲益振，患之，乃合札木哈等潛襲我。會有以其謀來告者，太祖與王等簡精甲夜斫其壘，大破之。王可汗走死，諸大人聞風相率款附，諸部悉平。世家。

歲丙寅，太祖即皇帝位，是歲宋開禧二年、金泰和六年也。上既即位，從容謂王及博爾术曰：「今國内平定，多汝等之力。我之與汝，猶車之轅，猶身之臂，汝等宜體此意，勿替初心。」迺立王及博爾术爲左右萬户，各以其屬翊衛宸極，儀位一如諸侯王。世家。

金降者屢言其主璟殺戮宗親，荒淫殊甚。上曰：「朕興師有名矣。」辛未，大舉南入，擊雲中、九原諸郡，皆下之，進圍撫州。時金軍號四十萬，陳於野狐嶺之北。王抗言曰：「今敵衆我寡，弗致死力未易破也。」即策馬横戈，大呼陷陣。上麾諸軍齊進，日未午，大破之。乘勝追至澮河堡，殭尸百餘里，金兵之精鋭者咸盡。壬申，薄宣德府，遂克德興。世家。

癸酉，金紇石烈執中弑其主允濟，迎豐王珣立之，是爲宣宗。是歲，我師至居庸關，壁堅不得入。以闍别統兵趍紫荆口，金左監軍术虎高琪來拒，不勝，遂潰，進逼中都，圍之。上與皇子槊赤等分三道徇略趙、晉及齊、魯，既還，軍於大口。世家。又張匡衍撰行録云：金人以山後諸郡不可守，即移兵山前。是時，太祖經略山後諸州，皆平，自紫荆關領兵大入，攻帥兀葉兒等軍討之，州郡皆復應官軍，遂擊紅羅山，克之。世家。

州叛，僞稱漢興，改元興隆，略平、灤、瑞、利、義、懿、廣寧等，盡有之。王率先鋒蒙古不花、權監其軍。至平州，鯨果稱病逗留，復謀叛去，阿先執鯨，殺之。鯨弟致憤兄死，殺長吏，據錦

乙亥，詔王以鯨總北京十提領兵，從奪忽闌徹里必南征。王密察鯨有反側意，令蕭阿先

天應爲帥，天應來降，以爲興中尹。錦州張鯨殺節度使，自立爲臨海郡王，至是來降。世家。

寅答虎權北京留守，復以兀葉兒權兵馬帥府事以鎮之。是歲，興中府民殺守將烏里卜，推石曰：「北京爲遼西重鎮，當撫摩以慰衆望。今始降而即坑之，後詎有降者乎？」王嘉納，以昔烈、高德玉殺銀青，推烏古論寅答虎爲帥，俄寅答虎舉城降。王怒，欲坑之，蕭阿先說王銀青元帥率衆二十萬來拒，與我師遇於花道，王逆擊，敗走之。銀青嬰城自守，其裨將完顏

甲戌，詔王統諸軍專征遼西諸郡。王次高州，盧琮、金朴率州民降。進攻北京，金守將

北還。其歲夏五月，金主知不能敵，遂遷河南。

王略地益都、濱、棣，皆克之。兵臨覇州，史天倪、蕭勃迭率衆來降，王奏之，各統萬户。太祖太祖斂兵圍中都，〔二〕金主大懼，獻公主請和。〔三〕太祖許納之，又進金銀繒帛各萬餘兩匹。涿以南大河以北，烟塵相望，金鼓震天，神州赤縣十陷八九，中夏之民大爲騷動。甲戌二月，涿州，州兵殊死戰，晝夜急攻四十餘日，拔之。又分兵自南而北，取居庸關。遂縱兵大掠，自

丙子，致陷興中府，權帥王珣遁。王以致兵精且依嶮爲阻，欲設奇餌之，乃遣兀葉兒、耶律某等別攻溜石山堡，且諭之曰：「汝等急攻溜石，賊必遣兵往援，我出其不意，斷其歸路，可一戰擒也。」又令蒙古不花別屯永德縣西十里以伺之。賊聞溜石被圍急，果以兵救之。蒙古不花遣騎扼其歸路，且馳報王。王夜半引軍疾馳，比曙抵神水，與賊遇，而蒙古不花兵亦會，前後夾擊，大破之。賊遂崩潰，斬其將張東平，獲首虜萬三千。遂由開義縣進圍錦州。賊屢出戰不利，乃閉門城守，月餘，僞監軍高益縛致出降，致伏誅。世家。

丁丑，以佐命功詔封王爲太師、國王、都行省承制行事，賜誓券，子孫傳國，世世無絕。分弘吉剌、亦乞列斯、兀魯兀、忙兀等十軍，及兀葉兒契丹、蕃、漢等軍隸麾下。且諭旨曰：「太行之北，朕自經略，太行之南，卿其勉之。」遂建行省於雲、燕，以圖中原。王自中都南攻遂城及蠡州諸城，皆下之。蠡之役，蕭阿先中流矢卒，以其子查剌代領其衆。〔三〕是歲，東擊齊，遂定臨、淄、登、萊、濰、密等州而還。世家。

又牧菴姚公撰招撫使王興秀碑云：太祖始加兵中原，圍燕不攻，而阬中山，蹂山東、河北，諸名城皆碎，已策金不能國可必滅也。自將征西，留太師、國王徇河北未下城邑。其年，衛王弑，宣宗南踰河，都大梁。兵興，民既困徵求之繁，餽餫人畜雜死道路，至不賴以生。有遲我元兵者曰：「敵乘甕來耶？」亦有不白吾令，特誅其後服，望風畏之，不敢至者。公聞兵將至，曰：「丈夫生三十年，而勞苦耒耜，屈壓極矣。今又委身餌敵，暴骨草野。且吾君已棄民，民尚誰死哉？吾有自圖富貴耳。」乃以是撼三十餘村之民：「汝幸從我，我能活汝。」乃將壯士數百輩，出蠡疆迎兩大帥萬户劉伯林、御史大夫蕭公降。帥善其來，與之幟曰：「張汝之鄉，我兵自斂戢不汝侵也。」大兵及城，城方力完守具，礮死蕭大夫，兩軍奮厲，一鼓屠其城無噍類遺，而三十村無毫毛傷者。

又按察使趙瑨碑云：蔚州飛狐趙氏，金帥府評事崑二子珪、瑨，珪將萬夫戍飛狐，後遷刺蠡州，留瑨在鄉守舍。天馬南牧，度形勢不支，倡縣民以城下之，從太師、國王徇地至蠡，其刺猶城守，砲殺王悍將蕭大夫。王恚欲阬城，公請以身贖母兄死，王哀之，併全蠡民。二碑皆姚公撰，所載蠡州事不同如此。

戊寅，王自中都由西京擊鴈門、定襄並晉高平、上黨等郡，悉平之。世家。又行録云：初攻太原，御史大夫蕭查剌麾下攸興哥者，渤海人，雄勇過人，身當陷陣，太原遂拔。王惜其勇，授興哥河東北路兵馬都元帥。乙酉歲，武仙陷太原，興哥戰死。

燕京行省石抹咸得不遣使來告曰：「今燕南信安賊張甫等，出没劫掠，屢爲民害。請一名將，拒鎮水泊。」王命蕭勃迭爲霸州元帥，統精兵五百往拒之。行録。

己卯，以蕭神特末兒爲左司郎中，狼川張瑜爲右司郎中。是歲，攻石州、隰州，克之。擊絳，凡二十日乃下。遂至河東，金守臣棄城遁。以按察兒爲前鋒元帥，統蒙古軍屯平陽，以備金兵。以義州監軍李廷植弟李七權河東西路帥府事。世家。

庚辰，由中都徇趙，至滿城，金真定府主武仙舉城降。以史天倪權知河北西路兵馬事，仙副之。天倪説王曰：「今中原已粗定，而所過猶縱鈔掠，非王者弔民伐罪意也。且王爲天下除暴，豈復效其所爲乎！」王曰：「善。」下令敢有擅剽虜者，以軍法從事，所得老幼，咸歸遣之，軍中肅然，吏民大悦。至滏陽。先是，邢州節度使武貴，聞大軍至，棄城遁，繼聞王仁厚不殺，乃詣軍門降，復其職。平鄴郡，〔四〕至林州，遂輕騎入濟南。嚴實上謁，以實權濟南等路都總管。時金兵聚黄龍崗，號二十萬，聞王在濟南，衆未集，遣步卒二萬襲之。王以輕兵五百擊走之。俄大軍繼至，遂薄黄龍。金兵盛列城北岸，王麾蒙古、漢軍下馬，短兵接，金兵大敗，入河溺死者不可勝數，遂克黄龍。至楚丘。楚丘城小而四面皆水，王令諸軍以木草填塹爲道，直抵城下，總管嚴實先登，破之。由單州趍魯，圍東平。遣蒙古不花引兵徇河北懷、孟、衛州之地。王以東平久不下，召嚴實屬之曰：「我料東平糧盡必棄城走。若然，汝即入城，綏輯安慰之，勿苦郡縣，以敗乃事也。」乃留唆魯忽秃以蒙古軍屯守之，以實權山東西路行省，王北還。世家。

辛巳夏四月，東平糧絶卒飢，守將果棄城遁，唆魯忽秃邀擊之，斬首七千級。嚴實遂入城，建行省於府治。王弟帶孫别攻洺，至是克之。五月，王在野狐嶺北，宋漣水尉石珪持方物入見，貺以綉衣腰帶，遣之。山東張琳、蒨縣鄭遵各以所部詣軍自歸。又行録云：益都張琳遣其弟賫方物來降，王以琳爲山東東路益都府滄、景、賓、棣等州行都元帥府事。蒨縣鄭遵以棗鄉二縣率兵民降，以遵爲節度使，行元帥府事，改蒨縣爲元州。八月，王至天德，監國公主遣其臣習里吉思勞王，且饗將士。由東勝州涉河，引兵而西。夏主李王聞之懼，遣塔海監府、汪奴哥監府遺方物，且以兵五萬屬焉。冬十月，復東，遂由雲中歷太和寨，入葭州，以石天應權行臺於葭州。復擊綏德，破馬蹄寨，遂至延安，距延安三十里止舍。金行省完顏合達出兵三萬，陳於城東，又行録云：合達初以平州推官來降，其後復歸于金。蒙古不花先以騎士三千趣之。約半夜伏發，王乃令軍士銜枚潛進，伏於城東兩谷間。明日，蒙古不花望見金軍，佯棄旗鼓走，金人追之，王出伏乘其後，鼓譟震天，敵遂亂，追斬七千級，獲馬八百疋。合達退走延安，堅壁不動，圍之十餘日不下，乃南徇洛川、鄜州。北京權帥兀葉兒擒金梟將張鐵槍，送王所，王誚讓之，鐵槍厲聲曰：「我受金朝厚恩二十餘年，今事至此，死實甘心。」王義之，欲釋徽纆，諸將怒其不屈，殺之。過坊州，大饗士卒。復由丹州濟河。時金已復隰州，以軒成爲經略使，王引兵圍之，二日而克，斬軒成。留合丑統蒙古軍屯石、隰之間，以田雄權帥府事。世家。

壬午秋七月，令蒙古不花引遊騎出秦隴，以爲聲勢，且視山川夷險强弱處，王率大軍迴雲中。又行録云：王率兵迴雲中，道出太原府孟州四蹄寨，寨主劉某，金孟州太守也，王以兵圍之，遂率山民來降，即日復其職，遷百姓于州，秋毫無犯。先是，王弟帶孫、駙馬按赤那演擊義和寨，不拔。王至，攻之，二日而下。過西河，南擊三清巖，入霍邑山堡，遷其民趙城縣。薄青龍堡，金平陽公胡天作拒守，〔五〕其裨將蒲察定住、監軍王和開壁門降，遷天作於平陽。又行録云：王薨，定住譖天作於郡王帶孫，殺之。其後，王子鈘里攻西夏，定住稱疾不行，復歸于金，及鈞州軍敗，爲大兵所殺。冬十月，過晉至絳，下金榮州，〔六〕汾東諸堡邑，往往從風歸附，王皆慰撫之。蒲郡久爲金有，至是復歸於我。王召天應謂之曰：「蒲爲河東要害郡，我欲選一首領，顧弗能得，君才略絶衆。」乃以天應權河東南北路陝右關西行臺，以平陽、太原、吉、隰等處帥府，皆受天應節制。王引兵渡河，西次同州，下蒲城，入關徑至長安。長安城堅，不得入，乃分麾下兀胡奈、太不花統軍六千屯守之。留按赤那演斷潼關，遂西擊鳳翔，月餘不克，乃軍於渭水之南。遣蒙古不花南度牛嶺關，徇宋鳳州而還。是歲，群盜陷河中府，殺權行臺石天應。未幾，賊燒居民府舍遁。以天應子斡可襲領其衆。世家。又行録云：初，天應聞中條山賊侯七、侯八欲夜攻襲其城，即遣部將吳權府領兵出東門，潛道左兩谷間，若賊過半，即邀擊之，我出其前，爾攻其後，賊可勝也。其夜，吳權府醉酒失期，故城陷，天應遇害。

癸未春三月，王至聞喜縣，疾篤，召弟帶孫謂之曰：「我爲國家助成大業，事干戈垂四十年，東征西討，無復遺恨。所恨者，汴京未下耳！汝等勉之。」言訖薨。世家。

庚寅冬，帝親攻鳳翔，對諸將數王之功，因曰：「使木華黎在，不令朕至此也！」世家。

卷一之二

丞相東平忠憲王

王名安童，太師、忠武王四世孫。至元二年，由宿衛官拜中書右丞相。十二年，從皇子行邊。二十一年，還朝，復拜中書右丞相。二十六年，罷相。三十年，薨，年四十九。

世祖皇帝追録元勛，召入，拜宿衛官，置位在百僚上。時太夫人帖木倫以椒房之故，嘗入宫中。一日，上從容問及公，夫人對曰：「安童年雖幼，公輔器也。」上曰：「何以知其然？」夫人曰：「每朝退，與前輩老成人語，未嘗一親年少輕浮子，以是知之。」上默然。太常元公撰世家。

中統四年，阿里不哥平，執其黨千餘人，將有所裁，上猶豫未決，適公侍側，上問曰：「朕欲盡置此屬死地，何如？」公時年十六，對曰：「人各爲其主爾。陛下甫定大難，而以私憾殺人，何以懷未附。」上驚曰：「卿年少，何從得此言！卿意適與朕合。」繇是大器之。

世家。

至元二年秋八月，制曰：「安童可光禄大夫、中書右丞相，增食邑至四千户。」公辭曰：「今三方雖少定，江南猶未納款。臣以少年謬叨大任，恐四方有輕朝廷心。」上動容有間，曰：「朕思之熟矣，卿勿辭。」冬十月，召儒臣許衡至，後二月都堂傳旨，令衡入議省事，衡以疾辭。公素聞其德義，就訪於行館與語，既還，念念不釋者累日。世家。

三年，上特召衡入，諭之曰：「安童尚幼，未苦更事，謹輔導之。汝有嘉謀先告安童，以達於我，我將擇焉。」衡對曰：「安童聰悟，且有執持，告以古人言語，悉能領解，臣不敢不罄愚衷。但慮中有人間之，則難行，外用勢力納人其中，則難行。且臣入省之日淺，所見如此。」世家。

四年春三月，公奏：「凡内外官員，宜委任老成人如姚樞等一二員，可省中議事。」上曰：「此人輩雖閑，猶當優養，其令入議省事。」世家。

五年，廷臣密議立尚書省，欲以阿合馬領之，乃先奏公宜進爲三公。事下諸儒議，樞密商挺倡言曰：「安童，國之柱石，若然，則是與虚名而奪實權，甚不可。」衆以爲然，事遂已。世家。

七年夏四月，公奏：「臣近言：『尚書省、樞密院宣奏，並如常制，其宏綱大務，從臣等

「豈阿合馬以議定，然後上聞』，已有旨俞允。今尚書衆務一切徑聞，似違前奏。」〔七〕上曰：「朕頗信用，故爾擅耶。不與卿議，非是。敕如卿所言。」世家。

八年，陝西行省也速迭兒建言：「比由飢饉，盜賊滋多，若不顯戮一二，無以示懲。敕下中書詳議，公奏曰：「强竊盜賊一皆處死，恐非所宜，罪至死者，宜仍舊待報。」從之。世家。

十年，奏以玉册玉寶上皇后弘吉烈氏，以玉册金寶立燕王爲皇太子，兼中書令，判樞密院。清河元公撰勳德碑。

中書奏斷死囚五十人，公言：「臣等閱實其狀，内有十三人因鬥毆殺人者，餘皆無可疑。」上曰：「十三人可免死從軍，其餘再三審覆以聞。」世家。

十一年，公奏阿合馬蠹國害民數事；又以四部及大都路總管府官皆非材，乞選汰。從之。世家。

十二年，敕公行中書省樞密院事，從皇子北平王行邊，公在邊凡十年。世家。

二十一年春三月，北平王歸，公亦繼至，待罪南闕下，上遽召見，勞之曰：「卿在外勞瘁。」公頓首謝曰：「臣奉使無狀，有塵聖德。」遂留卧内，語至四鼓而罷。冬十一月，丞相和礼霍孫罷，公復拜右丞相，加金紫光禄大夫，詔天下。世家。

二十二年，監察御史陳天祥劾奏右丞盧世榮，其略曰：「人思至元初年之治，至今莫能謂忘也。去春，丞相安童自邊還，天下聞之，室家相慶，咸望復膺柄用，再整宏綱，思仰治期，可立待。十一月二十八日，丞相果承恩命，復領中書，貴賤老幼，喜動京師。今丞相亦國家之名賢也，時政治與不治，民心安與不安，係丞相用與不用之間耳。又如玉昔帖木兒大夫、伯顏丞相，皆天下之所敬仰，海内之所瞻依者。朝廷果專任此三名相，事無大小，必取決而後行，無使餘人有所沮撓，三相博采衆議，於内外耆舊之中，取其聲望素著，衆所推尊者，爲之參贊，則天下之才悉展效用，能者各得進其能，善者皆得行其善，誠厚天下之大本，理天下之大策。爲今致治之方，莫有過於此者。又安用掊克在位，倚以爲治哉。」其年世榮敗，詔公與諸儒條世榮所爲事，悉革罷之。世家。

二十三年夏四月，中書列上所擬漕司官姓名，上謂公曰：「如平章、右丞等職，朕當親選擇之，餘皆卿等責也。」公因奏言：「臣比聞聖意，欲倚近侍諸人爲耳目者。今臣猥承任使，或所行非法從其舉奏，罪之輕重惟上裁處。今近臣伺隙援引非類，曰某居某官，某爲某職，以所署奏目付中書施行。臣謂銓選之法，自有定制，其尤無事例者，臣嘗廢格不行。慮有短臣於上者，幸陛下察之。」上曰：「卿言是也。今後若此者勿行，其妄奏者即入言之。」世家。

初，李昶爲吏部尚書，宰相素重之，凡集議必延置上座，傾聽言論，會制府有異議，李遂謝病去。至是，公奏徵之，不起，復奏賜田千畝。世家。

宗王乃顔反，上親討平之。他宗室詿誤者，敕公按問，多所平反。一日朝退，出自左掖門，諸免死者争前迎謝，至有執轡扶公上馬者，公毅然不顧。或乘間言於上曰：「宗室雖有罪，皆太祖子孫，陛下昆弟，丞相雖尊，人臣也，奈何悖慢如此！」上良久曰：「汝等誠小人，烏知安童之所爲。彼特辱之，使改過遷善耳。」世家。

二十四年，上決意立尚書省，奏曰：「臣力不能回天，乞不用桑葛，别相賢者，猶或不至虐民誤國。」不聽。勳德碑。又野齋李公文集云：先是，皇子北安王嘗遣使持香祠岳瀆，時桑葛領功德使，使者偕參政吕公合剌以王教諭之，遂給驛傳以往。其後桑葛平章尚書省事，所忌者唯丞相安童，將甚害之，誣言北安王以皇子僭祭岳瀆，安童與知而不以聞，指吕公爲徵。世祖召問，吕公對曰：「其時桑葛主祠祭，北安王使者實同臣往求驛傳，安童未嘗知也。」桑葛不能對。

二十五年，見天下大務一入尚書省，屢上中書印，不許。明年，罷相，止掌環衛。勳德碑。

三十年正月十九日，以疾薨于京師樂安里第，既殯，樹介者三日。上震悼曰：「人言丞相病，朕固弗信，今果喪我賢弼。」詔大臣監護喪事。世家。

公生十八登庸，在相位前後二十年，視事之初，勵精圖治，除前日苛政，代以寬平，抑奢淫，薄税歛，舉賢任能，常若不及。如丞相史天澤，左丞許衡、姚樞，參政商挺，皆引置左右，同輔庶政。由是至元之初，朝廷無事，民物日以繁息，倉廩之積，盈衍於外，海内翕然，號爲極治。天子嘉之，嘗曰：「安童在，朕得高枕而卧，無所事矣。」世家。

公天性厚重，人莫能測。每當艱難晏治之時，夷險辱榮之際，守正不移，恬然自處。公退之餘，即引諸儒講論道義，孜孜忘倦。聖君賢臣之事，義夫孝子之行，善之當勸，惡之當懲，與夫治亂成敗之由，死生憂樂之説，靡不悉究，殆二十年未嘗一日少廢。所居堂宇朴陋，廳厨之外，餘無所構。或請建東西廡者，公曰：「屋可以蔽風雨足矣。我聞人辛苦置田宅，適以資不肖子之用耳，吾不爲也。」世家。

忠憲王襲累葉之勛，抱絶倫之德，膺世祖紹統之初，際聖代建極之盛。天度夙成，英猷大肆，遠徵近禮，廣詢博采，鴻儒獻其所藴，智士竭其所至。〔八〕治化油然以隆，風俗澹焉以厚。至元之初，何減漢文之世。俾得展能專理，期之致寧，〔九〕收效所書，蓋不止此。然房喬、杜晦，顯烈寡傳，第功累德，爲唐宗臣。若忠憲王者，有立于前，或承于後，論相歸賢，固當稱首，古所謂社稷之臣也。嗟夫！其始出鎮也誰歟？其再罷相也誰歟？議者不能不歸罪阿合馬、桑葛也。之二罪魁，孰與並立？良相之去朝也宜矣。世之公道，正如青天白日，雲烟有時蒙蔽，真風元氣，蕩滌斡旋，廓乎清明，可跂而睹，忠憲王之表表在天下是也。勳德碑。

校勘記

〔一〕太祖斂兵圍中都　「斂」原作「劍」，據聚珍本改。

〔二〕獻公主請和　「公主」原作「公文」，聚珍本作「公主」。按元史卷一太祖紀云：「金主遂遣使求和，奉衛紹王女岐國公主」；金史卷一四宣宗紀貞祐二年三月云：「奉衛紹王公主歸於大元太祖皇帝。」今據改。

〔三〕以子查剌代領其衆　「代」原作「伐」，清鈔本、聚珍本均作「代」。按元史卷一五〇石抹也先傳附查剌傳云查剌「襲御史大夫，領黑軍」，石扶也先原領黑軍，則查剌襲領黑軍，今據改。

〔四〕平鄴郡　「平」字原爲空格，據國家圖書館藏元刻本及明鈔本、清影元鈔本補。

〔五〕金平陽公胡天作拒守　「作」原作「祚」，聚珍本作「作」，與金史卷一一八胡天作傳合，今據改。下同。

〔六〕下金榮州　「榮」原作「滎」，聚珍本作「榮」，與元史卷一一九木華黎傳，金史卷一六宣宗紀、卷二六地理志合，今據改。

〔七〕似違前奏　「奏」聚珍本作「旨」，似是。

〔八〕智士竭其所至　「至」聚珍本作「知」。

〔九〕期之致寧　「致」聚珍本作「敉」。

國朝名臣事略卷第二

丞相淮安忠武王

卷二之一

王名伯顔，八隣氏，其父從宗王居西域。至元初，王奉使于朝，遂拜中書左丞相。七年，改同知樞密院事。十一年，復拜中書左丞相，總兵伐宋。十二年秋，入覲，拜右丞相。明年春，宋亡，第功增食邑六千户。復同知樞密院事。二十六年，進知樞密院事。三十一年，加太傅，録軍國重事。是歲，薨，年五十九。至大四年，敕建廟於臨安。

至元初年，王奉使天子，世祖見其貌偉，聽其言厲，曰：「非諸侯王臣也，其留事朕。」遣介還報。建謀發令，才恒出廷臣上。由是上愈益賢之，敕中書右丞相安童女弟昭睿順聖皇后之姊之女女王，若曰：「爲伯顔婦，不慚爾氏矣。」拜光禄大夫、中書左丞相，一時君相慶明，朝野晏清，號爲極治。清河元公撰勳德碑。

王姿凝峻，寡言。諸曹白事尤難決者，辭往復稠疊，王夷然如無聞，白已，舉目一兩語，破其歸要，事以決。省中始帖帖讋服，識其爲真宰輔。中庵劉公撰廟碑。

十一年，復拜左丞相，總襄陽兵伐宋。上曰：「曹彬不嗜殺人，一舉而定江南。汝其今體朕心，古法彬事，毋使吾赤子橫罹鋒刃。」王受命，馳至襄陽，諸軍纂嚴，禡師啓行。薄郢州，漂水溢塗，〔二〕人病於涉。王曰：「吾且飛渡大江，而憚此潢潦耶！」麾使一騎前導，〔三〕諸軍畢濟。勳德碑。

郢城恃江爲固，而兵精食足。耀兵不攻，潛由平江堰蕩舟而過。郢將將二千人追我，王以百騎殿，郢人不敢逼，平章阿术公適至，郢人走，王手斬其帥趙文義以徇。戰禽沙洋守將，壓新城而軍，列沙洋俘馘城下，不應。城陷，佩沙洋降將黄順金符，上爲招討使，炫其榮於宋人。以故江陵諸郡，相繼送款，遣別帥受之降。勳德碑。

阿术公使右丞阿里海涯來期渡江，不荅；明日又來，又不荅。阿术自來，王曰：「此大事也，主上委吾二人，餘可知吾實乎！」潛刻期而去。將自沙蕪口入江，宋制置使夏貴將精兵守之。乃陽言明日圍漢陽，夏貴來援，我遣奇兵襲奪沙蕪口，大兵咸會江北岸。宋戰艦屬江中餘三十里，我以白鷂千艘争陽邏堡，夏貴分兵拒戰。命阿术公挽舟逆上，載死士三千夜渡。是年十二月也。明旦，王戰夏貴，江上兵奪陽邏堡，逸夏貴。諸將請曰：「貴大將而逸之，可乎！」王曰：「陽邏之捷，吾將遣使前告宋人，而貴走代吾使也。貴今來矣。」未幾，果以盧州歸。勳德碑。

師既渡江，將佐咸賀，王曰：「天子威靈，阿术武勇，將校用命，吾何力焉。」王陳師鄂城下，鄂恃漢陽，將戰，焚其蒙衝，火照城中。明日，鄂人及漢陽人皆下，留阿里海涯守之，規取荆湖。王與阿术等東兵，興國、蘄、黄、南康、江州望旗輒靡，殿帥范文虎以安慶、張都統以池州來。勳德碑。

二月，都督賈似道舟師十萬，陳丁家洲。〔三〕我士賈勇索戰，軍容甚盛，似道聞鼓聲先遁，其師遂潰，獲都督府符印，斬虜無算。太平、寧國、建康、無爲、鎮巢皆送筦籥，請城主。勳德碑。

行省駐建康，時江東大疫，居民乏食，乃開倉振飢，發醫起病。人大喜曰：「此王者之師也。」勳德碑。

有詔，時方暑熾，不利行師，俟秋再舉。王上奏曰：「百年逋寇，已扼其吭，風馳電擊，取之恐後，少爾遲回，奔播江海，遺患留悔矣！」上語使者曰：「詔爾丞相，朕不從中制也。」勳德碑。

十二年七月，詔王入朝，進右丞相，辭曰：「阿术功多，臣宜居後。」以阿术爲左丞相，賜從戰功臣爵賞有差。躬受廟謨。會諸將於淮安，同左丞相圍揚州，未下。勳德碑。

左丞相阿术才勇善戰，而士頗不附，王患之，乃獨禮敬加異。由是衆視王益敬以和，諸文武將佐，皆密悉其才用，臨事遣授，各盡其當，故能所向無前，動必有成。廟碑。

十月，王馳至鎮江，分軍三道：〔四〕參政阿剌罕以右軍出建康道，參政董文炳以左軍出海道，王以中軍出常州道，咸會臨安。勳德碑。

攻常州，守將劉師勇遁，諸將請追之，王曰：「勿追，師勇所過，城守者膽落矣。」蘇、湖、秀州先師果降。勳德碑。

阿剌罕、文炳皆來，駐臨安北。宰臣陳宜中發使來請降日，及期，宜中逃海，軍進皋亭山。宋主遣其臣齎國璽奉表納土。命董文炳入宋宮，取宋主居之別室，封庫歸之有司，宋滅，十三年三月也。〔五〕放散兵衛，罷易官府，軍錢塘沙上三日，海潮不至，宋人以爲天助。宋主求見，王曰：「未入朝，禮無相見也。」留董文炳鎮臨安，經略閩越。勳德碑。

王用兵紀律外嚴，而中以聖訓不殺爲主，威憺德懷，款附日至。或請入視降城府藏簿帳，以知金穀户口多寡，王笑曰：「是欲夤緣噬吾民耳。」乃下令，諸將士敢有暴掠及入城者，以軍法論。所至犬雞不驚，四民晏然，獲來蘇之望。廟碑。

江左繁阜滋久，金玉錦綺，珍異奇古之玩，在所充溢，王一不掛目。宋降將有以趙氏二宗女獻者，立叱去之。廟碑。

四月，獻宋主趙㬎、謝后、全后于上都。〔六〕上御大安殿，降封㬎瀛國公，遣大臣告成功於太廟。上勞王，王再拜謝曰：「奉陛下成算，阿术效力，臣何有功能。」詔以陵州、藤州增食户爲六千。勳德碑。　又汲郡王公玉堂嘉話云：　宋未下時，江南謡云：　江南若破，百鴈來過。當時莫喻其意，及宋亡，蓋知指丞相伯顔也。

丞相伯顔既渡江，來朝京師，謂樞密副使張易、同簽趙良弼言：「都邑乃四海會同之地，貢賦之入，非漕運不可，若由陸運，民力憊矣。川瀆所經，何地逕便，此方今便宜，博加詢訪，必有知者。」至上都，入見，奏言：「江南城郭郊野，市井相屬，川渠交通，凡物皆以舟載，比之車乘，任重而力省。今南北混一，宜穿鑿河渠，令四海之水相通，遠方朝貢京師者，皆由此致達，誠國家永久之利。」上可其奏。至至元二十四年，前太史掾邊源言：「自安氏山穿渠，引汶水西北至臨清，可與漳水合。」省檄都漕運副使馬之貞行視、計工。自臨清由東昌而南，得河故道，過景德鎮至壽張，抵安氏山，袤三百里有奇，與源所言合。二十六年春正月庀役，五月即功。江淮、湖廣、四川、海外諸番土貢糧運，商旅懋遷，畢達京師，賜名曰會通河。野齋李公文集。

十四年，宗王失烈吉畔，詔王將兵討之。與賊夾水而陣，久之不戰，令牧馬具食，賊疑而怠，俄引兵渡水，擊賊，失烈吉走死。〔七〕勳德碑。

十八年，詔從皇太子撫軍北鎮。諭太子曰：「伯顔才兼將相，行全忠孝，故命從汝。」〔八〕

皇太子次舍，必與論天下事，待有加禮。勳德碑。上問其故，對曰：「彼罪自致，臣若臨刑，人將不知天誅之公也。」上賞其量。勳德碑。

別吉里迷失者嘗誣王以死，是年，得誅罪，敕王臨視，王與之酒，愴然不顧而回。

二十二年，宗王阿只吉失律，詔王代總北軍。遠斥候，謹隄防，足兵食，明賞罰，不肯要功生事，將校大和，敵人遠避。勳德碑。

二十四年，宗王乃顏將反，報者還至。詔王覘之，多載衣裘以往，至其境輒賜驛人。乃顏讌王，王以大義語乃顏，乃顏陽應而陰欲執王，酒闌趍出，與其從者潛分三道以逸，驛人以得衣裘故，争獻馬以遞，遂脱追騎，以其實聞。佐上親征，奏李庭、董士選帥漢軍，得以漢法戰。金剛奴、塔不歹進逼乘輿，漢軍力戰，賊不能陣而走。及禽乃顏，王之謀畫居多。勳德碑。

二十六年，進知樞密院事，總北軍。討叛王明里鐵木兒，大戰敗之，明日搜其伏兵，追斬二千餘級，馳書開喻明里鐵木兒，其人奉書以泣。有潛王于上者，詔以御史大夫月吕禄代之，居王大同，以俟後命。未至軍三驛，王遣使語大夫曰：「所至姑止，待我翦此寇，卿來不後。」時海都帥大兵以入，寇進我退，如是而南七日，衆帥怒曰：「寇至則走，何不武若是！果懼戰，胡不授軍大夫而誤國事也！」王曰：「海都入吾境，持重而殿，邀之則遁，誘使深入，一戰可禽。諸軍必欲速戰，戰非吾憚，果失海都，誰任其咎？」衆曰：「請任之！」王麾軍邀擊，敵兵大敗，殺虜幾絶，惟海都脱走。乃召大夫至軍，授印而去。勳德碑。

三十年十二月，驛召至大同。上不豫。明年正月，宫車晏駕，遣使召成宗于撫軍，王總百官以定國論。兵馬使請日在鳴暮鍾，日出鳴晨鍾，問其故，對曰：「防變起也。」王曰：「汝將爲賊耶！其如平日。」辛臣請誅盗内府銀者，曰：「幸赦而盗，不可長。」王曰：「盗何時無，今以誰命誅人？」其守正體大多類此。勳德碑。又汲郡王公文集云：甲午歲正月癸巳，偕翰林諸君謁太傅伯顔，公姿威不見猛，簡不失和，真魁傑人也。公初至燕，詢諸何右轄曰：「翰林諸老今在者誰？」及是，歷問各官壽期，今供何職。酧禮間，顧相謂，曰：「國家所以養諸老者，〔九〕正以乞言論政而已。如遇事會議各顧官守，未免或偏。若集之同僚，則議論通一，爲益良多。」乃知公深謀遠至，氣量含弘，朝廷之上軍國大計，心無適不在，所謂大臣以道事其君者也。

四月，成宗即位于上都大安殿。時親王有違言，王陳祖宗寶訓，述所以立成宗之意，辭色俱厲，諸王股栗，趍殿下拜。勳德碑。

五月，加太傅、録軍國重事，依前知樞密院事。上意欲王入中書，時相忌之，王呼相語曰：「幸送兩罍美酒，我與諸王飲於宮前，餘非所知也。」勳德碑。

江南行三樞密院，行省臣累陳非便，樞密臣庇之，有詔問王。王已病，張目對曰：「罷行樞密，兵柄一歸行省，於國事爲完。」三院遂罷。勳德碑。

王天質高厚，風神静明，英偉端大，剛介莊廉。當大任而不動，遇大論而善斷。言笑有時，喜愠莫測。恒負天下之重，以神器尊安爲務。仁視群品，無間親疎，義使衆材，無比適莫。故四海公論，翕然歸之。其平宋也，將二十萬猶將一人，賞罰信，紀律彰。大將禀命，仰之若神明，降人投誠，依之猶父母。未嘗妄戮一卒，未嘗妄殘一物。貨財不足移其心，聲色不足惑其志。師入臨安，禮賢黜罪，市肆不易，雞犬無驚。歸馬蕭然，囊惟衣被。畢事還朝，口不言功。連出總師，無役不最。嗚呼！碩德元才，生由間氣，良相名將，見諸行事。乃知宇宙之間，功名之表，自有大人也。勳德碑。

天以正統命帝元，太祖皇帝奮起朔方，博爾术、木華黎、博兒忽、赤老温四傑輔之，滅克烈、滅乃蠻、滅夏、滅金，乃有天下三分之二。宋承中華之運，西距蜀、楚，東際吴、越，盡有荆、揚、益三州之野。〔一〇〕世祖皇帝紹運撫圖，肆弘大略，發兵二十萬，授丞相伯顔，不三年而滅宋。聖文神武，固夯造化，隽功偉烈，實由折衝。四傑開之於其前，一相擴之於其後。國家接五帝三王之緒，保無疆歷服，至于億萬維年，而功臣生分爵國，死配朝廷，〔一一〕有以也夫。勳德碑。

丞相河南武定王

卷二之二

王名阿术，兀良合氏。初從父都帥公征西南夷，有功。中統三年，拜征南都元帥，將兵伐宋。至元六年，加同平章事。十一年春，入覲，拜平章政事。十二年，留守揚州，拜中書左丞相。十三年秋，兩淮平，還朝，第功加食邑二千户。二十四年，薨，年五十四。

公沉幾有智謀，臨陣對敵，英毅果決，氣蓋萬人。癸丑歲，從父都帥公征西南夷，率精兵爲候騎，所向摧陷，莫敢攖其鋒。至平大理，收諸部，降交趾，踐宋境，無不在焉。其破水寨，掀闉城，奪鬥艦於馬湖，舟指可掬，索盗馬於山楪，賊將生擒。而又鏖戰三湘，搴旗五陣。是皆樹立之駿偉者也。嘗蒙憲宗賞諭，有「阿术未有名位，挺身奉國，特賜黄金三百兩，以勉將來。」其降大任於公，兆開於先者，誠不偶然也。汲郡王公撰廟碑。

又云：公祖諱速不臺，初以質子入侍，繼爲百夫長。歲壬申，太祖經略中原，首攻桓州，公先登。丙子，帝會諸將於禿烈河，諭曰：「滅里吉部未附，疇爲朕征之？」公即應詔，選裨將阿你出領百人爲候騎，喻以方略。彼弗爲備，大軍至，陣蟾河上，一戰而潰，遂降其衆。辛巳，追滅里吉酋長霍都，與欽察戰于玉峪，敗之。壬午，太祖征回回國，其王委國而去，命公逐之，及于灰里河，戰不利，公駐軍河東，戒其衆，人爇三炬以張軍勢，其王夜遁。繼遣公將萬騎，由不罕川追襲，既及，逃匿海嶼，則守其要害，彼進退失據，不旬日瘐死。癸未，請征欽察，竟收其境。又與斡羅思大、小密赤思老鏖戰，降之。丙戌，取撒里畏兀兒的斤、赤閔等部，又掠西蕃邊部。庚寅，太宗命睿宗循宋徼而北詟取河南，公亦在行。是役也，大敗金將合達於三峯山。壬辰夏，睿宗還駐官山，留公總兵圍汴。金主北走渡河，尾敗於黄龍岡。癸巳秋，汴京降，俘金妃后、寶器獻闕下。其冬，圍金主於蔡。甲午，金亡。時汴梁受兵日久，歲荒民殍，公下令縱其北渡，俾就樂土。詔諸王拔都西征，以公爲先鋒，遂虜八赤蠻妻子於寬吉海。〔一二〕辛丑，諸王拔都征兀魯思，爲所敗，奏遣公督戰，遂擒兀魯思王也烈班。復從攻馬札部，其主怯憐兵勢張甚，諸王分五道以進，公出計挑誘至郭寧河，大軍會戰，不利。迺於下流木渡，直擣其城，拔之。公以歲戊申卒於秃烈河上，壽七十三。父諱兀良合歹，太祖朝，憲宗方髫齔，以公佐命故家，付之護育。及長，分掌宿衛。辛巳，扈定宗征女真國，破萬奴於遼東。〔一三〕己酉，定宗升遐，諸王拔都與宗室大臣册立憲宗，議久未决，公以大義陳請，即定。壬子，時世祖在潛，奉詔征西南夷，命公總督軍馬，自旦當嶺入雲南境，摩些二部酋長迎降。涉金沙江，所在寨柵以次攻下之，遂取龍首關，翊世祖入大理國城。是年，分兵取附都善闡及烏爨之未附者。先是，羅部府大酋高昇，集諸部兵拒戰，大破於夷可浪山下。復收合餘燼，嬰城自守。城際滇池，三面皆水，堅嶮不易攻，以砲摧其北門，乃大震鉦鼓，進而作，作而止，如是七日，伺彼氣靡，夜五鼓潛師躍入，衆果内潰。克焉。而國主段興智逃匿昆澤，〔一四〕併擒以獻。又知未降附者，遠近嘯聚，大爲民梗。公命裨將脱伯、押真掩其右，合歹護尉掩其左，約三日圍合。與其子阿术陷陣擊刺，禽獮草薙，川谷爲之一空。不二年，平大理五城八府四郡，洎烏、白等蠻三十七部。兵威所加，如羅羅厮、阿伯等城，亦未款附。乙卯秋，奉命出烏蒙，〔一五〕趍瀘江，剗秃剌蠻三城。宋邊將來阨，戰屢交，斬獲不勝計，遂通道於嘉定、崇慶間，抵合州，濟蜀江。以雲南平，遣使獻捷於朝，還鎮大理。丙辰九月，遣使招降交趾，留介不報。十月，進兵壓境，國主陳光炳隔江列陣，公濟江，縱兵與戰，彼軍大壞，得舟逸去，率止郡治七日，光炳請罪内附。己未夏，憲宗遣使喻旨，約明年正月會於長沙。是秋，率四王兵三千騎，蠻、僰萬人，掠横山寨栅，闢老蒼關，徇宋内地，自貴州蹂象州，突入静江府，遂破辰、沅，直抵潭州。州大出兵，斷我歸路，公與四王掠其後，子阿术横擊于前，盡破走之。潭州又遣兵來犯，蹙之門濠，掩溺無筭，彼氣褫，不敢復出，壁城下者月餘。聞世祖駐師鄂渚，尋遣曲里吉思將千人來援，仍慰勞之，由滸黄北渡。庚申夏，歛至上都。至元八年，卒，年七十三。〔一六〕

中統三年秋九月，自宿衛將軍拜征南都元帥，治兵于汴。復立宿州。廟碑。

至元元年八月，掠地廬江，入滁陽，自安慶經略兩淮，攻取戰獲，軍聲大振。廟碑。

四年八月，觀兵襄陽，遂入南郡，取仙人、帖城等栅，俘生口五萬人，江陵晝鎖。宋人聞我旆還，〔一七〕多掠還兩淮驍悍騎五千、步萬人，併力邀襄、樊間。公謂諸將曰：「若不投宿江北，恐落賊便。」遂自安灘濟江，獨留精騎陣牛心山下，立虛寨，設疑火，夜半賊果至，伏兵發，斬首萬餘級。廟碑。

初，公過襄陽，駐馬虎頭山，指顧漢東白河口謂諸將曰：「若築壘於此，以斷餉道，襄陽可圖也。」議聞於朝，許焉。五年九月，築鹿門、新城、白河等堡。廟碑。

六年七月，大霖雨，漢水溢，宋將夏貴、范文虎相繼以兵來争，〔一八〕又遣兵出没東岸林谷間。公按觀兵勢，謂諸將曰：「此虛形，不可與戰，宜整舟師，以備新堡。」衆從之。明日，南船果趣新堡，大破之，殺溺生擒者五千，獲戰艦百餘艘。於是治戰艦，教水軍，築圜城，以逼襄陽。文虎率舟師來救，來知府以百艘泊百丈山，掣肘城役，皆邀擊於灌灘，敗走之。裨將矮張以軍襖百舫躍入襄州，尋乘輪船順流東走，公與都帥劉整分艤戰艦以待，燃薪照江兩岸如晝。公追戰至櫃門關，擒張，餘衆盡殪。〔一九〕廟碑。

九年三月，破樊城外郛，重圍逼之。襄、樊兩城，漢水出其間，宋人植木江中，鎖以鐵絙，中造浮梁，樊恃此爲固。我以機鋸斷木，斧絙，燔其橋。襄援既絶，公率猛士攻而拔之。襄守將吕文煥懼而出降。〔二〇〕廟碑。

秋七月，奉命掠地淮東，〔二一〕抵淮揚城下，彼以千騎出戰，公伏師道左，佯北，賊果乘之，擒騎將王都統。廟碑。

十一年正月，公入覲，因奏兵事曰：「臣久在行間，備見宋人兵弱於昔，削平之期正在今日。」上付相臣議，久不決。公復奏曰：「今聖主臨御，釋亂朝不取，臣恐後日又難於今日。」上喜曰：「卿言允契朕意。」詔以兵十萬付之。廟碑。

秋九月，師次郢之塩山，得生口四人，問知宋沿江九郡精鋭，盡萃郢江東、西兩城，今欲師其間，騎兵不得護行兩岸，此危道也。不若取黄家湾堡，東有河口，可由中拖船入湖，轉而下江便。時雨九晝夜不息，公料大軍方集，餽餉不繼，水陸兩間，進退無據，吾大事去矣。遂與丞相伯顏議，決意前進，遂拖舟達江，舍郢而去。廟碑。

初過郢，按行舟路，經大澤中，忽騎兵千人掩至，時從騎纔數十人，公即奮槊馳擊，所向披靡，彼驚走，追斬五百餘級，擒范、趙二統制。攻沙洋、新城，拔之。前次復州，守將翟貴迎降。廟碑。

十一月，公往覘漢口兵勢，時夏貴已鎖大艦扼江、漢口，〔二二〕兩岸備禦堅嚴。公曰：「可回舟輪河口，穿湖中，從陽羅堡西沙武口入江夏，〔二三〕甚便。」廟碑。

十二月，大軍至陽羅堡，攻之不克。公語丞相曰：「攻城下策，若分軍船之半，循岸西上，泊青山磯下，伺隙擣虚，可以得志。」是夜，雪大作，黎明開霽。公遥見南岸多露沙洲，即率部曲徑渡，令載馬後隨。宋將程鵬飛來拒戰，公橫身蕩決，蹀血大鏖中流，敗去，得船千餘艘。公登沙洲，急擊，攀岸步門，〔二四〕開而復合者數四，賊小却。出馬於岸，遂苦戰，破之，追殺至鄂南門，岸兵敗走。夏貴聞公飛渡，大驚，引麾下兵三百艘先遁，餘皆潰亂，我軍乘之，江水爲赤，陽羅堡亦拔，盡得軍實。丞相議師所向，或欲先取蘄、黄，公謂諸將曰：「若赴下流，退無所據。上取鄂、漢，雖遲旬日，可以萬全。」水陸趍鄂，焚其船三千艘，烟燄漲天，兩城大恐，漢陽、鄂渚投兵皆降。廟碑。

十二年正月，黄、蘄、江州降。公率舟師趍安慶，范文虎出降。繼下池州。賈似道統兵扼蕪湖，遣宋京來請和。廟碑。

二月，似道師次丁家洲。公與丞相議曰：「且和議未定間，昨我船出，彼已亂射，〔二五〕又執我邏騎四人，宋人無信，惟當進兵。若避似道不擊，恐已降州郡今夏難守。若欲實和，俟渠自來。」遂與前鋒孫虎臣對陣，夏貴以戰艦二千五百艘橫亘江中，似道將後軍殿。時我已令諸將順江兩勢樹礮，擊其中堅，南軍陣動，趣我船急進，公挺身登艦，手柁衝船，雷鼓大震，喊聲動天地。我師掠彼舟，大呼曰：「宋人敗矣！」似道倉皇失措，舳艫簸蕩，乍分乍合，公以小旗麾將校率輕鋭橫擊深入，宋軍大敗，即回棹前走，丞相以步騎夾岸擠之，追奔百五十里，殺溺死者蔽江而下。獲戰艦二百餘艘，都督府圖籍、符印悉爲我有，軍資器仗狼籍不勝計。是日，似道以輕舸東走揚州，夏貴走廬州。廟碑。

朝廷以宋重兵皆駐江都，臨安倚之爲重，四月，命公圍守揚州。公次真州，與南兵戰珠金沙，殲其千人，獲鹽船三千艘。〔二六〕既抵維揚，視揚子橋河路，漕真粟以助揚乏，即樹栅斷其餉道。宋都統姜才領馬步二萬來争，期於必取，南軍夾河爲陣。公麾騎士踰河，直斫姜陣，才所將多亡命叛降，餘皆淮卒勁勇，養鋭日久，戰數合，堅不能却。我佯北，才軍果逐之，我奮而回戈，萬矢雨集，彼不能支，騎先遁去，我隨以鐵騎蹂之，追奔斬馘萬八千餘級。〔二七〕兩淮鎮將張世傑、孫虎臣，以兵萬艘駐焦山東。七月，公登石公山，鞏而望之，舳艫連接，旌旗蔽江，公曰：「可燒而走也。」遂摘抗健善彀者千人，載以巨艦，分兩翼夾射。公居中，合勢進擊。繼以火矢著其篷檣，烟燄赫赫，窘無所出。先是，虎臣命前舡悉沉鐵纜於江，示以先死，至是，欲走不能。前軍争赴水死，後軍鬨走，追至圌山，獲白鷂子七百餘艘。是後淮東諸城兵不敢出矣。廟碑。

十月，拜中書左丞相，仍諭之曰：「淮南重地，庭芝狡獪，須卿守之。」時諸軍進取臨安，公駐兵瓜洲，〔二八〕彼絶應援，揚不能爲後患，兵不血刃而兩浙平定，公控制之力爲多。廟碑。

十三年二月，夏貴舉淮西諸城來附，公謂諸將曰：「今宋已亡，庭芝未下，以外助猶多故也。若絶聲援，塞饟道，尚恐東走通、泰，假息江海。」乃栅揚之西北丁村，拒高郵、寶應糧運，貯粟以備灣頭堡，留屯新城，用逼泰州。又遣千夫長伯顏察帥甲騎三百壯灣頭兵力，仍諭之曰：「庭芝水路既阻，必從陸出，宜謹備之。如丁村烽起，當首尾相應，斷賊歸路。」六月，姜才知高郵米運將至，出步騎五千，果犯丁村，與我兵相抗。至曉，伯顏察來援，所將皆精兵，旗幟作雙赤月，大軍望其塵起，連呼曰：「丞相來矣！」南軍識其幟，才脱身走，追殺騎兵四百，步卒免者不滿百人。庭芝挾姜才東走，公率兵追襲，殺步卒千人，僅入泰州，迺築壘以守之。廟碑。

七月，朱焕以揚州降。泰州守將開北門納我師，執庭芝等出，繼奉命戮揚州市。揚、泰既下，公申嚴士卒，不得入城致毫髮犯。有武衛軍校掠民二馬，即斬以徇。其號令肅，賞罰信，有古名將風。廟碑。

九月，兩淮悉平。冬，北覲見世祖於大明殿，庭陳宋俘，設大讌賀。因上奏曰：「是皆陛下威德所致，臣何與焉。」第功行賞，實封泰興縣二千户。廟碑。

二十三年，奉命北伐叛王昔剌木等。明年凱旋。繼西征，至哈剌霍州，以疾薨。廟碑。

公貴而不有其位，難而克任其責。料敵明，臨幾果，聞敵所在，忠勇奮發，不俟嚴辦，躍馬挺槊，陷陣深入，故士卒感服，争出死力。南征北討，四十年間，大小百五十戰，未嘗敗衂。其追降生擒者，皆釋而不問。及處閒暇，恂恂似不能言。論者謂公智、信、仁、勇四者兼備，與孫、吴合云。廟碑。

丞相楚國武定公

公名阿里海涯，畏吾氏。初事潛邸。至元元年，由中書省郎中參議省事。出僉河南行省，轉廉訪使。五年，治兵于汴，復同僉行中書省。七年，拜參知政事，兼漢軍都元帥。十一年，拜中書右丞。宋亡，拜平章政事。十五年，拜湖廣行省左丞相，未行薨，年六十。

公幼聰穎而辯，長躬農耕，喟然曰：「大丈夫當立功國家，何至與細民勤本畎畝。」釋耒去，求讀北庭書，一月而盡其師學。甚爲舅氏習拉帶達刺罕所異，歎曰：「而家門户其由子大。」及從事大將卜隣吉帶，俾其子故中書右丞相呼魯不花，從受北庭書，又薦其忠謹，得宿衛潛藩。己未，從濟江，帝射虎未殪，公捨馬而徒，挺矛舂殺之。攻鄂先衆而登，禽一人還，流矢貫喉出頂。帝勇之，賜銀爲兩半百。先是，聞吐蕃有貯甘露寶函石室藏山穴者，凡再使求之，皆爲大蛇奇獸所懼莫敢，最後遣公至，無所見，竟與俱歸。牧庵姚公撰神道碑。

勸進之初，諸侯王議未一，惟一王塔察耳嘗有書，帝忘其誰在也，顧左右問，公曰：「臣所有之。」書出而决。神道碑。

至元改元，參議中書省事，發言唯以當可事宜爲心，不憚伯相而阿其所志。人有小疵必白帝前，衆畏其口。神道碑。

五年，中書左丞劉武敏公整爲策：「襄陽吾故物，由棄弗戍，使宋得竊築爲强藩。復此，浮漢入江，則宋可平。」帝大然之。徵天下兵，領以元帥府，觀武襄陽，城白河，别開行中書省，以先少師、文獻公僉省，公爲同僉。凡襄、鄧、唐、申、裕在太宗世所殘漢上諸州之民，避荒汴、洛間，與下户賦寡者，悉徙而南，屯田給餉。尋罷帥府。詔故平章合丹、丞相史忠武公來涖師，宋遣人餽鹽茗襄陽，乃築長圍，起萬山，包百丈、楚山，盡鹿門，以絶之。又城峴首，開省其上。兵興事劇星火，公專入奏，能日馳八百里。神道碑。

七年，拜參知河南行省事，兼漢軍都元帥，分將新軍四千六百。宋遣都統張貴、張順，將舟師從上游送袍甲犒師，自萬山接戰二十里，斬順，殺溺過所當，貴獨以餘衆入。後水暴漲，盧貴乘出，下令軍中，舟置燈篝，岸積薪櫝。貴果結戰艦爲陣宵遁，盡燃燈薪，戰四十餘里，斬之櫃門關。神道碑。

九年，公請以西域礮攻樊城，拔而屠之，無噍類遺。襄陽甚慘，移攻具臨之，且曉守帥吕文焕：「君以孤軍禦我數年，今鳥飛路絶。帝實嘉能忠而主信，降必尊官重賜，以勸方來，終不仇汝，置死所也。」文焕感而出降，詔公偕以入覲。神道碑。

十一年，授中書右丞，同忠武公行荆湖等路樞密院。公策能籍民爲兵十萬，合舊軍，或丞相安童、伯顔一人，將之南伐，宋社必墟。制皆從之。故太傅伯顔與忠武時皆以左丞相，贈太保阿术以平章，與公及故平章文焕以參政行省，將大軍發襄陽，將至郢，〔二九〕忠武疾還。神道碑。

宋宿兵數萬，築新郢，夾江爲城，横鐵絙，鎖戰艦江中，巢礟彍弩，遏我舟師。郢北黄灣岸西，去江三里所，港通藤湖達漢，敵壁其上，攻拔之，拖舟入港。丞相惟與公數十騎覘新郢，趙、范兩都統鼓伏兵，發葭林，諸將倉卒有未甲者，〔三〇〕人人奮先，殄其一軍，兩將之首皆致。行克沙洋、新城，以臨復，復守臣翟貴逆降，大軍去而復叛。及漢陽，故平章夏貴以制置舟師陳漢口，水軍千户馬成爲導，由己未濟江沙武口塗入江，拔陽羅、青山、白湖諸壁，走貴軍。鄂守臣張晏然、王該、王勝以城下。遂徇州民衣冠闘會，仍其服行，鄉郭帖然，無有奪菜秉者，民争德吾元仁政義聲，恨服化晚。檄下漢陽、壽昌、信陽、德安。神道碑。

大兵既東，分四萬人戍鄂，咨公留後。自陽羅置驛，以便行商。至蔡，方請移師江陵，而荆閫安撫高世傑，將艨艟千六百艘，卒二萬，規襲鄂。公分兵禦之，大敗之荆江口，降諸洞庭桃花灘。下岳，承制以守臣孟之紹爲安撫使。即西師至公安。誓曰：「自今功者，健兒陞長百夫，百夫長千夫，千夫長萬夫，萬夫取進止。」因南風火沙市，戰城上，又戰城中，屠之。江陵精鋭於是焉盡，制使朱禩孫辭疾，高節度達出降。下令安集如鄂、岳。傳檄歸、峽、澧、常、德、辰、沅、靖、荆門、隨、郢、復，皆下之，官其守臣如岳。除宋苛法，衣食惸嫠。詔以世傑窮而來歸，棄江陵市，禩孫徵至京師死，猶没入其妻子。還公于鄂。神道碑。

初，公下江陵，驛聞，大燕三日，曉近臣曰：「伯顔東兵，阿里海涯孤軍戍鄂，朕嘗深憂。或荆、蜀連兵，順流而東，人心未牢，必翻城爲内應，根本斯蹶，孰謂小北庭人能覆全荆。江浙聞是，肝膽落矣，而吾東兵可無後虞。」即封江陵民千家。神道碑。

公移兵長沙，行拔湘陰。潭守臣植滉柱江中，自喬口至城凡十五所，皆斷之。又拔城西栅，射書招其守帥李芾速下，以活州民，不然拔城屠矣！不答。乃令諸將畫地分圍，決隍水，以樹梯衝礮鐵垻石心臺。百日，公中流矢，創甚，責戰益急，申命諸將：「凡所由久頓兵者，卒伍前駈，諸將安行其後也。自今萬夫、千夫、百夫長皆居前列，有退衄者，定以軍興法從事。」三日而拔。語諸將曰：「國家爲制，城拔必屠。是州生齒繁夥，口數百萬，悉魚肉之，非帝諭伯顔『以曹彬不殺』者也。其屈法生之。」發倉以賑餓人。傳檄郴、全、道、桂陽、永、衡、武崗、寶慶，江西袁，連，皆下之。神道碑。

幼主面縛，公入覲賀，始庭拜平章政事。還移兵静江，〔三一〕破嚴關，敗馬都統臨川、〔三二〕陳張兩總管小溶江，諭經略馬曁，不下，凡攻四十餘日而拔。公以静江遠中土，非長沙匹，民性鷙嚚，易叛難服，不重典刑之，廣西它州不可言以綏徠，其阮之，市斬曁。傳檄下柳、鬱林、横、邕、廉、象、潯、藤、梧、貴、昭、融、賓、宜、賀、化、高、容、欽、雷爲州二十，廣東肇慶、〔三三〕德慶、封爲州三，特磨農士貴、〔三四〕南丹牧莫大秀皆請内屬。乃聞全之湘水三十六所，以通遞舟。承制以萬户史格行宣慰司静江。神道碑。

公還潭。宋餘孽益、衛兩王改元海中，爵以啗人，規復其舊，全、永諸州，與潭屬縣之民文才喻、周隆、張虎、羅飛之倫，大或集衆數萬，小亦千數，在在爲群，與江之北黄、蘄相煽以動，皆削平之。神道碑。

宋將張世傑，傳欲襲肇慶、雷，〔三五〕詔公討之，且略地海外，無爲賊巢。過柳州嶺，時暑，軍士病渴，所乘馬蹄地出泉，人資沃飲，至今名馬蹄泉。而僞安撫趙與珞已戍海南白沙港，公航海五百里，不崇朝而至，擊與珞，並獲僞使冉安國、黄之紀，皆磔之。諭降瓊、南寧、萬安、吉陽。聞僞衛王陷南恩，〔三六〕公還襲走之，降方經略。會僞衛王死崖山，乃還。復諭降八番，以其酋龍文貌入覲，置宣慰司。從鎮南王伐交趾，其君蹈海去，得文毅、昭國兩王以歸。神道碑。

燧嘗讀望諸君書，善作者不必善成，善始者不必善終，未嘗不興慨歎於武敏，開用兵端，視南國爲奇貨，思圖形丹青，垂譽竹帛，於今與後者，如取諸懷。及襄陽下，方戍淮西，功已不出乎己。大師南伐，復分兵淮東，渡江捷聞，一失聲而死。豈先福始禍者，誠如道家所忌耶！又劉武敏公碑云：始上書策宋必平，時庭臣譁然異之，以爲虚國病民，未見收其成功可歲月計者，不謀一喙。而天聰獨沃然，曰惟汝予同。爲大興兵如所策，圍襄陽，而宋宿援師十萬于郢，訖不可前。乃遣間懷僞燕郡王昌化軍節度使告身、金印、牙符，聲致之公，以幸吾元假手以甘心也。公奔走，待罪闕下。〔三七〕詔磔死間，俾中書移書讓其謀國臣曰：「汝禮義邦，乃今出盗賊計，誣我大臣。」大賚加公，還之于軍。襄陽既下，詔丞相伯顏，將數十萬衆，浮漢濟江，俾公别將數萬衆，游擊淮南。公鋭欲濟江，爲首帥者累，不可，曰：「吾受詔特綴敵兵，使無西耳，濟江非所聞也。」及丞相入鄂，捷至，公失聲曰：「首帥束手，我乃顧成功後人。善作者不必善成，果然！」其夕憤惋以死。而公鼓其孤軍，留戍所餘，不能倍萬，名城通都，身至力取，利盡海表，圖地籍民，半宋疆理。最所下州，荆之南十四，淮西四，湖南、九江之西二，廣西二十有一，廣東、海南各四，凡五十八。自餘洞夷山獠，荷氊被毳，大主小酋，棋錯輻裂，連數千里，受縻聽令者，猶不與存。其依日月之末光，張雷霆之餘威，以會其成功者，亦一世之雄哉。今列其由省幕戎麾，與所受降，登宰相者有二：蒙古帶、阿剌韓，平章十二：奥魯赤、虎突帖穆兒、阿力、史格、吕文焕、帖穆耳不花、李庭、李恒、張弘範、劉國傑、程鵬飛、史弼，右丞四：唆突、完顔那懷、闖出、樂落也訥，左丞四：塔海、唐兀帶、劉深、趙修己，參政十三：賈文備、鄭也可、何瑋、張鼎、樊楫、朱國寶、張榮實、囊家帶、烏馬耳、索羅合答耳、高達、馬應龍、雲從龍，都元帥、宣慰使、總管，萬夫、千夫之長，又什伯。是觀出其門者衆多，又足徵公善推勞人也。神道碑。

校勘記

〔一〕漂水溢塗　「漂」原作「溧」，據明鈔本、聚珍本改。

〔二〕麾使一騎前導　「麾」原作「度」，據清鈔本、聚珍本改。

〔三〕二月都督賈似道舟師十萬陳丁家洲　「舟」原作「州」，聚珍本作「舟」，與元文類卷二四丞相淮安忠武王碑合，今據改。又，按賈似道督師陳丁家洲在至元十二年二月，則「二月」上當書「十二年」，而將下文「七月」前之「十二年」刪去。

〔四〕分軍三道　「道」原作「進」，據聚珍本改。

〔五〕宋滅十三年三月也　據元史卷九世祖紀、卷一二七伯顔傳，至元十三年正月甲申，宋主趙㬎獻傳國玉璽及降表，則宋亡當在正月，此作「三月」誤。

〔六〕四月獻宋主趙㬎謝后全后于上都　據上引元史，獻宋主等事在是年五月乙未朔。

〔七〕失剌吉走死　蒙兀兒史記已指出「走死」誤。按元史卷一二世祖紀至元十九年正月丁卯，「諸王札剌忽至自軍中。……撒里蠻悔過，執昔里吉等，北平王遣札剌忽以聞。」是十九年時昔里吉尚在，其死當在此次被執之後。

〔八〕故命從汝　「從汝」原互倒，據聚珍本及元史卷一二七本傳乙正。

〔九〕國家所以養諸老者　「國」原作「朝」，據清影元鈔本改。

〔一〇〕盡有荆揚益三州之野　「揚」原作「楊」，據清影元鈔本、聚珍本改，即揚州，下同改。

〔一一〕死配朝廷　「朝」聚珍本作「廟」，似是。

〔一二〕遂虜八赤蠻妻子於寬吉海　「寬吉海」，元史卷一二一速不台傳作「寬田吉思海」。

〔一三〕辛巳扈定宗征女真國破萬奴於遼東　按「辛巳」爲元太祖十六年，無定宗征女真國事。元史卷二太宗紀五年癸巳，有貴由伐萬奴並擒之，則「辛巳」當爲「癸巳」之誤。

〔一四〕段興智　原作「段智興」，據元文類卷二三平雲南碑及元史卷一六六信苴日傳改。

〔一五〕奉命出烏蒙　「命」原作「會」，清鈔本、聚珍本均作「命」，與秋澗集卷五〇大元光禄大夫平章政事兀良氏先廟碑銘合，今據改。

〔一六〕年七十三　「三」元史卷一二一兀良合台傳及上引秋澗集均作「二」，似是。

〔一七〕宋人聞我旆還　「聞」原作「間」，清鈔本、聚珍本均作「聞」，與上引秋澗集合，今據改。

〔一八〕六年七月大霖雨漢水溢宋將夏貴范文虎相繼以兵來争　按元史卷七世祖紀，范文虎援襄陽在七年九月，與夏貴援襄陽相隔一年餘，不得連書「六年七月」之下。

〔一九〕裨將矮張以軍襖百舫躍入襄州……餘衆盡殪　按此事元史卷七世祖紀繫於九年九月。

〔二〇〕襄守將吕文焕懼而出降　按元史卷八世祖紀，吕文焕降在十一年二月。

〔二一〕秋七月奉命掠地淮東　按元史卷一二八阿术傳，掠地淮東在十年，則「七月」上當書「十年」。

〔二二〕時夏貴已鎖大艦扼江漢口　「鎖」上原衍「鑑」字，據清鈔本及秋澗集卷五〇大元光禄大夫平章政事兀良氏先廟碑銘删。

〔二三〕從陽羅堡西沙武口入江夏　按上引秋澗集無「夏」字。

〔二四〕攀崖步鬥　「攀」原作「樊」，據上引秋澗集改。

〔二五〕彼已亂射　「彼」字原脱，據上引秋澗集補。

〔二六〕獲鹽船三千艘　「船」原作「艘」，據聚珍本及上引秋澗集改。又「千」字，明鈔本邊改作「十」，聚珍本亦作「十」。

〔二七〕追奔斬馘萬八千餘級　「馘」原作「截」，據上引秋澗集改。

〔二八〕公駐兵瓜洲　「洲」原作「州」，據聚珍本及上引秋澗集改。「瓜州」在甘肅，與此無涉。

〔二九〕將至郢　「至」原作「臣」，據元文類卷五九湖廣行省左丞相神道碑改。

〔三〇〕諸將倉卒有未甲者　「將」原作「相」，據上引元文類改。

〔三一〕還移兵静江　「静」原作「竫」，按元史卷一二八阿里海牙傳作「静」，與卷六三地理志合，此外湖廣别無「靖江」之稱者，今據改，下同。

〔三二〕敗馬都統臨川　按元史卷六三地理志，静江路轄下有臨桂、靈川，而無「臨川」。

〔三三〕廣東肇慶　「東」字原脱，據元文類卷五九湖廣行省左丞相神道碑補。

〔三四〕特磨農士貴　「士」原作「土」，據聚珍本及元史卷一二八阿里海牙傳改，此名元史多見。

〔三五〕傳欲襲肇慶雷　清影元鈔本、聚珍本「雷」下有「瓊」字。

〔三六〕聞僞衛王陷南恩　「衛」字原脱，據清影元鈔本、聚珍本補。

〔三七〕待罪闕下　「待」原作「即」，據清影元鈔本、聚珍本改。

國朝名臣事略卷第三

太師廣平貞憲王

卷三之一

王名玉昔，阿爾剌氏，賜號月呂禄那演。初襲父職爲右萬户。至元十二年，拜御史大夫。二十四年，將兵平乃顔，以功加太傅。二十九年，加録軍國重事、知樞密院事。三十一年，進太師。元貞元年，薨，年五十四。

公小字玉昔，迨至貴顯，寵以不名，賜號月呂禄那演，譯云能官也。高唐閻公撰勳德碑。

國初官制簡古，置左、右萬户，位諸將之上，首以公之祖博爾朮居右。博爾朮，贈太師，謚武忠，善戰知兵。太祖在潛，共履艱危，征伐四出，無往不從。時諸部未寧，每遇武忠警夜，寢必安枕，寓直於内，與語或至達旦。蔑里期之戰，風雪迷陣，再入敵中，求太祖不見，急趍輜重，則御勒已還，卧甜車中，聞武忠至，曰：「此天贊我也。」及得天下，君臣之分益密。武忠既老，以病薨。子孛欒得襲爵。公弱歲襲爵，統按台部衆。器量宏達，襟度淵深，莫測其際。世祖聞其賢，驛召赴闕，見其風骨龐厚，解御服銀貂以賜。國朝重太官内膳之選，〔一〕

特命公領其事。侍宴内殿，公起行酒，詔諸王妃皆執婦道。勳德碑。興利之臣，欲援亡金舊制，併憲司入漕府；他日，當政者又請以郡府之吏，互照憲司檢底，公言：「風憲所以戢姦，若是，有傷監臨之體。」其議乃格。勳德碑。

至元十二年，拜御史大夫。公長臺憲，務振宏綱，弗親細故。勳德碑。

公事上遇下，一本於誠。事有廷辨，當雷霆之下，辭益鯁直，天顔爲之霽威。勳德碑。

二十四年，宗王乃顔叛東鄙，世祖躬行天討，命公總戎以先之。大駕至半道，則公已退敵，僵尸覆野，數旬之間，三戰三捷，獲乃顔以獻。詔選乘輿駞畜百蹄勞公，公謝曰：「天威所臨，猶風偃草，臣何力之有。」駕還，留公剿絶餘黨，執其酋金家奴，獻俘於朝，同惡數人，戮之軍前。明年，乃顔餘燼哈丹秃魯干復叛，再命公出師，兩與敵遇，皆敗之，追及兩河，威乘破竹，敵衆大衄，酋長遁去。時已盛冬，聲言駐兵俟春方進，忽倍道兼行，過黑龍江，徑擣巢穴，〔二〕殺戮殆盡，其酋莫知所終，夷其城郭，鎮撫遺黎而還。國家承平日久，變生肘腋，貽九重宵旰之憂，公英猷載奮，不期月而三叛悉平。詔憫其勞，加太傅、開府儀同三司，申命禦邊杭海。勳德碑。

二十九年，加録軍國重事、知樞密院事，宗藩帥鉞一切禀命於公。特賜步輦入内。位望之崇，〔三〕廷臣無出其右。勳德碑。

三十年，成宗以皇孫撫軍北邊，公爲輔行，請授儲闈舊璽，詔從之。勳德碑。

鼎湖上仙，公奉鑾馭而南，宗室諸王畢會上都，定策之際，公起謂皇兄晉王曰：「宮車遠駕已踰三月，神器不可久虛，宗祧不可乏主。疇昔儲闈符璽既有所歸，王爲宗盟之長，奚俟而弗言。」王遽曰：「皇帝踐祚，願北面事之。」於是宗親大臣合辭勸進，公復坐曰：「大事已定，吾死且無憾。」惟公一言，合臣民共戴之誠，成先皇付託之意。勳德碑。

上即位，進秩太師，佩以尚方玉帶寶服，還鎮北邊。勳德碑。

元貞元年冬，議邊事入朝，兩宮錫宴，酬酢盡歡，如家人父子然。還鎮有期，不幸遘疾，以十一月某日薨。勳德碑。

卷三之二

太師淇陽忠武王

王名月赤察兒，許慎氏。至元十八年，由宿衛官拜宣徽使。三十年，拜知樞密院事。明年，加太保、録軍國重事，樞密、宣徽使如故。大德四年，進太師。至大元年，拜和林行省右丞相，封淇陽王。四年，朝京師，薨，年六十五。

王性仁厚儉勤，事母備諸孝敬。資貌英偉，望之如神。世祖雅聞其賢，復閔其父之死事也，年十六召見，容止端重，奏對詳明，上驚喜曰：「失烈門有子矣。」王曾大父博爾忽，自太祖蚤年已見神聖，委心臣事，大業肇基，身餘百戰，竟薨于敵。是時官制簡古，止爲第一千户。大父脱歡，嗣父官，佐憲宗，四征不庭，日闢土疆。父失烈門，恒鎮徼外，後征六詔，懷服諸蠻，遘疾薨于軍。即命領四怯薛太官。怯薛者，國制分宿衛供奉之士爲四番，番三晝夜，凡上之起居飲食，諸服御之政令，怯薛之長皆總焉。清河元公撰勳德碑。

至元十七年，長一怯薛。明年，詔曰：「月赤察兒秉心忠實，執事敬慎，知無不言，言無不盡，曉暢朝章，用輒稱旨，不可以其年小而遲其官，可代線真爲宣徽使。」勳德碑。

二十六年，上討反者于杭海，皆陳，王奏曰：「丞相安童、伯顏，御史大夫月呂禄，皆嘗受命征戰，三人者臣不可以後之。今剏賊逆命，敢禦天戈，陛下憐臣，賜臣一戰。」上曰：「乃祖博兒忽佐我太祖，無征不在，無戰不克，其勛大矣。卿以爲安童輩與爾家同功一體，各立戰多，〔四〕自耻不逮。然親屬櫜鞬，恭衛朝夕，俾予一人，不逢不若，爾功非小。何必身編行伍，手事斬馘，乃始快心邪。」勳德碑。

二十七年，桑葛既立尚書省，簧鼓上聽，殺異己者，箝天下口，以刑爵爲貨而販之，咸走其門入貴價以買所欲，貴價入，則當刑者脱，求爵者得，不四年，紀綱大紊，人心駭愕。尚書平章政事也速答兒，王之太官屬也，潛以其事告王，王奮然奏劾。桑葛伏誅。上曰：「月赤察兒口伐大奸，發其蒙蔽。」乃以没入桑葛黄金四百兩、白金三千五百兩，及水田、水磑、别墅賞其清彊。勳德碑。

桑葛既敗，上以湖廣行省西連番洞諸蠻，南接交趾島夷，延袤數千里，其間土沃而人夥，畬丁溪子善驚好鬥，非賢方伯不能撫安。王舉哈剌哈孫荅剌罕，以爲其省平章政事，凡八年，威德交孚，飛聲海外，入爲丞相，天下稱賢。勳德碑。

二十八年，都水使者請鑿渠西導白浮諸水，經都城中，東入潞河，則江淮之舟既達廣濟渠，直泊於都城之滙。上亟欲其成，又不欲役及細民，敕四怯薛人及諸府人與鑿。〔五〕所司高深之，分賦之，刻日使畢。王率其屬，著役者服，操畚鍤，即所賦以倡，趨者如雲，依刻而渠成，賜渠名通惠河，而河爲公私大利。上語近臣曰：「是渠，非月赤察兒身率衆手，成不亟也。」勳德碑。

成宗登極，制曰：「月赤察兒盡其誠力，深其謀謨，抒忠於國，流惠於人，可加開府儀同三司、太保、録軍國重事，樞密、宣徽使如故。」勳德碑。

大德四年，拜太師。初，金山南北，叛王海都、篤娃據之，不奉正朔，垂五十年，時入爲寇。恒命親王統左右部宗王諸帥，屯列大軍，備其衝突。五年，朝議北師少怠，紀律或失，命王亞晉王以督之。是年，海都、篤娃入寇，我爲五軍，王將其一，鋒交，軍頗不利。王視之怒，披甲持矛，身先陷陣，一軍隨之，出敵之背，五軍合擊，敵大崩潰，海都、篤娃遁去，王亦罷兵歸鎮。賞功誅罪，〔六〕恩威服於敵人。厥後篤娃來請臣附，時武宗亦在軍，王遣使與武宗及諸王將帥議曰：「篤娃請降，爲我大利，固當待命於上，然往返再閱月，必失事機。事機一失，爲國大患，人民困於轉輸，將士罷於討伐，無有已時矣。篤娃之妻，我弟馬兀合剌之妹也，宜遣報使，許其臣附。」衆議爲允。既遣，始以事聞，上曰公深識機宜。既而馬兀合剌復命，由是叛人稍稍來歸。勳德碑。

十年冬，叛王滅里鐵木兒等屯于金山，武宗帥師出其不意，先踰金山。王以諸軍繼往，壓之以威，啖之以利，滅里鐵木兒乃降。其部人驚潰，王遣禿滿鐵木兒、察忽將萬衆深入，其部人亦降。察八兒者海都長子也，海都死，嗣領其衆，至是，我軍掩取妻子及其部人，兩部凡十餘萬口。勳德碑。

至大元年，王遣使奏曰：「諸王禿苦滅本懷攜貳，而察八兒游兵近境，叛黨素無悛心，倘合謀致死，則垂成之功顧爲國患。臣以爲，昔者篤娃先衆請和，雖死，宜遣使安撫其子款徹，使不我異。又諸部既已歸明，我之牧地不足，宜處諸降人於金山之陽，吾軍屯田金山之北，軍食既饒，又成重戍，就彼有謀，吾已擣其腹心矣。」奏入，上曰：「是謀甚善，公宜移軍阿答罕三撒海地。」王既移軍，察八兒、禿苦滅欲奔款徹，不敢納，去留無所，遂相率來降，於是北邊以寧。勳德碑。

上詔王曰：「公之先佐我祖宗，常爲大將，攻城戰野，勛烈甚著。公國之元老，宣忠底績，清謐中外。朕昔入繼大統，公之謀猷又多。今立和林等處行中書省，以公爲右丞相，依前太師、録軍國重事，特封淇陽王，佩黄金印。宗藩將領，實瞻公麾進退。其益懋乃德，悉乃心力，毋替所服。」勳德碑。

四年，王入朝，仁宗燕之于大明殿，眷禮優重。九月六日，疾病，敕御醫數輩診療，越三日薨。勳德碑。

卷三之三

樞密句容武毅王

王名土土哈，欽察氏。世爲欽察國主，國亡，率其種人入宿衛。至元十四年，王將兵北伐，有功，除同知太僕院事，改衛尉院事，領群牧司事。二十二年，拜樞密副使，攝欽察親軍都指揮使。大德元年，遷同知樞密院事。是歲，薨，年六十一。

公欽察人，其先係武平北折連川按答罕山部族，後徙西北絶域，有山曰玉理伯里，襟帶二河，左曰押亦，右曰也的里，遂定居焉，自號欽察。其地去中國三萬餘里，夏夜極短，日暫没輒出。〔七〕川原平衍，草木盛茂，土産宜馬，富者有馬至萬計。俗衽金革，勇猛剛烈，蓋風土使然。公之始祖曲年，高祖唆末納，曾祖亦訥思，世爲欽察國王。太祖征蔑乞國，其主火都奔欽察，遣使諭亦訥思曰：「汝奚匿予負箭之麋？亟以相還，不然禍且及汝。」亦訥思謂使者曰：「逃鸇之雀，翳薈猶能生之，吾顧不如草木耶！」歲丁西，憲宗在潛邸，奉命薄伐，兵已扣境，公之父班都察舉族迎降，從征麥怯思國。世祖征大理、伐宋渡江，率其種百人侍左右。以其俗善芻牧，俾掌尚方馬畜，歲時撞馬湩以進，其色清徹，號黑馬乳，因目其屬曰哈剌赤，蓋華言黑也。中統初，同氣有鬩牆之釁，靖亂第功，賞銀百兩。公年逾弱冠，亦以功受銀五十兩。班都察卒，乃襲父職，備宿衛。高唐閻公撰紀績碑。

宗室海都粤自先朝，畔涣朔方，國家根本之地在北，詔遣皇子北平王率諸王鎮守之。至元十四年，諸王脱脱木、失烈吉叛，北平諸部暨祖宗所建大帳，盡爲所掠。公請爲國宣力，率兵討叛，以其年三月，敗敵將脱耳赤顔於納蘭不剌，邀諸部以還。夏四月，應昌部族只兒瓦解構亂，脱脱木聞之，引兵相應，中途遇公，將會戰，擒其偵高者數十騎，敵乃引退。只兒瓦解勢孤不能振，尋即殄滅。夏六月，聞敵駐禿兀剌河，馳至河上，追奔逐北，三宿而後返。秋八月，復敗敵於斡歡河，獲所掠祖宗大帳，北平部衆悉追還之。紀績碑。

詔公率欽察驍騎千人，從大軍北伐。十五年正月，追失烈吉過金山，擒扎忽解等以獻。

繼敗寬折哥等，被創力戰，獲輜重羊馬甚衆。紀績碑。

有旨，欽察種人，或隸諸王，或在民編，皆命析出，隸公部伍。於是户給楮幣二千緡，歲賜粟帛，擇材堪宿衛者，從事輦轂。紀績碑。

二十三年，置欽察親軍都指揮使，公以樞密副使攝都指揮使，衛之官屬，聽以公宗族將吏爲之。夏六月，海都兵犯金山，詔公與大將朵兒朵懷共爲守禦計。紀績碑。

二十四年春，東藩諸王乃顏叛，陰結其屬也不干、勝剌哈於北邊，諜者二人至軍中，爲公所執，盡得其情，遣使以聞，且言：「宜召勝剌哈等赴闕。」一日勝剌哈設宴，召公及朵兒朵懷，朵兒朵懷將往，公止之曰：「彼包藏禍心，吾屬至，必被擒，大軍誰與統屬？」遂不往。尋有旨令勝剌哈入朝，將東道進。公言於北安王曰：「若輩分地在東，脱有不虞，是縱虎入山林也。」乃命從西道進。既而有言也不干叛者，衆欲先聞于朝，然後發兵。公言：「兵貴神速，吾盡忠於國，當臨事制宜。若彼果叛，兵至可即屠之，否則與約而還。」衆以爲然。即日啓行，公爲前鋒，疾驅七晝夜，渡禿兀剌河，與也不干戰于孛怯嶺。彼大敗，俘獲無算，也不干僅以身免。紀績碑。

世祖親征乃顏，聞也不干敗走，遣使諭公收其餘黨，沿河而下。遇叛王也鐵哥軍萬騎，擊走之，獲乃顏群牧馬畜，擒叛王哈兒魯等，獻俘行在所，悉誅之。欽察、康里之屬，自叛所來歸者，即以付公，始置哈剌魯萬户府，欽察之散處安西諸王部下者，悉令公統之。紀績碑。

冬十月，乃顔餘黨復萌，成宗時在儲闈，詔命公扈從往征之。十一月，兵至海剌，誅叛王兀塔海等，降其部曲。紀績碑。

二十五年，諸王也只里部衆爲叛王火魯哈孫所掠，遣使告急。公復奉命從成宗率師往援。夏五月，與敵戰于兀魯灰，彼軍敗衄，也只里部衆盡復。師還，至哈剌温山，聞叛王哈丹軼我邊鄙，宵濟貴烈河，大敗敵軍，哈丹脱身以竄，遼左諸部悉爲我有，乃置東路萬户府，鎮守其地。續紀碑。

二十六年春，從皇孫晉王征海都。夏六月，兵抵杭海嶺，敵先據險，我師失地，爲敵所薄，軍士隨潰。公一軍獨前鏖戰，久之，翼衛晉王而出。行至信宿，聞襲騎在後，公選精鋭爲殿，設伏以待之，襲騎聞之，遂不敢進。秋七月，世祖巡幸北邊，褒諭公曰：「惟昔聖祖肇基，失利於王罕，一二藎臣同飲班术河水者，至今稱之。卿赤心衛社稷，馳譽朔南，雖死之日猶生之年，卿其勉旃。」還至京師，會宴群臣，復諭公曰：「朔方人來，海都有言『杭海之役，使彼邊將人人善戰如土土哈，吾屬安所措矣。』凡有功將士，可令入見，朕欲面加優賞。」公言：「慶賞之典，蒙古將士宜先之。」世祖曰：「卿毋飾讓，若輩誠居汝曹之右，盍效汝曹力戰邪！」明日，召諸將士，頒賞有差。紀績碑。

二十八年秋，公率哈剌赤萬人，北獵漢塔海，敵衆將入寇，知公在邊，遂引去。紀績碑。

二十九年秋，略地金山，虜海都之黨三千餘户，還駐和林。紀績碑。

三十年春，有詔進取乞里吉思。師次欠河，冰行數晝夜，至其境，盡收五部之衆，屯兵鎮守之。遣使奏功，進秩龍虎衛上將軍，仍給行樞密院印，以便文移。夏五月，海都聞公取乞里吉思，引兵至欠河，復爲公所敗，擒其將孛羅察。一歲之間三著雋功。紀績碑。

成宗即位，以邊圉事重，須公鎮守，有旨無預朝會。紀績碑。

元貞二年秋，宗室諸王附海都者，率衆來歸，邊民驚擾，往往逃匿山谷。公率兵直抵金山玉龍罕界，饋餉資糧，安集衆庶，導諸王岳木忽等入朝。紀績碑。

公爲將鷙猛，先期制敵，應變如神，尤善激昂士氣，臨陣誓師，人百其勇。至若出司閫鉞，入贊機樞，忠國大計，知無不言。古之所謂能羆之士，不二心之臣，於公見之。紀績碑。

校勘記

〔一〕國朝重太官内膳之選　「太」原作「天」，據聚珍本及元史卷一一九玉昔帖木兒傳改。

〔二〕徑擣巢穴　「徑擣」原作「往搆」，據元文類卷二三太師廣平貞憲王碑改。清鈔本、聚珍本「搆」均作「擣」。

〔三〕位望之崇　「崇」原作「榮」，據清鈔本、聚珍本及上引元文類、元史卷一一九玉昔帖木兒傳改。

〔四〕各立戰多　「多」清鈔本及元史卷一一九月赤察兒傳作「功」。

〔五〕敕四怯薛人及諸府人與鑿　「與」聚珍本作「興」。元史卷一一九月赤察兒傳云：「敕四怯薛人及諸府人專其役」，則似作「興」是。

〔六〕賞功誅罪　「誅罪」原作「謀罪」。按元文類卷二三太師淇陽忠武王碑作「誅辠」，「辠」即「罪」字，今據改。

〔七〕日暫没輒出　「輒」原作「輟」，據清鈔本、聚珍本改。按繆荃孫據本傳所輯静軒集卷三樞密句容武毅王碑即作「輒」。

國朝名臣事略卷第四

丞相興元忠憲王

卷四之一

王名完澤，土別燕氏。中統三年，以大臣子選侍東宮，遂拜詹事。至元二十八年，尚書省罷，拜中書右丞相，加太傅、録軍國重事，居相位十三年。大德七年，薨，年五十八。

中統三年，封皇子爲燕王，領中書省，是爲裕宗，詔選王府僚屬，聞公之賢，即以應選。久之，署東宮詹事長。入籌帷幄，出掌環衛，小心畏慎，夙夜在公，裕皇甚器重之。一日會宴宗室，指公語衆曰：「先正有言，爲人上者，當務親善遠惡，善人如完澤豈易得哉！」高唐閻公撰勳德碑。

又云：公祖土薛乘時草昧，〔二〕從太祖起朔方，平諸部。歲壬辰，太宗大舉伐金，六師趍休，先期命睿皇由陝右進，以土薛爲前鋒，取道金、房，絶漢上流，略襄陽、方城而北，破金卒二十萬於陽翟。金亡，有事於蜀，襲武林、興元、閬、利諸州，拜都元帥。辛丑，取成都，誅宋將陳隆之，西蜀以平。父線真，早侍潛邸，中統元年，天戈北舉，捍禦不虞，率身先之，還拜宣徽使。四年，進中書右丞相。時朝制草創，登政府者多宿儒耆德，相與訏謨廟

堂，皆經國永圖。鶴馭上賓，仍主東宮衛兵。〔二〕

成宗以皇孫伐叛北方，詔公總治軍旅輔行者凡再。勳德碑。

至元末，奸臣竊弄威福，事敗伏辜，端揆難其人，博選於衆，無以踰公，乃拜中書右丞相。登進善良，湔除弊法，朝政涣然一新。方權姦之熾，分遣使者，乘傳諸道，以會計爲名，肆爲掊克，公私騷然，公爲奏請自中統初積歲逋懸，一切釋而勿論，迄今人賴其利。勳德碑。

公承玉几末命，參定大策，内禀皇太后睿謀，外合宗親大臣之議，居冢宰統百官者踰三月，古之所謂不動聲氣，措天下於泰山之安，惟公足以當之。勳德碑。

成宗纂承大統，首議加上祖考尊謚，致隆福長樂之養，分賚展親，大賚四海，〔三〕□□□□之治，〔四〕一以倚公。勳德碑。

公在相位，上體淵衷，勤恤民隱，數下寬大之詔，散財發粟，以鉅萬計，宣布皇仁，斯亦至矣。勳德碑。

大德四年，加太傅、録軍國重事。内秉鈞衡，外綜邊務，位望益崇，股肱心膂之託益重。勳德碑。

天祐皇元，宗臣碩輔，禀靈河嶽者，不爲不衆。若夫忠藎傳家，薦履上台，績用著於累朝，處中書十有二考，惟公一人。當其四罪咸服，治底雍熙，既彰世祖知人之明。至於運佐重光，元貞載造，偃革以宅南交，睦族以恊萬邦，拯災救患博施濟衆，克廣聖朝安民之惠，致君唐虞之效，昭然在人耳目矣。勳德碑。

丞相順德忠獻王

卷四之二

王名哈剌哈孫，斡羅那氏。至元九年，朝廷録勛臣後，拜宿衛官，襲號荅剌罕。二十二年，拜大宗正。二十八年，拜湖廣行省平章政事。大德二年，拜江浙行省左丞相。是年，入拜中書左丞相。七年，拜右丞相。十一年夏，陞和林宣慰司爲行省，王以太傅行省事。至大元年，薨，年五十二。

王甫及歲，而識悟異凡兒，目不視戲。稍長，善騎射，尤習國書，聞儒者談輙喜。中庵劉公撰勳德碑。

至元壬申，世祖録勛臣後，一見異之，命襲號荅剌罕。王曾祖啓昔礼，以英才遇太祖於龍飛見躍之際，〔五〕知可汗將襲之，趣告帝爲備，果至，我兵縱擊，大破之，尋併其衆。以功擢千户，錫號荅剌罕。時官制惟左、右萬户，次千户，非勛戚不與。荅剌罕，譯言一國之長。帝謂侍臣：「彼家不識天意，故來相害，是人告我，殆天所使，我許爲自在荅剌罕矣。」祖博理察，從睿皇取汴、蔡，滅金。丙申，錫分邑順德。考囊加台，從憲宗伐蜀，戊午，薨于軍。長宿衛百人，夙夜共職惟謹。嘗從獵，馬蹟傷面，上直如常，帝命醫視，眷益重。勳德碑。

甲戌冬十月，帝獵三不剌歸，語皇太子曰：「荅剌罕非常人比，可善遇之。」江左平，賜廉、欽二州，益其邑。勳德碑。

乙酉，拜大宗正。時郡縣囚盜詐者，上宗正決，屬當遣使決死囚諸道，王重按獄詞，小不具，悉令覆勘，奏決者僅六十人耳。尋赦下，所活數百人。大同民群鬥，歐鷹房三人死，近臣以變聞。帝怒，亟遣王治，止坐其首鬥者。京師有以僞造楮幣連富民百餘家，王盡釋之。保定諸郡旱，民當輸米京師，多以輕資就糴，有司摭爲姦，欲没其産賞告者，王得其情，皆縱去，曰：「舍貴就賤，民便事集，又何罪爲。」勳德碑。

柄臣擅威福益横，知王惡己，忌之，數曲爲邀致，竟不一往。其家僮冒禁殺牛，有司莫敢詰，王致以法，益忌。謀撓王以多事，奏請江南囚亦隸大宗正涖決，王曰：「彼間民教令未孚，若一切繩之，恐生亂。」帝是之而止。勳德碑。

辛卯，帝念湖廣失治，欲遣近臣往，莫宜王。臺臣奏：「荅剌罕在宗正，決獄平，即去，恐難其人。」帝曰：「彼地朕嘗駐蹕，治非斯人不可。」王遂行，授湖廣省平章政事。勳德碑。

湖廣南瞰交趾、占城，西掖蜀，西南接南詔，東連吴、會，境壤且萬里。而八番兩江蠻獠，布溪峒間，虺蛇起伏跳踉，小戾則相讎殺，攻剽無時，故治視他省劇甚。王至，審利病，度先後，簡僚佐，撫兵民，威行德流，善遂頑革，錢粟刑獄，井井有條。勳德碑。

自宋時有巨盜嘯黨，出没湖湘，殆二十年不可制。王選士付以方略，悉擒誅之。江州隸江西省，有猾民餌官府恣虐，凡剽船江中群盜，皆與爲根穴交通。王知狀，徑縛以來，百救莫施，卒寘於死，遠近震悚。勳德碑。

壬辰，置行樞密院，兵民政分，勢不相營，奸寇伺發，溪洞以鬨。王入覲，列其不便，罷之。帝問王：「人言廉訪官反撓吏治，朕已令視之。卿謂若何？」王曰：「憲司職糾姦弊，貪吏所疾，妄爲謗耳。」帝以爲然。勳德碑。

邊將征交趾，出其境，王戒曰：「無擾吾民。」有奪民魚菜者，杖其千夫長，一軍肅然。乃上奏曰：「往年遠征無功，民瘡痏未蘇，乃復有事，非國善謀也。」又發湖湘富民，屯田廣西，爲圖交趾計。王以徙民瘴鄉，事固難成，必且怨叛，遣使密奏。吏抱券請署，〔六〕不答。俄使還報罷，民大悦。已而，廣西元帥府請募南丹户五千，屯田襟要，謂「士不死瘴癘，餽餉有餘，蓄實空荒之地，爲邕管之蔽，制諸蠻，控交趾，其利有六。」王喜，與之牛、種、農器，置長統焉。聞諸朝，到于今便之。勳德碑。

湖廣舊無夏稅，柄臣援唐、宋末世爲徵，王曰：「衰弊之政，聖朝可行耶！」竟奏罷。

常、澧、辰等州大水，漂民廬，多死者，王亟發廪爲之賑慰，凡災皆如之。勳德碑。

甲午春正月，世皇登遐，王謹斥候，戒不虞，境内寧肅。勳德碑。

大德戊戌九月，朝于上都，帝嘉其績，授光禄大夫、左丞相，行省江浙。視政凡七日，綱舉七十餘事，民風吏習，翕然爲變。入爲中書左丞相，杭之耆庶，伏地攀泣，馬不得前。勳德碑。

王既當鈞軸，益以天下自任。每退食，延見四方賓使，訪以物情得失，吏治否臧，人材顯晦，年穀豐歉，採可行行之。凡論議，先以國典，參以古制，揆以時宜，必當而後已。其可否事，猶元化之運，順無留滯。惟不言利，不喜變更，一以節用愛民，重名爵爲務。勳德碑。

京師未有孔子廟，而國學寓他署，王喟曰：「首善之地，風化攸出，不可怠。」乃奏營廟學，嘗躬爲臨視。既成，朝野瞻聳，選名儒爲學官，奏遣近臣子弟入學，而四方來學者益衆。又郊祀久未遑，王總群議奏行之。勳德碑。

辛丑，同列以或者議倡言：「世祖以神武開一統，功蓋萬世。陛下未有伐國拓地之舉，以彰休烈。西南夷八百媳婦國弗率，〔七〕可命將往征。」王謂：「山嶠小夷，去中國遼絶，第可善諭向化。苟將非其人，未見所利。」弗聽。竟奏發湖廣兵二萬人，丁壯役餽輓數十萬，將失紀律，果無功而還。諸蠻要擊，飢疫相仍，比至，將士存者纔十一二。會赦，有司議釋將罪，王曰：「徼名首釁，陷失士馬，非常罪比，不誅無以謝天下。」奏誅之。勳德碑。

癸卯秋，拜中書右丞相。王常言治道先守令，至是選掄益詳，時號得人。定官吏贓罪十二章，及丁憂、婚娉、盜賊等制，禁獻户及山澤之利。每歲春大駕幸上都，王必留守，其重可知已。時帝疾連歲，權移中闈，群邪交扇，勢燄翕忽，王以身維之，奸不得逞，事以無撓。勳德碑。

丙午，加開府儀同三司、監修國史，置僚屬，奏修功臣傳。勳德碑。

冬十有一月，帝弗豫，王入侍醫藥，出總宿衛，且理幾務。諸藩王欲入侍疾，王拒之。勳德碑。

丁未春正月，宸御晚駕。時武宗撫兵居北，王封府庫，稱疾卧闕下，理幾務如故。中闈以奸臣謀，絶北道驛，欲行祔廟禮，王格其事，密記授使間走，踰兩驛始得傳，馳報武宗。諸懷詐者數欲害王，王不爲動。内外懔懔，視王以安。會仁宗擒滅其黨，發使迎武宗。四月，仁宗及皇太后如上都，王繼往。五月，武宗即位，加太保、録軍國重事。勳德碑。

和林控北邊，始置宣慰，時諸部落降者百餘萬口，乃罷宣慰，詔王以太傅爲左丞相行省事，賜楮幣十五萬緡，黄金羸十二鎰，白金二千五百兩，帛四百端，乳馬六十疋。至和林，獲盜米商衣者，即斬以徇，攘竊屏息，行旅爲便。分遣使發廪賑降口，復奏請錢七千三百萬緡，帛稱是，易牛、羊給之，又給網數千，令取魚食。遠者厄大雪金山，命諸部置傳車，相去各三百里，凡十傳，餽米數萬石，牛、羊稱之。又度地立兩倉，積米以待來者，全活不可勝紀。有飢乏不能達和林，往往以其男女弟姪易米以活，皆贖歸之。和林歲糴軍餉恒數十萬，主吏視利繆出納囊橐，滋弊久矣，立法遏其源。稱海屯田廢弛，重爲經理，歲得米二十餘萬斛。益購工治器，擇軍中曉耕稼者，雜教部落。又浚古渠，溉田數千頃。穀以恒賤，邊政大治。勳德碑。

至大改元，帝賜大帳如親王制，諸藩稟命戎事，則以宴之，仍賜酒米百斛，天下傾耳以俟復召。是冬十一月，遘疾，召其屬曰：「吾不起矣，不得報國矣！汝曹各自勉。此間金穀勿遺朝廷慮。」〔八〕其屬以聞，帝驚愕，命醫偕其子脱歡行。以閏月某日薨于和林，天雨木冰連日。帝大傷悼，敕大興尹買葬地昌平陽山南原，曰：「使天下後世，知吾賢相爾。」勳德碑。

王神宇靖偉，簡重寡言，不見喜愠，望之儼然，知其爲公輔器。其在宗正也，從世皇北巡，平宗王亂，初入叛境，王率三百騎，猝與敵遇，徐整騎突出敵背，連彀矢殪數人，敵披靡，帝壯之。其在中書也，引儒生討論墳典，至堯、舜、禹、湯、文、武之爲君，皋陶、稷、契、伊、傅、周、召之爲臣，歎曰：「人生不知書可乎！」乃館士教其子學。由是而觀，王之文武志略，本乎天性，奮身逢時，發於至誠。故其事業之見于世，剛明正大，巋巍煒燁如此。嗚呼！古所謂大臣者，王爲無愧矣。勳德碑。

皇元聖聖相承，天祐生賢，相臣將臣，炳烈相望，人才於斯爲盛。若夫懷遠圖而略近功，先大綱而後小數，藴江海之量，負山嶽之重，不威而令行，不言而人服，處難而無所惑，履變而不可奪，端委雍容而朝廷尊安，天下受其賜，惟忠獻王其人乎！勳德碑。

平章魯國文貞公　　卷四之三

公名不忽木，康里氏。由國學生擢利用少監，出爲燕南提刑按察使，召爲參議中書省事，歷吏、工、刑三部尚書，拜翰林學士承旨。至元二十八年，拜中書平章政事。三十一年，出爲陝西行省平章政事，將行，留爲昭文館大學士、平章軍國事。大德二年，加行御史中丞，領侍儀司事。四年，薨，年四十六。

康里，則漢高車。〔九〕其國内屬，質貴族子十人，燕真年最少，世祖時猶王也，莊聖太后遣之入侍，嘗同卧起，寒暑飢渴，曾不告勞。公其元子，〔一〇〕幼事裕廟於東宫，後因簡拔衛士子，廪以官帑，〔一一〕俾師贊善王恂，公在其間。恂從北征，太傅、魏國許文正公辭中書左揆，拜集賢大學士、國子祭酒，敕胄子與嘗游恂門者，皆從之學。公年十二，穎慧强敏，志力兼人。太傅非旬休不至家，恐妨授徒，每令諸生直日，以謝客至。公則持書崇朝放夕，坐中門不移，否則擁篲播灑，褰簾操杖。出必乘馬導前，無馬徒從，循循安之。其敬以孝，猶子事父，唯恐斯須仁義之言不聞，道德光輝不接也。太傅異之，易其國言不忽木者爲時用，字用臣，固已見期用世。他日誦説餘力，纂記爲帙，上起唐、虞，下訖遼、金，帝王名謚，統系歲年，在位久近，皆能闇誦。帝嘗試之，其應無滯。牧庵姚公撰神道碑。

舉國學生驛致上都，布官中書，宥密憲臺，公少利用監。出副燕南河北道提刑按察使，尋真爲使。或訟静之守臣盜官帑廩，〔一二〕静隸河東山西道，彼自有使，敕不遣，俾公即按，歸報合旨，賜楮帛爲千千五百。〔一三〕神道碑。

二十年，宣政使桑哥方見親寵，茶漕盧世榮阿以進言：「臣能使天下賦入倍其舊十。」帝以問公，對曰：「漢、唐聚斂之臣如桑弘羊、劉晏，世主初亦賞其納忠，及後賦國病民，〔一四〕怨歸於上，而始加誅，雖足少謝天下，而亦貽議千古。臣願陛下無納其謀。」帝弗善之，以世榮爲中書右丞，俾公參議省事，公辭以疾。世榮纔一年敗誅，帝前公曰：「朕甚愧德於卿。」〔一五〕神道碑。

爲吏曹歷工曹轉刑曹，凡三爲尚書，其位士師，用獄惟理詰折，俾自屈服，不加搒掠。神道碑。

河東山西道憲使貸母錢天府，約歲輸羊爲角如干千、馬爲蹄如干百，至則悉賦所部州縣而抑其估，爲民所訟，敕公鞫於大同。入境，歲荒，發廪而始治獄，得其不法百餘事，罪當死，服辭皆具，邇臣與有故者，爲之解脱，顧讒公以問獄行，不俟報可而擅發廪，率作違制，帝曰：「出使之臣，身見歲惡，須請而發，民殍死矣！何罪？」唯移囚至京師。」公節陳款辭，百無一遺，制人覆問：「使掠汝乎？」對以「未嘗。」曰：「未嘗，則汝受其辜何枉！」遂尸之市。神道碑。

戰將某有功北陲，求欽察之奴人者，皆良爲兵，隸己麾下，制可，乃多取編氓入籍。中書遣僉行省臣王國用覈之，爲所𧏙正什七。彼遂讒其專行，不奉詔。帝怒斬之，刑曹受成命矣，公入陳：「敕惟以欽察之奴人者出而爲兵，未聞以編氓奴籍欽察。或西域、河西諸人例此，雜取編氓以益其軍，則天下之户耗矣。國用之忠宜旌，何罪而誅。」譬解數四而免。神道碑。

北京地大震，陷城郭，壓死人民不可紀極。敕遣一國人平章振恤之，即其地，娶三妻歸。公入問：〔一六〕「既失上遣大臣救災之旨，且觖民望。」其人庭辨不服，至以詈婦人言者相加，公曰：「汝妾事盜殺臣之子，又爲盜殺臣制服，孰爲非夫，孰爲非夫！」其人汗愧噎默莫對，會太官將午舉皆趍出，帝顧謂左右曰：「若人平時似不能言，及其辨事，吐辭鋒出，人有不及嬰者。」神道碑。

二十四年，桑哥憤中書殺世榮，奏立尚書省，盡統中書六曹，誣殺參政楊居寬、郭佑，中外爲之不寒而凜。大爲勾考，無遺利矣。勢燄薰天，求及門者如輻輳轂。自平章而下，省退則送歸其第，一旦，獨延公至堂，貌敬而忌忮日深。諷巨商僞爲訟冤，入大珠貨公，及拒不受，伺其退食，必欲罪其不坐刑曹，闔省叩請而免，遂疾。帝還自上都，輦載其弟野禮失班，謂曰：「而兄必以某日來迎。」果以其日公立道周，見其孱瘠，曰：「卿躭苦於書致者，顧當國臣。」問禄幾何，對以滿病告者率不給。帝曰：「其父童丱事朕，恪勤至死。是又朕所教育，貧不能家，何以告爲，其盡以給。」且厚賜之。神道碑。

二十八年，桑哥伏誅。帝畋漷北，召至行殿，廢是省，還六曹中書，欲用爲丞相，公辭：「丞相惟國人義爲。曩籍盜殺臣獲黑簿，盡疏入賄其家主名，東宮之臣，唯無完澤。」帝嘗譽曰：「佳兒，我將賚汝，如斯人者義爲。」乃以爲中書丞相，拜公平章政事。恩眷日隆，大政疑令，動見諮諏。引右丞何榮祖同平章，屏棄凶邪，崇拔善良，飭爲吏者皆親經術，一蠲苛虣之法，人心熙洽，以爲復見中統、至元初治。神道碑。

時方改提刑按察爲肅政廉訪，上都留守司木八剌沙不便之，入言：「同知西京臣言：河東山西廉副受賕楮泉爲千者五十。」欲因以廢諸司。帝召問公，奏曰：「是事誠有，彼何爲不陳省臺？上都留司何與而知此？必告者得罪其司，爲此誣言，緩其事耳。設廉副受賕，罪止其身，天下憲司，何與而盡去之。」帝意乃釋。神道碑。

中書平章麥术丁請復立尚書省，專領户、工、刑三部，召公至上都議，公詰曰：「阿黑馬嘗以領部分中書户、工敗，爲制國用使又敗，爲尚書省又敗，則併歸中書，終以奸贓狼戾，以取誅籍。後桑哥立尚書省，盡奪六部，其威虐貪墨益極，亦就梟夷。既廢復置，將效尤兩人耶！」制是之。神道碑。

塔剌海求徵考中書錢穀逋懸，省臣請入止之，公曰：「無庸，急則宸衷必疑，有所覆護，宜聽其爲。若曹小人，旋踵而敗。」未旬月，果以賄誅。神道碑。

或請征海國流求與加包銀江南，公曰：「吾元疆理天下，四表之間，横目窮髮，何所不臣，何資魚鰕之國，始廣土衆民哉。況冒至險航不測，出萬有一安之途，未必利也。始包銀出於河朔未平，真定守臣以公需數斂煩民，會其歲費徵之，以紓急一時，其後天下例之。至憲廟定制，户率賦銀四兩，中統唯聽如數入鈔，實輕其舊之半。今江之南履畝而税，輸酒醋課及他鄉里門徭水馬驛遞，又增包銀，則重斂矣，民將不堪。」事爲之止。神道碑。

公每上直，從容獻納，疑者釋，危者安，誣者得以白。上嘗論爲君之難：「以一身臨四海，統萬機，一或逸弛，則民受其殃。」公對曰：「誠如聖諭，向使在昔帝王，咸知儆戒，力行善政，則群生何患不遂哉！」又論：「老臣有言，天下事如圓枘方鑿，能少寬之，無往不可。」公曰：「人臣當以身徇國，難易在所不計。廢道違忠，以求耦從，則國家奚所賴耶。」上奇賞之。瓠山王公撰墓誌。

癸巳冬，彗出東北，上夜坐齋宫，延勛舊大臣，問所以弭之之道。既退，公獨前奏：「臣聞之師，天象垂儆，代有之，聖帝明王，遇災省懼。漢孝文二年日食，詔求直言，輔不逮，辭切義正，具在方册。」乃誦其辭，甫至「天下治亂，在予一人，惟二三執政猶股肱也。其悉思過失，丐以啓告，務省徭費以便民。」上拱坐，以手加額，曰：「朕誠意已萌，卿其亹誦之。」諸大臣復進，令再誦。公奏曰：「聖人之心，與天地通，災不難弭。若桑哥者，素捷給，特試用之，彌彌姦惡，肆毒吏民，中書不敢詰，臺察未嘗糾，因一人之言，即正其罪，天下稱快。臣知聖心與天地通，而漢文有所不及。今星芒之儆，咎在臣下。」詳論款接，自四鼓逮翌早進膳，輟盤珍手賜之。其忠懇之志，應事敷言，類如此。墓誌。

三十一年，帝不豫。故事，非國人元勛子孫已極貴者，不入侍。惟公嘗藥，以及彌留，無頃刻不在側，有少故出，猶必求之。其後格天發引，成廟繼極，其爲升祔太室，請謚南郊，皆公領之。上以先朝舊臣，猷爲倚毗，禮遇益優，詔令修行，法制因革，皆出其手。神道碑。

大德二年，加行御史中丞。乃力新風紀，推擇士子有令望者，皆置廉使。爲政不皎皎以干譽，惟存大節，遵立臺初詔以行，不繁其令。一郡守子受賕，迫使證父，公曰：「持憲之臣，職在宣化清俗，所以厚人倫也。今使證父，何以興孝天下。罪其子，則父視人已靦面目。」宥密臣取人玉帶，惟奏入贓廢棄終身，御史輕之，則曉曰：「大臣貪墨，古人唯曰『簠簋不飾』，蓋不忍暴其惡，非苟私之，所以勵廉耻也。今而曰輕，將與小夫賤隸同笞辱乎，非『刑不上大夫』古人制律之本也。」人多其平恕。神道碑。

四年，徽仁裕聖太后崩，公因過哀，所苦增劇，上使其弟式馬理圖偕尚醫視之，知其無及，但附奏謝而已。乃申顧祝，索酒滿引數觴以薨。天子震悼，遠近士夫，撫几伏筵哭失聲，曰：「縫掖方以扶植聖道，仰如喬嶽，不謂今也無依。往矣！哲輔亡矣！來固有位其相矣，非吾黨矣，行吾將誰尚矣！」都城之民爲之罷市。神道碑。

公自爲相，左右兩朝，位至軍國，顯融極矣，被服唯儒生。公退未嘗廢書，自號静得，得君而不恃，得人而不滿，居高位自卑若不足。天下視其身進退，爲廟堂重輕者十年。神道碑。

公經德迪慮，明允篤誠，動叶矩度，而未嘗爲近名之事。至於故舊之義，雖久不渝。獎拔士類，寸長必録。其行業表表，當百世不泯。墓誌。

平章武寧正憲王　卷四之四

王名徹理，衍只吉氏。由宿衛擢利用監卿。至元二十八年，拜御史中丞。明年，拜福建行省平章政事。大德元年，拜江南諸道行御史大夫。七年，拜江浙行省平章政事。九年，入拜中書平章政事。是歲薨，年四十七。

公生六歲而孤，母夫人蒲察君，介介自持，動以禮節，親戚不敢干以非義，教子讀書，天質粹美，不勤外傅，六經二氏，悉涉源委。以故聰明開益日多，才略兼人，恒以匡君經國自期。牧庵姚公撰神道碑。

至元十有八年，入見，帝賜之問，而奇其對，進侍帷幄，時詢民情，細微敷告無隱。神道碑。

一諸侯王稱兵東北，帝自將征，入其地矣，軍中夜驚，公出撫遏，人識言音，喧咈一寂。跳梁既平，爲奏兵餘之民，艱窶剥膚，不賑恤之，將不生活，賴賜穀帛牛馬脱寒飢者，亡慮數十萬人。神道碑。

擢利用監，古武庫也，匪簡在帝心人者，不以付之。神道碑。

二十有三年，詔求逸遺于江之南，且省其俗。時相方急治賦，鬻民學田，官有其直，令既行矣，公則止還諸學，用爲完廟養賢之須。歸以事聞，制甚嘉可。神道碑。

二十有四年，桑葛分中書庶務立尚書省，初爲平章，後爲丞相。凡昔盗殺臣，爲領部，爲制國用使，爲尚書省，所逋錢粟，併歸中書，舉誣爲中書失徵，殺其二相。大爲計局，鉤考毫釐，諸省承風，鄂省已劇，浙省尤酷。延蔓以求，失其主者，逮及其親，又失，代輸其隣，追繫收坐，岸獄充牣，搒掠百至。或闔夫三木，責妻市酒以償。民不堪命，自經裁與瘐死者，已數百人。虐燄熏天，諸王貴戚，亦莫誰何，無不下之。獨公奮然數其奸贓，〔一七〕帝初未然，益犯威顔，言色俱厲。帝以爲醜詆大臣，失幾諫禮，怒遣左右批其頰，辯不爲止，曰：「臣非有仇於彼而然，直不忍其罔上自私。敢因雷霆一擊，遂爾結舌，使明帝有不受言之名，臣實憤耻。」帝意始解，命將衛士百人，控鶴倍之，入籍其家，得金寶衍溢棟宇，他物可資計者，將半内帑。罪既彰白，始鈐其人，諸繫計局者皆出之。又命籍黨惡，浙省諸臣，平章、左右丞、參政烏馬、蔑列、忻都、王濟等家，併桑葛之姻，鄂省要束木，皆醢以謝天下，以成其獄。凡四過徐，不入其家。爲帝所忠，怒御史臺臣不善癉惡，坐觀致此，其自當汝罪，皆曰奪職、追禄、杖，三者唯命。江浙平章，夙有怨於臺，乘其憑怒，自傍激之，謂湖北廉使，功臣諸孫，盗燒鈔八百定，堂帖二十下，容姦數年，贓終未入，抱案帝前，示曰：「稽是可見誤。」裂卷爲兩，縫半印，公曰：「縫用印者，以杜罔欺。汝爲宰相，持半印案以訟人，餘半烏在。」其人言塞。

帝顧罵而起，臺辯始釋。神道碑。

拜平章政事，行省福建，賜爲兩金五十、銀五千。令行禁止，民便安之。惟汀、漳劇盜積歲未平，公身將諸戍之兵，申明約束，不貪勝，不蹂禾稼，不入民舍，惟張皇武威，過栅不攻，示以整暇，晝則合圍山中，夜則稅野，偃旗仆鼓。賊或僞降，覘其何爲，乃豐酒肉飲食，曉曰：「汝昔由不堪污吏侵暴，潛逃居此，能棄險而還耕桑，則平民矣。吾安忍被汝反名，而加誅夷，寡人之妻，孤人之子，獨人父母，而利其財。」悉縱歸之。他栅聞者，相率以出。其渠歐狗，日浸南犇，大兵隨之，偷生隖中，其黨縛致于軍，血鋒刃者纔是一馘。自是，方三千里枹鼓不鳴，正席其堂晝諾而已。神道碑。

帝不豫，公歸京師，嘗藥晨夕，俄然賓天，與諸侯王大臣，定策禁中，遣使逆成宗龍庭，入踐天位。神道碑。

大德之元，拜江南諸道行御史大夫。一日，召其都事賈鈞謂曰：「明詔責使肅清宣明風俗教化，而刀筆流爲御史者，肆爲苛虐，惟急徵贓，以多爲功，至迫子證父、妻證夫、弟證其兄、奴告其主，敗風教者。我實行之，汝宜以是出訓其屬。」帝聞之，以爲得職風紀大體，微意栢臺。神道碑。

七年，改浙省平章政事，其治如臺，門無私謁。以轉粟京師多資東南，居天下什六七，而松江填淤歲久，富民利之，當水出塗築爲圍田，以故瀰漫浸灌，沮洳廣遠，民不可稻。公發卒數萬浚決，揵石堤之，導水入海，使復其故。凡身董役，經時而成，民得良田若干萬頃，至今賴之。神道碑。又吳松江記云：歲甲辰，前海運千夫長任仁發，以吳松江故道陻塞，使震澤之水，失其就下性，爲浙西居民害，垂二十年。概然上疏，條其利病疏導之法。中書省以聞，特命平章徹理公董其役。公乃相其山川形勢之宜，高深廣挾之度，工役之數，錢谷之費，畚鍤之用，飲食之需，命民索陶乘屋，厚稿秸以防其卑濕，爲醫藥以防其疾疫，時作輟以防其倦怠。上以誠感下，下以誠應上，民乃歡呼四集，樂於趍事赴功。始於大德八年冬十一月望前二日，西自上海縣界吳松舊江，東抵嘉定石橋，洪迤邐入海，長三十八里一百八十一步三尺，深一丈五尺，闊二十五丈，役夫爲數一萬五千，爲工一百六十五萬一千六百七十有奇，至九年二月晦畢工。復置閘竇，啓閉以時，物無疵癘，民無夭閼，而事竟集。

九年，召入平章中書，贊右丞相，專力一心，爕和庶政，希致隆平。纔一寒暑，責異己相曰：「方帝不豫，而乃阿中專決，吾誠不忍汝見敗國以喪元也。」遂疾不出，以十月八日薨。立朝之士，在野之民，齎咨咸曰：「古人有言：『昊天不弔』，『殲我良人』。矧鉅臣哉！」蓋棺之日，最其家，楮緡不滿二百，而債券積多至十萬。大臣清貧無公比倫，足昭炳白樂施爲仁不富之實。既貴顯矣，妣夫人杖之，受不敢逃，其孝又何如也。神道碑。

校勘記

〔一〕公祖土薛乘時草昧　「土薛」原作「士薛」。按元史卷一三〇完澤傳作「土薛」，聚珍本改譯作「圖薩」，「圖」、「土」音近，且清鈔本下文即作「土薛」，今據改。下同。

〔二〕仍主東宮衛兵　「仍」字，明鈔本眉注：「仍」作「乃」；清鈔本原作「乃」，校作「仍」。

〔三〕大賚四海　「賚」原作「資」，據國家圖書館藏元刻本、明鈔本、清鈔本改。

〔四〕鼂□□□之治　按，三空格原文漫漶。國家圖書館藏元刻本、明鈔本、清鈔本均自「鼂」字始脱四字，聚珍本改此四字爲「朝廷」二字，畿輔叢書本則改補作「島夷天下」四字。

〔五〕以英才遇太祖於龍飛見躍之際　「英」字原文漫漶。國家圖書館藏元刻本、明鈔本、清影元鈔本、清鈔本亦均闕此字。按元文類卷二五丞相順德忠獻王碑云：「忠武（即啓昔礼——引者）重厚有英才，遇太祖皇帝於龍飛見躍之際」，今據補「英」字。

〔六〕吏抱券請署　「券」字，元史卷一三六本傳作「卷」，似是。

〔七〕西南夷八百媳婦國弗率　「媳」字原脱，據清影元鈔本、聚珍本補。

〔八〕勿遺朝廷慮　「遺」原作「違」，明鈔本、清鈔本校改作「遺」。按元文類卷二五丞相順德忠獻王碑作「勿貽朝廷慮」，元史卷一三六本傳作「毋貽朝廷憂」，則作「遺」是，今據改。

〔九〕康里則漢高車　「則」，聚珍本、畿輔叢書本及元史卷一三〇不忽木傳均作「即」。

〔一〇〕公其元子　「元」上引元史作「仲」。

〔一一〕廩以官帑　「官」原作「宫」，據聚珍本改。

〔一二〕或訟静之守臣盗官帑廩　「静」，點校本元史卷一太祖紀校改作「净」，且云：「净」又作「静」或「靖」，今統改作「净」，以别於遼陽行省、甘肅行省之静州及湖廣行省之靖州。

〔一三〕賜楮帛爲千千五百　按聚珍本及元史卷一三〇本傳作「賜白金千兩鈔五千貫」。

〔一四〕及後賦國病民　「賦」清鈔本校改作「賊」。

〔一五〕帝前公曰　「前」聚珍本作「謂」。

〔一六〕公入間　「間」清鈔本改作「聞」，似是。

〔一七〕獨公奮然數其奸贓　「公」字原脱，據元文類卷五九平章政事徐國公神道碑補。

國朝名臣事略卷第五

中書耶律文正王

卷五之一

王名楚材，字晉卿，遼東丹王突欲八世孫，金尚書右丞文獻公履之子，爲燕京行省員外郎。歲乙亥，城降，遂屬國朝，扈從征伐諸國。辛卯，拜中書令。癸卯，薨，年五十五。

公以明昌元年六月二十日生，文獻公通術數，尤邃於太玄，私謂所親曰：「此子吾家千里駒也，他日必成偉器，且當爲異國用。」因取左氏之「楚雖有材，〔一〕晉實用之」，以爲名字。平章宋公撰神道碑。

公生三歲而孤，母夫人楊氏誨育備至，稍長知力學，年十七，書無所不讀，爲文有作者氣。神道碑。

金制，宰相子得試補省掾，公不欲就，章宗特敕就試，則中甲科，考滿授同知開州事。貞祐甲戌，宣宗南渡，丞相完顔承暉留守燕京，行尚書省事，表公爲左右司員外郎。明年，京城不守，遂屬國朝。神道碑。

太祖素有併吞天下之志，嘗訪遼宗室近族，至是徵詣行在。入見，上謂公曰：「遼與金爲世讎，吾與汝已報之矣。」公曰：「臣父祖以來，皆嘗北面事之，既爲臣子，豈敢復懷貳心，讎君父耶！」上重其言，處之左右，以備諮訪。神道碑。

己卯夏六月，大軍征西，禡旗之際，雨雪三尺，上惡之，公曰：「此克敵之象也。」神道碑。

庚辰，上駐驛於西域尋斯干城。時二月、五月朔，微月皆見於西南，公因別造庚午元曆進之，其進表云：「漢、唐以來，其書大備，經元創法，無啻百家。其氣候之早晏，朔望之疾徐，二曜之盈衰，五星之伏見，踈密無定，先後不同，蓋建都立國之各殊，或涉歷歲年之漸遠，不得不爲差也。唐曆八徙，宋曆九更，良以此夫。金用大明，百年纔經一改。此去中原萬里，不啻千程，昔密今踈，東微西著，以地遥而歲久，故勢異而時殊。今以二月、五月朔，微月皆見于西南，較之於曆，悉爲先天，誠所未聞而未見也。若夫漢、唐以來，曆算之書備矣，俱無此說。以是論之，月惟至晦則一日不見，是二十九日有月也。豈聖人命月之意本諸此乎！今以星曆考之，是年正月、四月雖皆爲大盡，蓋亦未有朔日見月者也。」張都燕居叢談。

是歲冬，大雷，上問公，公曰：「梭里檀當死中野。」已而果然。梭里檀，回鶻王稱也。神道碑。

國初未有曆學，而回鶻人奏五月望夕月蝕，公言不蝕，及期果不蝕。明年，公奏十月望夜月蝕，回鶻人言不蝕，其夜月蝕八分。上大異之曰：「汝於天上事尚無不知，況人間事乎！」神道碑。又叢談云：庚辰歲，公在尋斯干城，當五月望，以大明曆考之，太陰當虧二分，食甚子正，時在宵中。是夜候之，未盡初更而月已蝕矣。蓋大明之子正中國之子正也，西域之初更西域之初更也，西域之初更未盡時，焉知不爲中國之子正乎！隔以萬里之遠，遞遲一時，復何疑哉。此唐一行師有里差之説，謂千里互差一時者是也。二書所載不同。

壬午夏五月，長星見西方，上以問公，公曰：「女真國當易主矣。」逾年而金主死。於是每將出征，必令公預卜吉凶，上亦燒羊髀骨以符之。神道碑。

行次東印度國鐵門關，〔二〕侍衛者見一獸，鹿形馬尾，緑色而獨角，能爲人言：「汝軍宜早迴。」〔三〕上怪而問公，公曰：「此獸名角端，日行一萬八千里，解四夷語，是惡殺之象，蓋上天遣之以告陛下。願承天心，宥此數國人命，寔陛下無疆之福。」即日下詔班師。神道碑。

丙戌冬十一月，靈武下，諸將争掠子女財幣，公獨取書數部、大黄兩駞而已。既而軍士病疫，唯得大黄可愈，所活幾萬人。神道碑。

燕京多盜，至駕車行劫，有司不能禁。時睿宗監國，命中使偕公馳傳往治。既至，分捕信安咫尺未下，若不懲戒，恐致大亂。」遂刑一十六人，京城帖然。神道碑。

得之，皆勢家子，其家人輩行賂求免，中使惑之，欲爲覆奏，公執以爲不可，曰：「

己丑，太宗即位，公定册立儀禮，皇族尊長，皆令就班列拜。尊長之有拜禮，蓋自此始。諸國來朝者，多以冒禁應死，公言：「陛下新即位，願無污白道子。」從之。蓋國俗尚白，以白爲吉故也。神道碑。又李微撰墓誌云：「己丑秋，公奉遺詔立太宗，擇定八月二十四日，諸皇族畢至。至二十二日，尚猶豫不决，公曰：『此社稷大計，若不早定，恐生他變。』睿宗曰：『再擇日如何？』公曰：『過此日皆不吉。』至日，公與睿宗翼太宗登寶位。

時天下新定，未有號令，所在長吏，皆得自專生殺，少有忤意，則刀鋸隨之，至有全室被戮、襁褓不遺者，而彼州此郡，動輒興兵相攻。公首以爲言，皆禁絶之。神道碑。

自太祖西征之後，倉廩府庫無斗粟尺帛，而中使别迭等僉言：「雖得漢人亦無所用，不若盡去之，使草木暢茂，以爲牧地。」公即前曰：「夫以天下之廣，四海之富，何求而不得，但不爲耳，何名無用哉！」因奏：「地税、商税、酒、醋、鹽、鐵、山澤之利，周歲可得銀五十萬兩、〔四〕絹八萬匹、粟四十萬石。」上曰：「誠如卿言，則國用有餘矣。卿試爲之。」乃奏立十路課税所，設使副二員，皆以儒者爲之，如燕京陳時可、宣德路劉中，皆天下之選。因時時進説周、孔之教，且謂「天下雖得之馬上，不可以馬上治」，上深以爲然。國朝之用文臣，蓋自公發之。神道碑。

先是，諸路長吏兼領軍民錢穀，往往恃其富强，肆爲不法。公奏：「長吏專理民事，萬户府總軍政，課税所掌錢穀，各不相統攝。」遂爲定制，權貴不能平。燕京路石抹咸得不激怒皇叔，俾專使來奏，謂公「悉用南朝舊人，且渠親屬在彼，恐有異志，不宜重用。」且以國朝所忌，誣構百端，必欲置之死地。事連諸執政，時鎮海、粘合重山實爲同列，爲之股慄，曰：「何必强爲更張，計必有今日事！」公曰：「自立朝廷以來，每事皆我爲之，諸公何與焉？若果獲罪，我自當之。」上察見其誣，怒逐來使。不數月，會有以事告咸得不者，上特命公鞫治，公奏曰：「此人倨傲無禮，狎近群小，易以招謗。今方有事於南方，〔五〕他日治之亦未晚也。」神道碑。

辛卯秋八月，上至雲中，諸路所貢課額銀幣，及倉廩物斛文簿，具陳於前，悉符元奏之數。上笑曰：「卿不離朕左右，何使錢幣流入如此，不審南國復有卿比者否？」公曰：「賢於臣者甚多，以臣不才，故留於燕。」即日授中書省印，俾領其事，事無巨細，一以委之。神道碑。

宣德路長官、太傅秃花，失陷官糧萬餘石，恃其勛舊，密奏求免。上問：「中書知否？」對曰：「不知。」上叱出，使白中書省償之。仍敕：「今後凡事先白中書，然後奏聞。」神道碑。

中貴苦木思不花奏撥户一萬，以爲採鍊金銀、栽種蒲萄等户，公言：「太祖有旨，山後百姓與本朝人無異，兵賦所出，緩急得用。不若將河南殘民貸而不誅，可充此役，且以實山後之地。」上曰：「卿言是也。」又奏：「諸路民户今已疲乏，宜令土居蒙古、回鶻、河西人等，與所在居民，一體應輸賦役。」皆施行之。神道碑。

壬辰春，車駕至河南，詔陝、洛、秦、虢等州山林洞穴逃匿之人，若迎軍來降，與免殺戮。或謂：「此輩急則來附，緩則復資敵耳。」公奏給旗數百面，悉令散歸已降之郡，其活不可勝數。神道碑。

國制，凡敵人拒命，矢石一發，則殺無赦。汴京垂陷，首將速不解遣人來報，且言此城相抗日久，多殺傷士卒，意欲屠之。公馳入奏曰：「將士暴露凡數十年，所争者土地人民耳。得地無民，將焉用之！」上疑而未決。復奏曰：「凡弓矢、甲仗、金玉等匠，及官民富貴之家，皆聚此城中，殺之則一無所得，是徒勞也。」上始然之，詔除完顏氏一族外，餘皆原免。時避兵在汴者，户一百四十七萬。〔六〕仍奏選工匠、儒、釋、道、醫、卜之流，散居河北，官爲給贍。其後攻取淮、漢諸城，因爲定例。神道碑。

初汴京未下，奏遣使入城，索取孔子五十一代孫襲封，封衍聖公元措，〔七〕令收拾散亡禮樂人等。及取名儒梁陟等數輩，於燕京置編修所、平陽置經籍所，以開文治。神道碑。按遺山元公上公書云：夫自漢、唐以來，言良相者，在漢則有蕭、曹、丙、魏，在唐則有房、杜、姚、宋，數公者，固有致太平之功，而當時百執事之人，毗助贊益者，不爲不多。蓋天下大器，非一人之力可舉，而國家所以成就人材者，亦非一日之事也。必藉學校教育、父兄淵源、師友講習，三者備而後可。喻如脩明堂揔章，必得楩楠豫章之材，預爲儲畜數十年之間，乃能備一旦之用，非若起尋丈之屋，欂櫨棖楔雜出於楡柳槐柏，可以朝求而暮足也。竊見南中大夫士歸河朔者，在所有之，聖者之後，如衍聖孔公；耆舊，如馮内翰叔獻、梁都運斗南、高户部唐卿、王延州從之；時輩如平陽王狀元綱、東明王狀元鶚，濱人王賁，臨淄人李浩，秦人張徽、楊奂、李庭訓，河中李獻卿，武安樂夔，固安李天翼，沛縣劉汝翼，齊人謝良弼，鄭人呂大鵬，山西魏璠，澤人李恒簡、李禹翼，燕人張聖俞，太原張緯、李謙、冀致君、張德輝、高鳴，孟津李蔚，真定李冶，相人胡德珪，易州敬鉉，雲中李微，中山楊果，東平李昶，西華徐世隆，濟陽張輔之，燕人曹居一、王鑄，渾源劉祁及其弟郁、李仝，平定賈庭揚、楊恕，濟南杜仁傑，洺水張仲經，虞鄉麻革，東平商挺，漁陽趙著，平陽趙維道，汝南楊鴻，河中張肅，河朔勾龍瀛，東勝程思温及其從弟思忠，凡此諸人，雖其學業操行參差不齊，要之皆天民之秀，有用於世者也。百年以來，教育講習非不至，而其所成就者無幾。喪亂以來，三四十人而止矣。乃今不死於兵，造物者挈而授之，維新之朝豈無意乎！誠以閤下之力，使脱奔走之役，而聚養之，它日求百執事之人，隨左右而取之，將不能少助閤下蕭、曹、丙、魏、房、杜、姚、宋之功乎！

時河南初破，被俘虜者不可勝計，及聞大軍北還，逃去者十八九。有詔：「停留逃民及資給飲食者皆死，無問城郭保社，一家犯禁，餘並連坐。」由是百姓惶駭，雖父子兄弟，一經俘虜，不敢正視，逃民無所得食，踣死道路者，踵相躡也。公從容進説曰：「十餘年間，存撫百姓，以其有用故也。若勝負未分，慮涉攜貳；今敵國已破，去將安往？豈有因一俘囚，罪數百人者乎！」上悟，詔停其禁。神道碑。金國既亡，唯秦、鞏等二十餘州連歲不下，公奏：「吾人之得罪逃入金國者，皆萃於此，其所以力戰者，蓋懼死耳。若許以不殺，不攻而自下矣。」詔下，皆開門出降，朞月之間，山外悉平。神道碑。

甲午，詔括户口，以大臣忽覩虎領之。國初，〔八〕方事進取，所降下者，因以與之，自一社一民，各有所主，不相統屬，至是始隸州縣。朝臣共欲以丁爲户，公獨以爲不可。皆曰：「我朝及西域諸國，莫不以丁爲户，豈可捨大朝之法，而從亡國政耶！」公曰：「自古有中原者，未嘗以丁爲户。若果行之，可輸一年之賦，隨即逃散矣。」卒從公議。時諸王大臣及諸將校所得驅口，往往寄留諸郡，幾居天下之半，公因奏括户口，皆籍爲編民。神道碑。

乙未，朝議以回鶻人征南，漢人征西，以爲得計。公極言其不可，曰：「漢地、西域相去數萬里，比至敵境，人馬疲乏，不堪爲用。況水土異宜，必生疾疫。不若各就本土征進，似爲兩便。」争論十餘日，其議遂寢。神道碑。

丙申秋七月，忽覩虎以户口來上，議割裂諸州郡分賜諸王貴族，以爲湯沐邑。公曰：「尾大不掉，易以生隙。不如多與金帛，足以爲恩。」上曰：「業已許之。」公曰：「若樹置官吏，必自朝命，除恒賦外，不令擅自徵斂，差可久也。」從之。是歲，始定天下賦税，每二户出絲一斤，以供官用；五户出絲一斤，以與所賜之家。上田每畝税三升半，中田三升，下田二升半；水田畝五升。商税三十分之一。鹽每銀一兩四十斤。已上以爲永額，朝臣皆謂太輕，公曰：「將來必有以利進者，則已爲重矣。」神道碑。

國初，盜賊充斥，商賈不能行，則下令，凡有失盜去處，周歲不獲賊，令本路民户代償其物，前後積累動以萬計。及所在官吏取借回鶻借銀，周年則倍之，次年則並息又倍之，謂之羊羔利，積而不已，往往破家散族，至以妻子爲質，終不能償。公請於上，悉以官銀代還，凡七萬六千定。仍奏定，今後不以歲月近遠，子本相侔，更不生息，遂爲定制。神道碑。

侍臣脱歡奏選室女，敕中書省發詔行之，公持之不下。上怒，召問其故，公曰：「向所刷室女二十八人，尚在燕京，足備後宫使令。而脱歡傳旨，又欲徧行選刷，臣恐重擾百姓，欲覆奏陛下耳。」上良久曰：「可。」遂罷之。又欲於漢地拘刷牝馬，公言：「漢地所有，繭絲、五穀耳，非産馬之地，若今日行之，後必爲例，是徒擾天下也。」乃從其請。神道碑。

丁酉，汰三教僧道，試經通者，給牒受戒，許居寺觀，儒人中選者，則復其家。公初言：「僧道中避役者多，合行選試。」至是始行之。神道碑。

時，諸王貴戚皆得自起驛馬，而使臣猥多，馬悉乏，則豪奪民馬乘之，城郭道路騷動。所至則須索百端，供饋稍緩，輒被箠撻，館人不能堪。公奏給牌劄，乃定飲食分例，其弊始革。神道碑。

諸路官府自爲符印，僭越無度，公奏並仰中書省依式鑄造，由是名器始重。趙衍撰行狀。

戊戌，天下大旱蝗，上問公以禦之之術，公曰：「今年租賦，乞權行倚閣。」上曰：「恐國用不足。」公曰：「倉庫見在可支十年。」許之。初籍天下户，得一百四萬，至是逃亡者十四五，而賦仍舊，天下病之。公奏除逃户三十五萬，〔九〕民賴以安。神道碑。

燕京劉忽篤馬者，陰結權貴，以銀五十萬兩撲買天下差發；涉獵發丁者，以銀二十五萬兩撲買天下係官廊房地基、水利、豬鷄；劉庭玉者，以銀五萬兩撲買燕京酒課；又有回鶻以銀一百萬兩撲買天下鹽課。〔一〇〕至有撲買天下河泊、橋梁、渡口者。公曰：「此皆姦人，欺下罔上，爲害甚大。」咸奏罷之。嘗曰：「興一利不若除一害，生一事不若減一事。人必以爲班超之言蓋平平耳，千古之下，自有定論。」神道碑。

公自庚寅年定課税所額，每歲銀一萬定，及河南既下，户口滋息，增至二萬二千定，〔一一〕而回鶻奥都剌合蠻撲買課税，增至四萬四千定，公曰：「雖取四十四萬亦可得，不過嚴設法禁，陰奪民利耳。民窮爲盜，非國之福。」而近侍左右，皆爲所啗，上亦頗惑衆議，欲令試行之。公反復爭論，力不能奪，乃太息曰：「撲買之利既興，必有躡跡而篡其後者，民之窮困，將自此始矣！」神道碑。

公正色立朝，不爲少屈，欲以身徇天下，每陳國家利病，生民休戚，辭色懇切，上曰：「汝又欲爲百姓哭耶！」神道碑。

上素嗜酒，晚年尤甚，公數諫不聽，乃持酒糟之金口曰：「此鐵爲酒所蝕，尚致如此，況人之五臟，有不損耶！」上悦，賜以金帛，仍敕左右日進酒三鍾而止。神道碑。

辛丑春二月，上疾篤，脈絶，諸藥不能療，皇后不知所以，召公問之。時姦臣竊政，鬻獄賣官，專令回鶻控治諸國，公對曰：「今朝廷用非其人，天下罪囚必多冤枉，故天變屢見，宜赦天下。」因引宋景公熒惑退舍之事，以爲證。后亟欲行之，公對曰：「非君命不可。」頃之，上少蘇，后以爲奏，上不能言，首肯而已。赦發，脈復生。冬十一月，上勿藥已久，公以太一數推之，不宜畋獵，奏之數回，左右皆曰：「若不騎射，何以爲樂！」獵五日而崩。行狀及汲郡王公文集云：太宗仁厚有餘，言辭極寡，服御儉素，不尚華飾。委任大臣，略無疑貳。性頗樂飲。及御下聽政，不易常度。當時政歸臺閣，朝野歡娛，前後十年，號稱無事。

壬寅春，后以儲嗣問公，公曰：「此非外姓臣所敢知，自有太宗遺詔在，遵而行之，社稷幸甚。」墓誌。

奥都剌合蠻方以貨取朝政，執政者亦皆阿附，唯憚公沮其事，則以銀五萬兩賂公，公不受，事有不便於民者，輒中止之。時后已稱制，則以御寶空紙付奥都剌合蠻，令從意書填，公奏曰：「天下，先帝之天下，典章號令，自先帝出。必欲如此，臣不敢奉詔。」尋復有旨，奥都剌合蠻奏准事理，令史若不書填，則斷其手。公曰：「軍國之事，先帝悉委老臣，令史何與焉！事若合理，自是遵行；若不合理，死且不避，況斷手乎！」后以公先朝勛舊，曲敬憚焉。神道碑。

公天資英邁，迥出人表，雖案牘滿前，左酬右答，咸適其當。平居不妄言笑，及一被接納，則和氣温温，令人不能忘。素不嗜酒，間與賓僚宴集，終日端坐。平生不治生產，及其薨也，人有譖之者曰：「公爲相二十年，天下貢奉皆入私門。」后使衛士視之，庫藏惟名琴數十張，古今書畫、金石遺文數千卷而已。篤於好學，不舍晝夜。嘗誡其諸子曰：「公務雖多，晝則屬官，夜則屬私，亦可學也。」神道碑。

又陵川郝公文集云：當太宗臨御之時，耶律楚材爲相，定稅賦，榷宣課，分郡縣，籍户口，理獄訟，別軍民，設科舉，推恩肆赦，方有志於天下。而一二不逞之人，投隙抵罅，相與排擯，百計攻訐，乘宫闈違豫之際，恣爲矯誣，卒使楚材憤悒以死。

國家承大亂之後，天綱絶，人理滅，所謂更造夫婦，肇有父子者，信有之矣。加以南北之政，每每相戾，其出入用事者，又皆諸國之人，言語之不通，趣向之不同，當是之時，而公以一書生，孤立於廟堂之上，而欲行其所學，戛戛乎其難哉。幸賴明天子在上，諫行言聽，故奮袂直前，力行而不顧。然而其見於設施者，十不能二三，而天下之人，固已均受其賜矣。若此時非公，則人之類又不知其何如耳。神道碑。

中書楊忠肅公

卷五之二

公名惟中，字彦誠，弘州人。國初，奉使西域。歲乙未，用兵漢上，領軍前行中書省。癸卯，拜中書令。壬子，出爲河南經略使，遷陝右四川宣撫使。己未，王師伐宋，拜江淮宣撫使。是歲薨，年五十五。

金末，公以孤童子事太宗，自知讀書，有膽略，太宗器之。弱冠，銜命使西域三十餘國，宣暢威靈，敷布條要，俾皆籍户屬吏，數年而歸，乃有大用意。郝文忠公撰神道碑。

廓出太子伐宋，命公於軍前行中書省，克宋棗陽、光化等軍，光、隋、郢、復等州，及襄陽、德安府，得名士數十人。收集伊、洛諸書載送燕都，立周子祠，建太極書院，俾師儒趙復等講授，公遂知性理學，慨然欲以道濟天下。神道碑。又周子祠堂記云：初周子祠祀之禮盛於江左而未至於河朔，公領中書，始嗜其學，乃建太極書院於燕都，立周子祠，以二程、張、楊、游、朱六子配食，歲時釋奠。又刻太極圖、通書、西銘于祠壁，請雲夢趙復爲師儒，右北平王粹佐之，選俊秀之有識度者爲道學生。耶律楚材罷，遂以公爲中書令。太宗崩，太后稱制，公以一相負任天下。神道碑。

定宗即位，平陽道斷事官斜徹横恣不法，詔公宣慰，公按誅之。出一府縲撾，莫不健其決。神道碑。

金亡，恒山公武仙潰于鄧州，其餘黨散入太原、真定間，據大明川，用金開興年號，衆至數萬，出没劫掠數千里，詔會諸道兵討之，不克。公仗節開諭，降其渠帥，其黨悉平。神道碑。

憲宗即位，上以太弟鎮金蓮川，開府承制封拜，奏公爲河南道經略使。初滅金，以監河橋萬户劉福爲河南道總管，盡有金源故地。福貪鄙殘酷，害虐遺民二十餘年。公至，召福聽約束，福稱疾不至。公命設大梃於坐，復召之，使謂福曰：「爾不奉詔，吾以軍法行事。」福以數千人擁衛見公，公即握大梃擊踣之，數日福死。百姓鼓舞稱快，河南大治。神道碑。

遷陜右四川宣撫使，以諸軍帥横侈病民，郭千户者尤甚，殺人之夫而奪其妻，其子告公，鹹之以徇，關中肅然。公語人曰：「吾非好殺，國家綱紀不立，致此輩賊虐良民，無所控告。不去不仁，何以爲仁乎！」神道碑。

歲己未，上總統東師，奏公爲江淮京湖南北等路宣撫使，俾建行臺，以先啓行，宣布恩信，蒙古、漢軍諸帥並聽節制。師還，薨于蔡州。公出入柄用者三十年，天下畏其勇而懷其仁。神道碑。

皇朝誕膺天命，奄奠區夏，經略海外，既一再傳，始究内治。用公爲相，與天下休息。公乃恢張規模，維繫綱紀，誅鉏兇渠，愛養黎獻，整領衣冠，收藏典籍，斯民得以迓續遺命，吾道賴以不亡，天下復見中國之治，繄公力焉。神道碑。

校勘記

〔一〕楚雖有材　按今本左傳襄公二十六年作「雖楚有材」。

〔二〕行次東印度國鐵門關　「國」原作「骨」，明鈔本校作「國」，清鈔本、聚珍本均作「國」，與元文類卷五七中書令耶律公神道碑合，今據改。

〔三〕汝軍宜早迴　按「軍」字，上引元文類作「君」，元史卷一四六本傳作「主」，似作「君」是。

〔四〕周歲可得銀五十萬兩　「十」原作「千」，據上引二書改。按本傳下文云：「自庚寅年定課稅所額，每歲銀一萬定」，可證作「十」是。

〔五〕今方有事於南方　「南方」，明鈔本、清鈔本均校改作「南邦」，似是。

〔六〕時避兵在汴者户一百四十七萬　按元史卷一四六本傳作「時避兵居汴者得百四十七萬人」，似是。下文戊戌年云：「初籍天下户，得一百四萬」，則聚汴之户當不可爲一百四十七萬。

〔七〕索取孔子五十一代孫襲封封衍聖公元措　按明鈔本眉批「重封字」。元文類卷五七中書令耶律公神道碑亦只一「封」字。

〔八〕國初　原作「虎初」，據聚珍本及上引元文類改。

〔九〕公奏除逃户三十五萬　「户」原作「民」，據畿輔叢書本及上引元文類改。

〔一〇〕又有回鶻以銀一百萬兩撲買天下鹽課　「萬」字原脱，據聚珍本及上引元文類補。

〔一一〕增至二萬二千定　「至」字原脱，據上引元文類及元史卷一四六本傳補。

國朝名臣事略卷第六

卷六之一

總帥汪義武王

王名世顯，字仲明，鞏昌人。金季以戰功擢千夫長，累遷鞏昌府便宜總帥。金亡踰年，始屬國朝，職仍舊。尋賜金符，伐蜀有功。癸卯歲卒，年四十九。

公系出汪骨族，貞祐二年，西北軏軏，階戰功起家爲千夫長，八轉領同知平凉府事。正大四年，領隴州防禦使，進征行從宜，分治陝西西路行六部郎中。西南調度窘迫，公發家貲，率豪右助邊，隣郡效之，軍餉以之不絶。六年，以鞏州衝要之地，升鞏昌府，改兼治中，轉同知，兼參議帥府機務。是時，所在殘滅，饑疫薦臻，公與便宜總帥完顏仲德，擁將士吏民出保石門。九年，仲德勤王東下，公拜便宜總帥，制旨大約屬以社稷爲念，公感泣自奮。至於糧械，莫不精贍。明年，京城變，郡縣風靡，公獨爲之堅守。越三年，猶按堵如故，而外攻不弛，謂其衆曰：「宗祀已矣，吾何愛一死！千萬人之命懸於吾手，平居享高爵厚禄，死其分也，餘者奚罪。與其自經於溝瀆，姑徇一時之節，孰若屈己紓斯人之禍。」會頓兵城下，率僚佐者老，持牛羊酒幣迎謁焉。曰：「有君在上，賣國市恩之人，諒所不取。」王大説，赦其下絲髮無所犯。蓋乙未冬十月四日也。旦詣行帳，寵之以章服，職仍故。即日南征，鳩士馬截嘉陵，蹴大安，未幾凱旋，疊承獎賚。楊文憲公撰神道碑。

或死且盡，不能成軍。又蜀郡虞公文集云：國家龍興朔漠，威行萬方，金源日蹙，吏士守者，或降高制遠，統郡縣數十，勝兵數萬，號曰便宜都總帥，栅石門爲金守者三世，〔一〕及我兵攻鞏昌，則金亡已三歲矣。汪氏猶爲金發喪，登陴哭三日。因皇子闊端以自歸，太宗察其誠，仍以便宜都總帥鎮故地，取蜀之役，資糧甲兵之賦，終始畢給，功多之紀，它將鮮儷焉。此諱世顯者所以封隴右王也。王有子七人，孫十又九人，多居將相官，封公者九人。傳五世，兄弟子孫百八十餘人，總軍鞏昌者既世其職，餘多大官。山東、西之間豪傑並起，據保城壁，大抵非金署置之舊。鞏昌汪氏據

丙申，備前鋒進次大安南，田、楊諸蠻結陣來援，公麾輕騎五百撓之，衆亂，首尾不相藉，潰走。日暮，南將曹將軍潛兵作掎角計，公單騎往突之，〔二〕格殺數十輩。黎明，軍合，殪其主將。王嘉歎之，賜名馬、佩刀。公退語所親曰：「吾已撤蜀之藩籬，行寢其堂奥矣。」神道碑。

丁酉春，夜入武信城，燈市帖然，出其不意，全獲府庫，遂蹂資、普。神道碑。

戊戌，軍葭萌之南，都統青澗劉阻山爲栅，公選數百騎奪栅而入，多所俘殺，得其輜械。乘勝赴資州，壁山間識公旗幟，駭怖奔逸，鈔嘉定、峨眉以歸。神道碑。

己亥秋，俾隸塔海公節制。道險霖雨阻潦，攀木緣磴，徹開州。聞蜀軍列萬州南岸，公伺夜伏兵上流，舟北岸以疑之，既而由上流鼓革舟而下，襲破之。追奔逐北，直抵夔峽，公返而搏之，〔三〕幾無噍類。踄巫山，與援軍遻，復剿三千餘級。比春，分兵掖江引還。及涪州，脩浮梁，信宿而辦，以濟南道之師。環攻崇慶，守者開門延敵，他將莫能支，公提戈首出，人服其膽勇，蕲併力以拔其城。天大暑，乃罷。秋覲，帝數其功，賜金符，公拜謝曰〔四〕：「實陛下威德所致，臣何預焉。」上樂其知體，首肯者再四。神道碑。

辛丑，蜀帥陳隆之自稱百萬衆，馳書索戰。十月五日，公略地成都，薄城而陣，〔五〕彼屢戰屢却，堅壁不出，公曉以禍福。十二日夜，田顯縋城效款，覺之，公曰：「事急矣！」叱梯城入救，軍民從顯而出者七十餘口，獲陳隆之斬之。五日，公領精鋭五百，擣漢州，州兵三千出戰，城閉盡陷。三日，軍畢集；又三日，克之。露布以聞，王擊節咨賞，仍賜田顯符印。〔六〕神道碑。

癸卯春，公且疾，忽被召，即戒首途。既見，錫虎符，擢便宜總帥，手札付秦、鞏、定西、金、蘭、洮、會、環、隴、慶陽、平涼、德順、鎮戎、原、階、成、岷、疊、西和等二十餘州，事無鉅細，惟公裁決。以憂深責重，疾再作，竟不起。神道碑。

公器局宏遠，資仁孝。奉養太夫人，斯須靡忘，征南得旨酒，不遠數千里載歸，以備瀡瀡。處喪不御酒肉，劬勞之日，必致齋薦祭。喜儒術，聞介然之善，應接無少倦罷，羈人寒士至，解衣推食，生館死殯，各得其所。還自蜀，輦書數千百卷，而圖畫半之。士卒必與同甘苦，如父兄之於子弟，然臨陣整肅，無敢干者。憫新民未輯，刑清役寡，縱所不免，猶度力緩期，不至急暴，上下相安，不聞告訐。或有牽連，議從寬釋，同屬異主者，多盡力購聚之。每事先立規程，而後處之。以及訟庭驛舍，則静若隆平時。休沐對客，命觴雅歌投壺而已。燕居逸遊，若不勝衣，遇敵先登，刈旗斬將，勇壓三軍，雖古名將無以加矣。神道碑。

萬户嚴武惠公　卷六之二

公名實，字武叔，泰安長清人。金季據東土，歲庚辰，籍所部州民來歸，太師、國王承制授金紫光禄大夫、行尚書省事。甲午，朝于和林，授東平行軍萬户。庚子薨，年五十九。

公幼警悟，略知讀書。及長，志節豪宕，不治生産，爲人美儀觀，喜交結，好施與，落魄里社間。屢以事被繫，俠少輩愛慕之，多爲出死力，以故得脱去。遺山元公撰神道碑。

癸酉秋，國兵破中夏，已而北歸，東平行臺調民爲兵，以公爲衆所伏，署百夫長。明年春，泰安張汝楫據靈巖，遣别將攻長清，公破走之，以功授長清尉，戊寅六月，攝長清令。八月，宋人取益都，乘勝而西，行臺檄公備芻糧，爲守禦計。公出督租，比還而長清陷，尋以兵復之。有譖于行臺者，謂公與宋有謀，行臺疑公，以兵圍之，公挈老幼壁青崖，依益都主將以避之。宋因以公爲濟南治中，分兵四出，所至無不下，於是太行之東，皆公所節制矣。神道碑。

庚辰三月，河南軍攻彰德，守將單仲力不支，數求公救，公請於主將，主將逗留不行，公獨以兵赴之，比至而仲被擒。公知宋不足恃，七月，謁先太師、國王於軍門，挈所部彰德、大名、磁、洺、恩、博、滑、濬等州户三十萬以獻，太師承制拜公金紫光禄大夫、行尚書省事。其年，進攻曹、濮、單三州，皆下之。神道碑。

偏將李信留鎮青崖，嘗有罪懼誅，乘公出征叛降于宋，公兄及夫人杜氏皆遇害。辛巳，公以兵復青崖，擒信，誅之。進攻東平，守將和立剛棄城走，公入居之。神道碑。

壬午，宋將彭義斌説青崖晁海叛，公之家人復被略去，義斌軍西下，郡縣多爲所脅。乙酉四月，遂圍東平。公間遣人會大將孛里海軍，軍久不至，城中食且盡，乃與義斌連和，義斌亦欲藉公取河朔，而後圖之，請以兄事公。時麾下衆尚數千，義斌不之奪，而青崖所掠則留不遺。七月，義斌下真定，道西山與孛里海等軍相望，分公以帳下兵，陽助而陰伺之。公知勢已迫，即速趣孛里海軍而與之合，〔七〕戰始交，宋兵崩潰，乃擒義斌。不旬月，先所失部分盡復之。是冬，郡王帶孫取彰德；明年，取濮、東平；又明年，太師攻益都，凡公之功，所在皆爲諸道之冠。神道碑。

庚寅四月，朝于牛心之帳殿，天子賜之坐，宴享終日，錫公虎符，寵以不名，又數數目公，顧謂侍臣言：「若嚴公者，真福人矣。」神道碑。

甲午，朝于和林城，授東平路行軍萬户，偏裨賜金符者八人。初，公之所統有全魏十分、齊之三、魯之九，及是，畫境之制行，公之地，於魏則別爲大名，又別爲彰德，齊與魯則復以德、兖、濟、單歸于我。神道碑。

丁酉九月，詔命公毋出征伐。當是時，公以百城長東諸侯者十五年矣。始於披荆棘，扞豺虎，敝衣糲食，暴露風日，挈溝壑轉徙之民，而置之袵席之上，以勸耕稼，以豐委積。公帑所積，盡於交聘燕享祭祀賓客之奉，而未嘗私貯之。辟置俊良，汰逐貪墨，頤指所及，竭蹷奉命，不三四年，由武城而南，新泰而西，行於野則知其爲樂歲，出于塗則知其爲善俗，觀于政則知其爲太平官府，而公之心力亦已盡矣。上亦雅知公不便鞭馬，念其功而憫其勞，優恤如此。神道碑。

公病風痺久，人有勸迎良醫者，笑曰：「人豈不死耶？得無疾痛以没足矣。」神道碑。

公既握兵柄，顓生殺，時年已長，經涉世故，乃更折節自厲，間亦延致儒士，道古今成敗，至前人良法美意，所以仁民愛物者，輒欣然慕之。故雖起行伍間，嚴厲不可犯，至於仁心爲質者，亦要其終而後見也。神道碑。

初，彰德既下，又破水柵，郡王怒其反復，驅老幼數萬欲屠之。公曰：「此國家舊民，吾兵力不能及，爲所脅從，果何罪耶？」王從公言，釋不誅。繼破濮州，復欲屠之，公言：「百姓未嘗敵我，豈可與兵人併戮之。不若留農種，以給芻秣。」濮人免者又數萬。其後於曹、於定陶、於楚丘、於上黨，蓋未有不然者。大兵由武休出襄、鄧，公時在徐、邳間，以爲河南破，屠戮必多，乃載金繒往贖之，且約束諸將，毋敢妄殺，有所鹵獲，必使之骨肉完保。靈壁一縣，當廢者五萬人，公悉救之。兵人既素服公言，重爲資幣所誘，故皆全濟。中有求還鄉里者，悉縱遣之。是冬，大饑，生口北渡者多餓死，又藏亡法嚴，犯者保社皆坐，逋亡纍纍，無所於託，僵尸蔽野。公命作糜粥，盛置道旁，人得恣食之，所活者不知幾何人矣。神道碑。

初，公之部曲有亡歸益都者數十人，益都破，皆獲之，人以爲必殺，公一切不問。王義深，義斌之别將，聞義斌敗，將奔河南，凡公族屬之在東平者，皆爲所害，河南破，公獲義深妻子，厚爲賙恤之，送還鄉里，終不以舊事爲嫌。其能人之所難能又如此。神道碑。

東州既爲樂土，四外之人託公以爲命者，相踵也。公爲之合散亡，業單貧，舉喪葬，助婚嫁，多求而不靳，屢至而不厭，肉骨之賜，蓋有不勝書者。故聞公之訃，遠近悲悼，野哭巷祭，旬月不能罷。古所謂愛如父母，敬如神明者，於公見之。神道碑。

帝王之興，天將舉全所覆者而畀之，時則有魁偉宏傑之士，爲之倡大義，建大事，一六合之同異，定群心之去就。初貞祐南渡，豪傑乘亂而起，四方之人無所歸命，公據上流，握勁兵，威望之著，隱若敵國，人心之所以爲楚爲漢者，皆倚之以爲重。至是，曉然知天命所在，莫敢有異志。國家亦藉之，以成包舉之勢，非天使之倡大義，建大事，以應興王之迹，其能若是乎！神道碑。

卷六之三

萬户張忠武王

王名柔，字德剛，易州定興人。金季累遷中都留守、行元帥府事。國兵至，被執，授河北東西等路都元帥。金亡，入覲，遂遷萬户，將兵伐宋。中統三年，以年老乞致仕，封安肅公。至元三年，城大都，起判行工部事，進封蔡國公。五年，薨，年七十九。

公少倜儻不羈，讀書略通大意，工騎射，尚氣節，喜游俠。金貞祐間，河朔擾攘，土寇蜂起，公聚族黨數千家，壁西山東流堝，選壯士，團結隊伍以自衛，遠近憚之，莫敢犯。以功授定興令，累遷清州防禦使。中都路經略使苗道潤表其材，加昭勇大將軍，遥領永定軍節度使，權元帥右都監，行元帥府事。興定初，道潤爲其副賈瑀所害，瑀不自安，遣使者以好辭告公曰：「吾得除道潤，以君正直不以兵力黨惡人故也。」公怒叱使者還白瑀曰：「汝賊吾所事，不即送死，乃敢以此言相戲耶！」遂檄召道潤部曲，會易水之軍市川，告以復讎之意，衆因羅拜，推公爲長。事聞，遷中京留守，兼知大興府事，時戊寅夏五月也，公年二十有九。王文忠公撰神道碑。又陵川文集云：初，中都經略使苗道潤，與其副賈瑀有隙，一日，從數騎出，瑀伏甲射之，顛于道左，從者駭散。有何伯祥者，獨下掖之，道潤濊絶，不能乘。伏發前突，伯祥奮槍大呼，殺數人，賊乃遯去。遂取道潤所佩金虎符以出令，疾足間道聞諸朝。乃命易水公靖安民代道潤，伯祥因事之。是歲興定元年也。明年，靖公卒，伯祥以符節歸公。

方會兵攻瑀，而國朝大軍出紫荆關，遂率所部戰于狼牙嶺，馬跌被執，見主帥立而不跪，左右强之。公叱曰：「彼帥也，吾亦帥也，大丈夫死即死，終不偷生爲它人屈！」帥壯而釋之。其散卒稍稍來集，主帥恐公爲變，質二親于燕，公嘆曰：「吾受國厚恩，不意猖獗至此。顧忠孝不兩立，姑爲二親屈。」遂委質焉。未幾，復舊職，建旆而南，下雄、易、安、保諸州。然猶不忘道潤之冤，必欲誅瑀，而瑀據孔山臺，拒命自若，遂攻之。臺無井泉，汲山下，公先斷其汲道，瑀乃降。公縛瑀，剖心以祭道潤，時人義之。王文康公撰墓誌。

戊寅冬，徙治滿城。城小而缺，真定帥武仙會真定、深、冀兵數萬來攻，〔八〕適令軍出，帳下才數百人，公以老弱婦女乘城，帥壯士突出敵後，毁其攻具。且策其師老而怠，從數騎策馬挾槊大呼入圍，敵皆披靡。復使緣山張旗幟，聲言救至，曳柴揚塵鼓譟以進。敵大潰，追擊，遺尸數十里。乘勝攻完州，下之。州倅甄全慷慨就戮，公義而釋之，陞爲守。祁陽、曲陽等帥皆來降，遂圍中山。仙遣其將葛鐵槍來救，戰于新樂，飛矢中公頷，落其二齒，公拔矢以戰，大破之，斬首數千級。仙猶畜憾，遣藁城令劉成將兵來侵，公生獲成而復縱之。墓誌。

己卯秋八月，南掠地至鼓城，單騎入城，諭以禍福，鼓遂降。進攻深澤、寧晉諸縣，皆下之。由是深、冀以北、真定以東三十餘城，莫不聽命，緣山反側鹿兒、和和、野貍、狼山諸砦，相繼望風納款。公之威名震河朔矣。墓誌。

初，公在鄉里，聞賈瑀以軍三千掠其境，當餽而起，潛入行間，伺其行及半，奮踴大呼，多所殺傷，衆疑其有伏，委仗而遁。信安張甫亦嘗以數千人圍之，時全軍悉出，所留無幾，公三分之，更番接戰。甫與公相聞而不識也，因問：「張君安在？」公紿應曰：「適出且還，我曹卒隸耳。」甫懼乃退。保定王子昌阻水爲固，它將莫敢近，公冒險徑渡，出其不意，生擒之以歸。其勇略類如此。濘南王公撰勳德碑。

隣境帥僕散張哥者，素與公不相能，既而爲麾下所殺，公聞之曰：「彼雖有過，然長上也。奈何擅殺之！」卒窮其主名，斬首以徇。神道碑。

丁亥春，以滿城地隘不能容衆，乃移鎮于保。保當南北之衝，亂後荒空者十餘年。公乃剗荆榛，立市井，通商販，招流亡，不數年，官府第舍奂然一新。向者，井泉鹹鹵，不可飲食，遂引雞距、一畝二泉，鑿城門而入，疏爲長河，以流穢濁。樓觀相望，陂池映帶，若圖畫然，遂爲燕南一大都會。墓誌。

初，州之廟學在保塞故堙之北，及公開府，則夾兩闤闠，囂然坌鬨，殆非清廟居神之所。遂於東南得爽塏地，謀遷神居，鳩工賦役，殿廡一新，講肄之舍，庖藏之所，以次具舉，高廣其舊幾於倍蓰。又爲奎文樓于南，鑿壁水于西。歲戊午春，告成，迎神于廟，釋奠以落之。陵川文集。

壬辰，天兵渡河。明年，汴降，諸將争取金繒，公獨入史館，收金實録、祕府圖書，仍訪求鄉曲耆舊、望族十餘家，若高户部夔，李都運特立，趙禮部三子贄、克剛、克基，楊翰林子恕、壻賈庭揚，護送北歸。其薄汴梁，蹙歸德，陷汝南，攻徐、邳，公莫不身先士卒，横槊轉鬥，大小數十戰，未嘗敗衄。墓誌。又遺山元公撰勳德第二碑云：京城之役，守者屢出接戰，我軍不能前，公躍馬横戈而出，大呼諸帥，即馳入陣中，呼聲所及，無不披靡。汝南之役，金兵陣於南門外，决死戰，宋兵瞻望不進。公率步卒二十餘，涉水入陣，莫有當其鋒者。徐州之役，攻久不下，宋人出戰，公率死士五十人逆擊之，敵退走，明日急攻，城隨陷，論功第一。邳州之役，諸軍築壘，環其外，城中危迫，潰圍而出，望見公旗幟，即犯別帥軍，公率兵救之，又犯一軍，公復救之，敵竟敗，而諸軍賴之以全。

甲午，入覲，上勞之，歷數戰勛曰：「某軍之勝，汝之功也；某州之拔，又汝之功也。」如親見之，乃論功行賞，陞萬户，易金虎符。公於江、淮遇戰，輒穎脱深入，斬將刈旗，折馘執俘而出。墓誌。

又勳德碑云：棗陽之役，公奪外城據之，城中人啓南門出，諸軍爲木柵禦之，公繞出其後，敵大潰。曹武之役，公出其不意，度九里關，宋兵覺，由西山翼而下，我軍方休，猝爲所圍，公單騎突圍而出，遂屯曹武北長封嶺，緣山保聚皆攻下之，斬宋統制官十三人。黄州之役，州西有大湖，與江通流，公攻下之，得戰艦萬艘，順流而下，循江接戰十日，乃至城下，宋水陸並進，我軍合攻之，不戰而潰，州東門禦備甚堅，公率死士，奮戈而入，守者請和，乃班師。滁州之役，公率鋭卒先登，城遂拔。

己亥，詔公以本官節制河南路兵馬。初，乙未、丙申間，諸道所統，仍金之舊，保居燕、趙之交，分隸無幾。辛丑，特詔還之，升州爲府，錫名曰順天，別作一道，賜御衣數襲、尚廐馬百、所乘大宛名馬二。墓誌。

大河自汴已失隄障，南放分流爲三，杞爲中潬，南接渦、渙，東連淮、海，浩瀚無際。宋人恃舟楫之利，駐亳、泗，〔九〕犯汴、洛，以窺河南。大帥察罕以公威名素爲敵人所畏，奏公摠諸軍鎮杞。公乃相地形以殺水勢，築爲連城，分戍戰士，結浮梁以通往來，遠斥候以防衝突。津要既固，奸謀坐折，瀕河居民始得耕稼矣。久之，移鎮亳社。亳去杞又五百里，四面皆黄流，非舟楫莫能至。公至之日，葺民居，建府第，城壁悉甃以甓，又爲橋梁，以通歸德，人民坌集，商旅舟車往來，如承平時。宋人睨視莫敢犯。墓誌。

己未，扈從渡江。十一月，奉旨總領蒙古、漢軍城白鹿磯。公别遣將掠地千里，南至潭州。庚申二月，還自江上。墓誌。

公氣貌雄毅，御軍嚴整，號令所及，將士凜然，恩信素厚，賞罰分明，旌麾所指，士争前死，敵莫敢反顧。故所向有功，前無堅陣。神道碑。

公將南渡也，語於衆曰：「吾戰争二十年，殺人多矣，寧無冤濫？自今非對壘不復殺。」卒如其言。遇他將俘囚將被戮者，亦曲爲勸諭而活之。降人親屬散落他所，則百方購求，必得而後已，或求於我，亦未嘗不與也。勳德碑。

軍興以來，貧人或有所假貸，勢家出子錢要利，如羊生羔，歲輒倍之，往往賣田宅、鬻妻子不能償。公與真定史侯奏乞民間子錢，至倍而止，不得展轉滋胤，朝廷從之。神道碑。

公性喜賓客，每閑暇，輒引士大夫與之談論，終日不倦。歲時贍給，或隨其器能任使之。神道碑。

公嘗以家人數千口，出爲齊民。高陽公張甫、元帥牛顯之徒，皆嘗與公爲敵，既歿，其妻子流離不能自存，公皆厚加收恤。其周急濟困之義，皆毅然爲之。墓誌。

元帥張獻武王　卷六之四

王名弘範，字仲疇，萬户忠武王第九子。初，代其兄攝順天府事。中統三年，授行軍總管，從征李璮。至元改元，授順天路總管。移守大名。六年，兵圍襄陽，授益都行軍萬户。改亳州萬户。宋亡，拜江東道宣慰使。請逐益、衛兩王，遂拜蒙古、漢軍都元帥。十六年冬，嶺海平，入覲。十七年，卒，年四十三。

王年二十餘，其兄順天府總管弘略上計行朝，留攝其府事，吏民服其明決。時内附甫定，蒙古軍所過輒爲暴，王曰：「國朝自有法制，我奉行之。」執暴者決以杖，入其境無敢犯者。順天者故保州，以忠武故陞府，名後有所避，又改今名曰保定云。蜀郡虞公撰廟堂碑。

中統三年，李璮叛濟南，親王哈必赤、丞相史天澤帥諸軍討之，以王爲行軍總管，且行，請氈帳於忠武，忠武曰：「汝欲即安耶？」不與。乃命之曰：「璮違天必敗，汝勉之。雖然，璮劇賊也，圍城勿避險地，險則己無懈心，兵必致死。主者慮其險，苟有來犯，必赴救，可以立功。汝必勉之。」〔一〇〕及圍城，王軍城西，璮出軍突諸將，獨不向王軍，王曰：「吾固受教矣。我易受攻而彼不至，謂我弗悟也。」乃築長壘，内伏甲而外爲壕，開東門以待。夜浚其壕加廣，璮不知也。明日，果擁飛橋來攻，橋不足踰壕，軍陷，其得陵壕者，突入壘門，遇伏皆死，降兩賊將。璮贅遂敗死。論功王最多。忠武聞之曰：「真吾子也。」或言於朝曰：「璮所以得爲亂者，盡專兵民之權故也。」以此間諸侯，諸侯果不自安，遂罷其子弟之在官者，王亦例解總管。廟堂碑。

至元二年，移守大名。未上，微服行民間，察其所患苦，見倉吏收民租，視所當輸倍蓰，怨言載道。明日視事，首取而治之，民大悦。是歲，大水，廬舍且盡，租税無從出，王輒免之，計相以專擅罪王，王請入見，奏曰：「臣以爲朝廷儲小倉，不若儲之大倉，非擅免也。」上曰：「何説也？」王曰：「歲以水不收，而必責之民，府倉雖實，而民死亡盡，明年租將安出？活其民，使均足於家，歲取有恒，非陛下府庫乎！此所謂大倉也。」上曰：「知體，其勿問。」廟堂碑。

六年，大括諸道兵，益圍宋襄陽。益都兵，璮所教也，號勇悍難制，度諸帥無足統之者，乃以王爲益都淄萊等路行軍萬户。丞相伯顔命王軍鹿門，斷糧道，絶郢、復之援。主者曰：「鹿門有張九，漢水以東無慮矣。」於是，王言於丞相曰：「今規取襄陽，周於圍而緩於攻者，計待其自斃乎？然而夏貴乘江漲送衣糧入城，我無禦之者。而江陵、歸、峽行旅休卒，道出襄陽南者相繼也，寧有自斃之時乎！若築萬山以斷其西，立柵灌子灘以絶其東，則庶幾斃之之道也。」奏用其言，因移王軍萬山，令嚴恒無懈意。一日，出東門與諸將較射，大出敵兵猝薄城，諸將曰：「彼衆我寡，請嬰城自守。」王曰：「嘻，我與諸軍在此何事，敵至將不戰耶？敢言退者死！」即被甲上馬横戈立，遣偏將李庭當其前，他將將六百人攻其後，親率二百騎爲長陣敵之，步陣間陳而待。王下令曰：「聞鼓皆進擊，未鼓勿動。」敵麾衆入陣，我不爲動，至再且却，王曰：「彼再進再却，氣衰矣！」鼓之，前後奮擊，宋師大敗，得奔還者無幾。廟堂碑。

八年，築一字城，進逼襄陽。破樊城外郛。九年，命攻樊城，流矢中王肘，王東創見主帥曰：「襄在江南，樊在江北，我陸攻樊，則襄出舟師來救，終不可取。若截江道，斷救兵，水陸夾攻之，則樊必破，而襄亦下矣。」從之。明日，復出率鋭卒先登，遂拔樊。襄陽降，以宋將吕文焕入覲。上嘉之，有錦衣、白金、寶鞍之賜，將校行賞有差。廟堂碑。

十一年，丞相伯顔帥師伐宋，命王率左部諸軍循漢江，東略郢而南。十二月，攻武磯堡，取之。大兵渡江，王爲先驅。宋相賈似道以其師軍蕪湖，其帥孫虎臣軍丁家洲。王轉戰而前，〔一二〕大兵繼之，賈似道師潰。王前行宣布威德，所過降下，師次建康。上遣使諭丞相毋輕敵貪進，其少駐以待。王進説曰：「聖恩待士卒誠厚，今敵已奪氣，亡在旦夕，過自迂緩，〔一三〕資敵得爲計，非策也。將軍治閫外，急緩之宜難制以渝度，乘破竹之勢，取之無遺策矣。」丞相然之，即日自馳驛至上前，面論形勢，得旨進師。廟堂碑。

十二年，師次瓜洲，分兵立柵，奪其要害守之。揚州都統姜才者，宋之名將也，所統士有部落種人，自爲一軍，勁悍善戰，至是以二萬人出揚子橋，都元帥阿术與王當之，兩軍夾水而陳。王以十三騎絶渡衝之，陣堅不動，王引却以誘之，其驍將本回紇人，鎧仗甚異，躍馬出衆，奮大刀直前趣王，王還轡反迎刺之，應手頓殪馬下，立陣者同口驩呌，震動天地。而敵人亦不覺失聲，遂潰走，追殺轉至城南門，斬首萬餘級，其自相蹂踐與陷壕水溺死幾盡，比得入城十無一矣。王素善槊，此戰衆尤服其奇雋焉。於是宋將張世傑、孫虎臣悉其國力，率水軍陣於焦山南北，將致死於我。我師合擊之，兵交，王之一軍横衝其旁，宋師大敗。宋自是不復能軍矣。追奔於圌山之東，王奪其戰艦八十，俘馘以千數。上功，改亳州萬户，賜名拔突云。廟堂碑。

是年冬，丞相伯顔次臨安之長安鎮，中書左丞董公文炳左出京口，由海道會之，王亦將兵而左，師次宋郊。丞相遣使約降宋主，宋主幼，其大臣難於削號稱臣，請以伯姪爲禮，往返未決。王將命入城，數其柄臣之罪而詰之，遂屈服，竟取降表來上。廟堂碑。

宋亡，其主既歸朝，而十三年浙東又叛，王力疾討之。師次台州，遣人持書往諭，守將殺使焚書，我師怒拔之。衆請屠城，王不許，誅其首禍者而已，台民至于今感之。廟堂碑。

十四年，拜江東宣慰使。其民新脱鋒鏑，王撫安之，朞月境内稱治。廟堂碑。

十五年，王入覲，請於上曰：「宋主既降，而其將張世傑奉其庶兄益王昰與弟廣王昺南奔，既立昰於閩而卒，又立昺於海上，宜致討焉。」乃拜蒙古、漢軍都元帥以行，陛辭奏曰：「國朝之制，無漢人典蒙古軍者。臣漢人，恐乖節度，猝難成功。願得親信蒙古大臣與俱。」上曰：「爾憶而父與察罕之事乎？其破安豐也，汝父欲留兵守之，察罕不肯，師既南，而城復爲宋有，進退幾失據，汝父至不勝其悔恨也。由委任不專，今豈可使汝復有汝父之悔乎。尚能以汝父宣力國家之心爲心，則予汝嘉。今付汝大事，勖之哉！」面賜錦衣、玉帶，又辭曰：「遺孽未息，延命海渚，奉詞遠征，無所事於衣帶也。苟以劍甲爲賜，則臣也得以仗國威靈，率不聽命者，則臣得其職矣。」上壯之，出尚方寶劍、名甲，聽自擇其善者。既拜賜，又諭之曰：「劍，汝副也，有不用命者，以此處之。」且行，薦李恒爲己貳，從之。至揚州，選將校，發水陸之師二萬，分道南征。以弟弘正爲先鋒，戒之曰：「汝以驍勇見選，非私汝也。軍法攻之，勿令得去，聞吾樂作乃戰，違令者斬。」先麾北面一軍乘潮而戰，不克，李恒等順潮退。其軍，分處其東南北三面，王自將一軍相去里許，下令曰：「宋舟西艤崖山，潮至必東遁，急守北面。二月癸未，我師將戰，或請以砲攻之，王曰：「火起則舟散，不如戰也。」明日，四分世傑有甥韓在王軍中，三使招世傑，世傑不從。甲戌，恒自廣州至，舟小，更授以二海戰船，由山之東轉而南入大洋，始得與之薄，又出騎兵斷其汲路，燒其宮室，而宋益困蹙無所容矣。樓櫓其上，隱然堅壁也。王引舟師當之，然其地兩山東西對立，其北淺，舟膠不可進。我師其號令，王以軍法斬其最甚者一人，衆皆懾服聽命。時宋人僑居海中，環列千餘艘碇之，建王所在。辛酉，至崖山。而它將自外省調至者，雖隸所部，然儕視不相下，有驕蹇意，幾敢違

十六年正月庚戌，由潮陽港乘舟入海道，至甲子門，獲宋斥候將都統劉青、顧凱，乃知廣內附。廟堂碑。

騎，它將攻其南門，又拔之。海瀕之郡，若潮若惠皆團結盤互，王威聲所至，恩信濟之，無不門，敵應之，乃乘虛入其北門，破之。鮑浦寨南瀕海，王曰：「陸攻之必走海。」令弘正圍以不虞也。忽麾軍連拔數寨，〔一三〕迴擣三江，盡拔之。至漳州，親攻其東門，命將佐攻南門、西兵環之，寨中懼，人持滿以待。王下令下馬治朝食，若將持久者。持滿者疑，不敢動，而它寨重，我不敢以私撓公。汝慎之。」弘正所向克捷。王進攻三江寨，寨據隘乘高，不可近，乃連

樂作，宋人以爲且宴，少懈，王舟犯其前，南衆繼之。王命高搆戰樓於舟尾，以布障之，命軍士負盾而伏，令之曰：「聞金聲起戰，先金而妄動者死。」敵矢傅我舟如蝟，伏盾者不動。舟將接，鳴金撤障，弧弩火石交作，頃刻並破七舟，宋師大潰。宋臣以其主廣王赴水死，獲其符璽印章。張世傑北突吾軍而遁，令李恒追至大洋，不及。世傑走未至交趾，風壞舟，與將士盡溺死。於是嶺海悉平，宋無遺蘖矣。磨崖山之陽，紀功而還。廟堂碑。又牧庵撰左丞李恒廟碑云：宋幼主出降，其將相陳宜中、張世傑扶益王昰、衛王昺浮海趍福，立益王，元以景炎，閩、廣諸州應者十五，郡縣豪傑亦争起兵。公出定反地，大破吴浚軍十萬南豐，浚走如張文虎，復合兵十萬，又破之，兜港伏尸三十里。浚走，合其相文天祥瑞金，又大破之。天祥走據汀，别將孔遵窮追，併破趙孟瀶軍，復其州而還。天祥復陷汀，行收兵出興國，又擊走之，追四百里，及之空坑，降其衆二十萬，禽趙時賞以下文武將吏數百人。益王殂，廟以端宗。世傑復立衛王，元以祥興，移栅海中崖山，近去潮、廣治四百里。公進復梅、循、英德與廣之清遠，走王道夫，擊凌震海上，獲船三百艘，禽將吏宋邁以下二百人。又破其餘軍茭塘。江淮省亦遣都元帥張弘範至自漳，與共圍崖山。勢計窮蹙，度不能國，資政陸秀夫抱衛王蹈海死，獲其金璽，其將吏死焚溺者十萬餘人。翟國秀、凌震皆降，世傑遁去，風壞舟，死海陵港，南海平。

十月，入朝，賜宴内殿，慰勞良厚。然王以瘴癘疾作矣，上命尚醫護視，日以狀聞，遣近侍臨議用藥，曰：「吾有國事待其謀畫，必盡伎速愈之。」敕衛士坐其門，曰：「九拔都病甚矣，非必不可不見者，宣詔止之可也。」疾革，沐浴易衣冠，俾左右扶至中庭，面闕再拜，返居室，酌酒作樂，與親戚賓客爲别，遺言毋厚葬。出南征時賜劍與甲，以畀嗣子珪曰：「汝父以是立功，其佩服毋忘。」語竟，端坐而薨。廟堂碑。

王素敏悟，喜讀書，過目輒識大義，歌詩尤慷慨。身長七尺，脩髯如畫。機明氣鋭，言辨捷出，勇略絶人。輕財下士，拔材於衆，已不以爲惠。尚氣節，敦信義，與人交，久而益敬，剛直自將，不爲勢位所屈，雖臨之以威，而辭氣灑落，理辯愈明。初，丞相伯顔至建康，大會諸將，出庫金行賞，而王後至，丞相曰：「祖宗之法，凡以軍事會集，罪加後，雖貴近材勇，無所貸，爾何敢後？」衆錯愕。王徐進曰：「臨戰未嘗後，受賞耻居先，何爲不可？」丞相爲之俛首。其能片言解疑誤，類如此。簿録宋内府金帛，行省都事夾谷之奇與焉，既而多所遺失，或因以誣之奇，將就考驗。王曰：「之奇名士，行義有素，何可以此議之。請以本身官爵及家帑保其必不然者。」其後誣果明。南征時，宋文丞相天祥之軍在潮之五坡嶺，弘正掩擊獲之，縛文丞相以至，椿以戈使拜，不屈，王釋之，待以客禮。吏士或諫王曰：「敵人之相叵測，不可近。」王曰：「忠義人也，保無它。」求族屬被俘者，悉還之。及囚京師，聞王薨，至爲之垂涕。又玉堂嘉話云：至元十二年十二月，臨安降，〔一四〕度宗二庶子爲陳宜中、文天祥、張世傑擁入許浦江口，時有黑龍見，因改號景炎。十六年，爲帥臣張弘範破滅於崖山口，執文天祥至大都囚之，上屢欲赦出相之，〔一五〕竟不從。十九年十二月九日，戮於燕南城柴市。在海上得宋禮部侍郎鄧光薦，禮之，於家塾以爲子師，嘗戒其子曰：「居官律己廉慎，則公明自生，御衆賞罰信用，則人致力，不懷報怨之心，怨亦自釋。」此三言者，皆王素躬行者也。凡行軍，非對敵未嘗敢妄殺。吏卒有病者，必爲親視醫藥；不幸死，必轉送其家。凡賜與，即分頒士卒。麾下有功，賞或不時得，則慨然曰：人宣力如此，而受抑如彼，後或解體，將誰與共功乎！」甚者爲之涕泣陳説，不得請不止，故人樂爲之用。及爲元帥，雖有所刑戮，亦必爲之懇惻申諭。仁聞既著，薨之日，天下莫不傷悼痛惜焉。廟堂碑。

校勘記

〔一〕柵石門爲金守者三世　「世」原作「出」，清鈔本作「世」，與元文類卷三五汪氏勛德録序合，今據改。

〔二〕公單騎往突之　「往」原作「馬」，明鈔本校改作「往」，清鈔本、聚珍本、畿輔本均作「往」，與明宋廷左輯楊奂還山遺稿卷上總帥汪義武王世顯神道碑合，今據改。

〔三〕公返而搏之　「搏」上引還山遺稿作「揉」，似是。

〔四〕公拜謝曰　「拜」下原衍「曰」字，據清鈔本及上引還山遺稿删。

〔五〕薄城而陣　「薄」原作「傅」，據上引還山遺稿及元史卷一五五本傳改。

〔六〕仍賜田顯符印　「符印」，國家圖書館藏元刻本、清影元鈔本、清鈔本及上引還山遺稿均作「錢物」，明鈔本原脱此二字，邊補作「錢物」。

〔七〕即速趣孛里海軍而與之合　「速」原作「連」，據畿輔本改。「速趣」元史卷一四八本傳作「急赴」。

〔八〕會真定深冀兵數萬來攻　「真定」原作「鎮定」，據金史卷二五地理志、元史卷八五地理志改。下同。

〔九〕駐亳泗　「亳」原作「毫」，據清鈔本、畿輔本及元史卷一四七本傳改。

〔一〇〕汝必勉之　「必」道園學古録卷一四淮陽獻武王廟堂之碑作「則」。

〔一一〕王轉戰而前　「王」字原脱，據上引道園學古録補。又，宋相賈似道軍蕪湖以下事在至元十二年，下文之「十二年」當移置「宋相」前。

〔一二〕過自迂緩　「緩」原作「絶」，據聚珍本及上引道園學古録改。

〔一三〕忽麾軍連拔數寨　「忽」原作「忩」，清鈔本、聚珍本均作「忽」，明鈔本校作「忽」，與上引道園學古録合，今據改。

〔一四〕至元十二年十二月臨安降　按宋降在至元十三年正月，此爲從玉堂嘉話之誤。

〔一五〕上屢欲赦出相之　「上」原作「王」，據秋澗集卷九七玉堂嘉話改。按玉堂嘉話成書於至元二十五年前，對忽必烈自不當稱「王」。

國朝名臣事略卷第七

太保劉文正公

卷七之一

公名秉忠，字仲晦，順德邢臺人。少隱武安山，因祝髮從釋氏游。後居雲中，從海雲師應召北上，留侍潛邸，凡征伐謀議皆與焉。至元初，翰林王鶚請公改正衣冠，詔從之，遂拜太保，參領中書省事。十一年薨，年五十九。

公風骨秀異，志氣英爽不羈。家貧，年十七爲邢臺節度使府令史，以養其親。一日，因案牘事有不愜意，投筆歎曰：「吾家奕世衣冠，今乃汩没爲刀筆吏乎！」即棄去，隱於武安山。天寧禪師聞之，遣其徒招致爲僧，以公知書工翰墨，命掌書記。後遊雲中，值海雲禪師被召北覲，過雲中，聞公博學多藝能，求相見，既見，約公俱行。謁上於潛邸，一見應對稱旨，自是屢承顧問。及海雲南還，公遂見留。王文忠公撰神道碑。

録事公卒，訃音至，公懇求奔喪，上賜黄金百兩，仍遣使送至邢州。公持服營葬事，服除，被召復還和林。公獻書陳時事所宜者數十條，率皆尊王庇民之事，上嘉納之。神道碑。

邢州，古名郡也。國初，爲某官食邑，州舊萬餘户，兵興以來不滿五七百。公言于上曰：「今邢州破壞如此，當得良二千石如真定張耕、洺水劉肅者治之，猶可完復如故。」上從之，請于憲宗，以耕爲邢州安撫使，肅副之。兩人皆儒者，廉平向正。既至，蘇枯弱强，爬蠹剔荒，由是流民四集，宅爾宅，田爾田，未幾，改邢州爲順德府。韋軒李公撰文集序。

癸丑，從征大理，克城之日，令行禁止，未嘗妄戮一人，公之謀居多。甲寅，從征雲南。己未，從伐宋，由楊羅渡濟江，公曰：「古者軍賞不踰時，蓋急武功，作士氣也。今三軍暴露于外，又所至必捷，而未獲少酬其勞，可使近臣一人慰藉之。」上曰：「善。」即命忽刺孫以諭其志，故人人踴躍，皆樂爲用。進圍鄂州，閲三月，宋人乞和，全師而還。文集序。

丙辰，上始建城市而修宫室，乃命公相宅。公以桓州東、灤水北之龍岡，卜云其吉，厥既得卜，則經營，不三年而畢務，命曰開平，尋升爲上都。文集序。

上神武英斷，每臨戰陣，前無堅敵，而中心仁愛，公常贊之，以天地以好生爲德，佛氏以慈悲濟物爲心，方便救護，所全活者不可勝計。神道碑。

庚申，上正位宸極，命公曰：「凡治天下之大經，養民之良法，卿其議擬以奏。」公即上採祖宗舊典，參以古制之宜於今者，條列以聞，深稱上意。詔下之日，綱舉目張，一時人材咸見録用，文物粲然一新。張忠宣公撰行狀。

至元元年，翰林承旨王鶚奏言：「書記秉忠，效忠藩邸，積有歲年，參帷幄之密謀，定社稷之大計，忠勤勞績，宜被褒崇。今聖明御極，萬物惟新，秉忠猶以野服散號守其初心，深所未安，宜與正其衣冠，崇以顯秩。」上覽奏，即日命有司備禮册，授公光禄大夫，位太保，參領中書省事，賜第於奉先坊，給少府宫籍監户甚衆。公齋居蔬食，終日澹然，與平昔略不少異。神道碑。又徒單公履撰墓誌云：公既大拜，以天下之重爲己任，以身徇國，知無不爲奏，建國號，定都邑，頒章服，立朝儀，事無巨細，有關於國家大體者，枚舉而縷陳之，無有遺者。又魯齋文集云：初太保之奏朝儀也，因言高帝有言「吾乃今知皇帝之貴也」，上曰：「漢高眼孔小，朕豈若是。」

十一年，扈從至上都，居南屏山精舍，儼然端坐，無疾而薨。訃聞，上嗟悼不已，謂群臣曰：「秉忠事朕三十餘年，小心慎密，不避險艱，事有可否，言無隱情。又其陰陽術數之精，占事知來，若合符契，惟朕知之，他人不得與聞也。」神道碑。

公自幼好學，至老不衰，通曉音律，精算數，善推步，仰觀占候，六壬遁甲，易經象數，邵氏皇極之書，靡不周知。初，丁太夫人憂，毁瘠骨立，衣一弊裘三歲不易。及録事公卒，雖身從天竺之教，而服食貶損，容貌衰戚，與循禮典而執通喪者無少異也。神道碑。

國家列聖相承，咸以武功戡定禍亂，豐功偉績之臣，不爲不多。若夫輔佐聖天子，開文明之治，立太平之基，光守成之業者，實惟公爲稱首。上在潛邸，士之所以涉遠道冒風霜而至者，往往有所陳訴祈請，惟公獨無所求。閑燕之際，每承顧問，輒推薦南州人物可備器使者，宜見録用，由是弓旌之招，蒲輪所迓，耆儒碩德，奇才異能之士，茅拔茹連，致無虚月。逮今三十年間，揚歷朝省，班市郡縣，贊維新之化，成治安之功者，皆公平昔推薦之餘也。神道碑。

丞相史忠武王　　卷七之二

王名天澤，大都永清人。歲乙酉，嗣其兄職爲都元帥。己丑，授真定、大名、河間、濟南、東平五路萬户。壬子，授河南經略使。中統元年，授河南宣撫使，尋兼江淮軍馬經略使。二年，入拜中書右丞相。至元三年，皇子燕王領中書省兼樞密使，遂拜中書左丞相、兼樞密副使。八年，加開府儀同三司、平章軍國重事。十一年，與丞相伯顔總兵伐宋，至郢以疾還。十二年，薨，年七十四。

歲庚辰，金將武仙以真定降，太師、國王命公兄天倪充河北西路兵馬都元帥，即鎮守，俾仙貳焉。公時年二十餘，身長八尺，騎射拳勇絶人，屬櫜鞬署帳前總領。汲郡王公撰家傳。

乙酉春，公護母北歸，仙尋叛，都帥遇害，府僚王守道追公及燕，曰：「變起倉猝，部曲散在近郊，即迴旆，當不招自至。」公毅然曰：「不共國之讎，死亦當往，況不死耶！」遂傾貲裝易鎧仗，南還。行次滿城，得士馬甚衆。遣監軍李伯祐言狀於王，〔一〕就請兵濟討，即命公紹兄職，仍以國將笑乃歹統精甲三千爲援，合勢進攻盧奴。仙驍將葛鐵槍擁萬衆來救，公撤圍逆之，奮先將士，灑血馳戰，呼聲殷地，無不一當十，葛氣褫，會日暮，退依泒水爲阻。公料其墮歸，敵必宵遁，果然，乘之，衆大潰，生擒鐵槍，軍威大振。遂下中山，略無極，拔趙州，進駐野頭。仙懼，奔西山之抱犢砦。其年夏六月，復真定。無幾，宋將彭義斌陰與仙合，又圖竊取。公同國將禦諸贊皇，扼仙軍不得進，義斌勢蹙，燎山自固。公令監軍孫某提鋭卒五十，公略其後，以鐵騎蹂之，斬義斌戲下。自是義勇之名，軒豫燕趙間。後數月，仙潛納諜者，匿大曆寺，夜斬關爲内應，公跳走，藁守帥董俊以全軍授公，〔二〕復與笑乃歹破走仙。主帥忿民之反覆，驅萬人出，將剿焉，以示威，公曰：「是皆吾民，我力不能及，一旦委去，不幸爲賊脅制，今殺之何罪？」乃全釋之。公迺繕城壁，儲武備，爲不可犯之計。歲荒食艱，捐甘攻苦，與衆共之。於是招流散，拊瘡痍，披荆榛，掇瓦礫，數年間，官府民聚以次完治。然高公、抱犢諸栅，仙之巢穴也，不即剪覆，終遺後患，隨攻下之，仙鼠竄而去。繼又取相衛蟻尖、蒼峪、馬武京等砦。〔三〕家傳。

太宗即位，公入覲。朝議方選三大帥，分統漢地兵，上素聞公賢，以杖麾公及劉黑馬、蕭札剌居右，詔爲萬户，其居左者悉爲千夫長，遂以真定、河間、大名、東平、濟南五諸侯兵隸焉。家傳。

庚寅冬，圍仙於汲，金將完顏合達以衆十萬來援，鋒始交，不利，諸將乘虚，一時奔北，公獨以千人繞出敵後，挺刃横擊，敗一都尉軍，既而復與大軍合攻，仙逸去，復取衛州。家傳。

壬辰，太宗由白坡渡河，〔四〕詔公以兵會河南，至則睿宗已破合達軍於三峰山。命公略地京東，遂招降太康、柘縣、瓦崗、睢州，追殺帥臣完顏慶山奴於陽邑。家傳。

金主東播，復自黄龍崗來襲我新衛。公聞之，輕騎馳赴，比至已合圍，奮戈突城下，呼守者曰：「汝等勉力，援兵繼來。」復躍出，敵愕眄。明日，大軍至，内外夾擊，敗走蒲城，公尾其後。金將完顏白撒將兵尚八萬，我軍殺掠殆盡。金主以單舸東保歸德，公與諸軍會睢陽，撒吉思欲薄城背水而營，公曰：「若敵來犯，我進退失據，此豈駐兵地耶？」公以事赴汴，比還，撒吉思全軍皆没。家傳。

金主入蔡，諸道兵圍之，公當其北面，汝水阻其前，乃結筏潛渡，血戰連日，金遂以亡。西溪王公撰行狀。

金亡，公還趙視師。自乙未版籍後，政煩賦重，急於星火，以民猝不能辦，有司貸賈胡子錢代輪，積累倍稱，謂之羊羔利。歲月稍集，驗籍來徵，民至賣田鬻妻子有不能給者。公詣闕奏其事，官爲代償一本息而止；軍則中户充籍，其征賦差貧富爲定額，詔皆從之，諸路永爲定制。家傳。

戊戌己亥間，仍歲蝗旱，復假貸以足貢賦，積銀至萬三千餘鋌。〔五〕公度民不可重困，乃先傾其家資，次及族屬官吏，均配以償，遂折其券。家傳。

監郡忙哥撒兒，以國兵奥魯數萬散處州郡間，〔六〕伐桑蹂稼，生意悴然，公奏太后，悉徙居嶺北。由是田里遂有生之樂，迄今真定兵甲民數勝於他郡，由公牧養其根本故也。家傳。

國朝自金亡，歲有事於宋，公未嘗不在戎行。棗陽之役，城小而堅，主帥忿其攻久不拔，命徑乘其城，公先登，戰愈力，克焉。其攻襄陽也，宋以舟師數千陳峭石灘，掎角以綴我肘，公驅猛士兩舸直前擣之，彼氣既奪，奮槊蕩決，覆溺者萬計。及取光化，復引絙首上，立陷其城。復州之役，敵以鬥艦三千艘鎖湖面爲柵，公曰：「柵破，則復自潰。」遂募勇敢士四十輩，親鼓而前，壞蕩無遺，復懼而降。其攻壽春也，宋人以我圍遠勢分，緩急首尾莫應，敵乘夜果來斫營，公單騎逆戰，手格殺數人，戲下繼至，盡驅敵人入淮水。至若掀滁州，〔七〕蹂盱眙，掇寶應，瀕江渚湖，且破且降者二十餘所。雖會諸道兵共事，其伐謀制勝，愾敵樹功，未嘗不在群帥之右。及策勛盟府，推讓行間，寸長不掩，故諸將曲盡其智能，士卒樂出其死力。

論者謂公智、信、仁、勇，有古良將風。上在潛邸，壬子春，行幕駐嶺上，極知漢地不治，河南、陝西尤甚。憲宗方倚任於牙魯瓦赤，乃因朝覲，請分河外所屬而試治之，乞不令牙魯瓦赤有所鈐制，詔許之。是時，河南民無依恃，差役急迫，流離者多，軍無紀律，暴掠平民，莫敢誰何，邊無備禦，宋人跳踉，內地之民多被殺虜。上舉公與趙公璧，立經略司於汴而代治焉。公於是選賢才居幕府，以清其源，置提領布郡縣，以察奸弊，均賦稅以蘇疲困，更鈔法以通有無，設行倉以給軍餉，人始免攘奪矣。立邊城以遏寇衝，民皆得以保全矣。誅奸惡以肅官吏，立屯田保甲以實邊鄙。利則興之，害則去之，不二三年，河南大治。行於野民安其樂郊，出于塗商免其露處。觀民俗則既庶而有教，察軍志則又知夫怯私鬥而勇公戰。威行惠布，陽開陰肅，內外修治，略無遺策。河流遠潤，衞亦復承平之舊，宋人爲禁其北門矣。行狀。

癸丑夏，上在六盤，召公議經略司事，公因奏曰：「始臣攝先兄軍民之職，先兄有二子，民權已歸其長楫，兵柄又歸其次權，臣可退休矣。」上曰：「無夫之婦，無父之子，誰當顧恤，此卿之良德也。」問以退休之由，公對曰：「臣一門三要職，分所當辭。」上曰：「昔成吉思皇帝封有功者十人爲千夫長，因諭衆曰：『今所封之人有年幼者，汝等無疑，此人父兄俱有功於國，未及封賞而死，豈得不報！』又一家三子，其一襲父職；其次多才能，固不以既官一人而不用也；又其次或立功效，亦不以已官二人而不用也。豈無一門三要職者。」竟不許辭。行狀。

丁巳春，詔左丞相阿藍答兒勾較諸路財賦。阿藍答兒性苛刻，鍛鍊羅織，轉功爲罪，例遭凌辱。公以勛舊獨容假之，公曰：「經略事我實主治，是非功罪，理當我責。今捨焉而罪餘人，心何能安！」用是得釋者甚衆。家傳。

戊午秋，扈憲宗西征。明年夏，駐合之釣魚山。秋，疫作，方議回鑾，宋將吕文德帥艟艨千餘，蔽嘉陵江來犯，逆戰不利。上命公禦之，乃分軍爲兩翼，跨江注射，親總舟師順流縱擊，敚鉅艦數百艘，追至重慶，三戰三捷，卒全師而還。家傳。

中統元年，上即位，首詔公問以治國安民之術，公具疏以聞，大略以謂：「朝廷當先立省部以正紀綱，設監司以督諸路，霈恩澤以安反側，退貪殘以任賢能，頒俸秩以養廉，禁賄賂以防奸，庶能上下丕應，内外休息。」上嘉納之。命公之鄂渚，撤江上軍。既還，詔授公河南宣撫使，兼江淮諸翼軍馬經略使。行狀。

二年夏五月，拜中書右丞相。公既秉鈞衡，細大之務，知無不爲，然言必慮其所終，行必稽其所蔽，不强時之不能，不禁民之必犯，體時順勢，通變制宜。於是清中書以正紀綱，分六部以綜名實，設撫司以肅州郡，退貪殘以簡賢能，霈恩澤以安反側，頒禄秩以養廉節，禁賄賂以絶倖門。又定省規十條，董正其機務。家傳。

憲宗初年，括户餘百萬，至是，諸色占役者强半，悉奏罷之。賦税藺絲法畫均一，論思之際，處國相儒臣間，調諧彌縫，必使情通理得，期於事集功成，澤被生民而已。自是上下交孚，帝載熙緝，中書無留務矣。故中統初元，文物休明，階太平之治者，公之力居多。家傳。

秋九月，扈從北征，次昔木土，與阿里不哥遇，上命線真將右軍，公將左軍，合大勢蹙之，北兵潰遁。家傳。

三年春，李璮陰結宋人，以益都叛，率軍據濟南，上命親王哈必赤總諸道兵討之。璮兇勢甚張，繼命公往。公受命不至其家，輕騎奔赴。至則亟築長圍，樹木栅，遏其侵軼，使内外不相聞。凡四月，城中食盡，軍潰出降，生擒璮，斬軍門，誅同惡數十人，餘悉縱令歸家。明日，引軍東行，未至益都，城中人已開門迎降。初，公將行，上臨軒授詔，責公以專征之任，俾諸將皆聽節度。公自始至還，未嘗以詔旨示人，其謙退慎密如此。入見，上慰勞，公悉歸功諸將，若無一毫出於己者。王文忠公撰神道碑。

三齊平，公首奏：「兵民之權，不可併居一門，行之請自臣家始。」史氏子弟即日皆解紱而退。家傳。

至元三年，皇太子燕王領中書省，兼判樞密院，以公爲左丞相、樞密副使，遂議建三衛及留兵寓農之策，不二三年，國容軍實，蔚然可觀。家傳。

六年，朝廷營取襄漢，詔公與駙馬忽剌出往經畫之。至則相要害，起一字城，聯亘諸堡，貯兵儲，絶聲援，示以久駐必取之基，明年以疾還。家傳。

八年，授開府儀同三司、平章軍國重事，仍令丞相安童諭公曰：「中書省、尚書省、御史臺，或一月或一旬，遇有大事，卿可商量，小事不必煩卿也。」神道碑。

十年，宋將吕文焕以襄陽内附，聖天子赫然有掃清六合混一車書之意。明年春，詔公與丞相伯顏總大軍，自襄陽水陸並進，趣鄂渚渡江，中道病，不能進。上聞，遣使勞公，仍慰諭曰：「卿自朕祖宗以來，宣力者多矣。又首事南伐，異日功成，皆卿力也。勿以小疾阻行便爲憂勞，可且北歸，善自調護。」又牧庵文集云：公方將百萬之衆南伐，至郢而疾，詔他將專制，而還公于軍，其辭若曰：「畫翦宋策汝也，成功而疾，汝安可言！誠有不諱，碑汝之勛，班汝之爵，子不可必死者之知，能知之者，非人與汝子孫耶！」公還真定，上又遣其子杠與尚醫馳視，因附奏曰：「臣大限有終，死不足惜。第願天兵渡江，以殺掠爲戒。」言訖而薨，略不及其家事。家傳。

公忠亮有大節，出入將相近五十年，其元勛碩德，柱石四朝，師表百辟，殆古社稷臣，而氣貌循然，若無所爲者。及臨大事，論大政，夷大難，毅然以天下之重自任。要以竭忠徇國，尊主庇民爲心，一以至誠將之。其視富貴權勢，歛然畏避，若將有浼於己者。其善始令終，世擬之郭汾陽。而器量涵弘，識慮明哲，又根於天性然。家傳。

公孝敬友愛，忠信誠篤，明而恕，寬而肅，言約而理到，氣和而色莊，人誣之而不辨，人譽之而不喜，勞而不伐，有功而不德，見利不苟就，見害不苟避。其行己也知時識勢，其臨事也應變制宜。行狀。

公年四十，始折節讀書，酷嗜資治通鑑，真積力久，義精理貫，至成敗是非，往往立論出人意表，雖老師宿儒，有不加詳者。至於矢謨廟堂，運籌戎幄，良法美意，契合融會，見諸行事者，誠無愧於古人。家傳。

初，武仙既害都元帥，公紹其職，及兄子楫長，即奏請以職歸之。太宗曰：「但聞争官者多，讓職者鮮。卿此舉殊可嘉尚，朕自有官畀之。」即詔楫爲真定路兵馬都總管。又奏次姪權充唐、鄧軍萬户。憲宗駐六盤也，詔發民爲兵，敕使擬公子爲帥，公曰：「吾昆弟三人，大兄之子俱顯，仲之子未也，幸先之。」使者嗟服，竟以姪子樞充新軍萬户。行狀。

公嘗戒其子姪曰：「史氏起隴畝，際風雲，凉德薄效，其將幾何？今身名顯赫，宗族昌熾如是，何以答乾坤大造，累朝之恩私乎！若以王事殁身邊野，裹馬革歸葬，吾素願也。汝等謹服此訓，苟違吾言，與暴吾丘墓等耳。」家傳。

初，公之取衛也，獲衛士蒲察輔之，公問：「金朝才幹之人，汝識者誰？」輔之以近侍局副使李正臣對，及破歸德，縛數人將殺之，公問一縛者爲誰，曰：「我李正臣也。」公救免，遣人護送至真定，後任爲參謀，一路事悉聽其施爲措注焉。每南征北覲，公必署空名委劄數十通，有可用者即書畀之，或譏問之，公一不聽。衛既爲公食邑，即命軍前參議王昌齡治之。衛前爲蕭帥所節制，凡蕭氏所署矯虔之吏，所行蠹政，一切罷之，失職者造爲誣毁，公用之愈篤。其知人之明，用人之專，類如此。行狀。

北渡後，名士多流寓失所，知公好賢樂善，偕來游依，若王滹南、元遺山、李敬齋、白樞判、曹南湖、劉房山、段繼昌、徒單侍講，公爲料其生理，賓禮甚厚，暇則與之講究經史，推明治道。其張頤齋、陳之綱、楊西庵、孫議事、張條山，擢用薦達至光顯云。家傳。

憲宗駐合州也，一夕詔鞏昌汪帥及東諸侯軍，各摘鋭士若干，以備宿衛，命公總之。有邊將蒲察琚者，偃蹇不爲下，公含容之。明年，渾都海平，行臺上其功，獨琚名闕，公問之，或以前事對，公曰：「若戰功最多，其可後哉！」遂均賞賚。其忘過記功又如此。家傳。

公初大拜，朝野交慶，公門闃蕭然，有面説公不以威權自張者，公因舉唐周墀爲相問於韋澳曰：「力小任重，何以能濟？」澳曰：「願相公無權。」墀愕然不知所謂，澳曰：「刑賞爵禄，與天下共之，何權之有。」言者悚服而退。家傳。

自中統建元以來，中書省官少即五六員，多至七八員，列坐一堂，凡政事議行之際，所見異同，互相軒輊，待其國相可否之，然後爲定。公於其間，審其無害，則行之不疑，若有失當，心平氣和，委曲論列，期合於理而已，不以詭隨爲得計，不以循默爲知體。故在中書十餘年，或奉行上意，或更張事宜，彌縫扶持，天下陰受其賜者，不可勝計。行狀。

嘗有上書奏先朝太宰請以汾陽王郭子儀、濟陽王曹彬例封謚者，上曰：「朕想郭子儀、曹彬皆有顯功，終身無大過，以致如此。今所奏豈其然哉，朕所知者史天澤其人也。」行狀。

卷七之三

平章廉文正王

王名希憲，字善甫，畏吾氏，由父官廉訪使氏焉。初事潛邸，歲癸丑，授京兆宣撫使。丁巳，宣撫司罷，中統元年，復爲京兆宣撫使。未幾，拜中書右丞，行秦蜀省事，就拜平章政事。四年，召入朝，拜中書平章政事。至元二年，分省山東，踰月召還。七年，罷相。十一年，行省事北京。明年，行省江陵。十四年，以疾召還。十七年，薨，年五十。

公以辛卯五月二十五日生於燕，適孝懿公廉訪使命下，孝懿喜曰：「是兒必大吾門，吾聞古者以官受氏，天將以廉氏吾宗乎！吾其從之。」舉族承命。河內高公撰家傳。

公幼魁偉，舉止異常。九歲，家奴四人盗五馬逸去，已而俱獲，失所盗物，時法制未定，盜咸當死，孝懿怒，將付有司，公泣諫止之，卒活此四人。孝懿北上，魏國夫人留居中山，〔八〕有豪奴兩人酗酒出惡言，公曰：「是幼我也。」即械繫府獄，杖之，家人悉震懾，無敢譁者。公仁義之施，見諸幼年者已如此。家傳。

年十九，侍孝懿北覲，入侍世祖潛藩，上亦目其多質，有威容，論議宏深，恩顧殊絶。家傳。

公於書嗜好尤篤，雖食息之頃，未嘗去手。一日，方讀孟子，聞急召，因懷以進，上問：「何書？」對曰：「孟子。」上問其説謂何，公以「性善義利之分，愛牛之心，擴而充之，足以恩及四海」爲對，上善其説，目爲廉孟子。家傳。

諸貴臣校射上前，一貴臣顧公箙三矢，欲取以射，公曰：「爾豈億我爲不能耶？」顧吾弓力差軟。」諸貴假以勁弓，三發連中。諸貴驚服曰：「真文武全材，有用書生。」家傳。

上初以京兆分地置宣撫司，歲甲寅，還自雲南，即命公爲宣撫使。京兆諸郡臂指隴蜀，諸王貴藩環擁周布，户雜羌戎，尤號難治。公講民瘼，不憚設施，摧擿姦强，扶植貧弱，事無遺便。少暇，則延訪耆宿，如魯齋許公、雪齋姚公，咸待以師友，薦許公於潛邸，充京兆提學，俾教育人材，爲根本計。辟河南智仲可參幕府。扁所居堂曰「止善」，公退，則坐於中，明經讀史，凡義理精粗，事務得失，研究纖密，必歸於是而後已。家傳。

富民貸錢民間，至本息相當，責入其本，又以其息爲券，歲月責償，號羊羔利。其徵取之暴，如夏以火迫，冬置凌室，民不勝其毒。公正其罪，雖歲月逾久，毋過本息對償，餘皆取券焚之，後著之令。家傳。

國朝創制，凡名爲士類者，毋隸奴籍，獨京兆多豪右，廢格不行。公至，一如令，有稍通章句者，亦來徼倖，其主蓄憾弗置，公哀其情，出私錢贖之，俾附儒籍。家傳。

民有其妻與卜者厭詛其夫，置毒殺之，獄成，僚佐皆言：「方大旱，宜減死卜者。」公並置伏法，澍雨隨應。家傳。

歲丁巳，憲宗以世祖嘗受命經理河南關右，入讒者言，謂王府諸臣多擅權爲姦利事，命其貴强相阿藍答兒以丞相行省事，劉太平以參知政事佐之，鈎校括索，不遺餘力，又取諸路酷吏分領其事，復大開告訐，虐燄恟恟。公言：「關中宣撫一司，某當身任，佐屬受成事而已。」事竟，卒無毫髮得。自是河南關右諸司，詔並停寢。公還王府，凡府屬漢人之在行者，悉命公領之，如古納言。家傳。

歲己未，憲宗方駐蹕合州，而世祖已徑渡大江，取鄂城，克之日，命公入籍府庫。公引儒生百餘拜伏軍門，因言：「今王師一舉渡江，宜令軍中應俘獲南儒，並以官錢購遣還家，以廣異恩。」上嘉納之，所還者五百餘人。家傳。

憲宗訃至，且聞河朔摘軍之擾，敕諸軍守鄂，公從世祖北還。因陳大計曰：「殿下太祖嫡孫，先皇母弟。前征雲南，剋期撫定，暨今南伐，率先取鄂，天道可知。且殿下收召賢傑，悉從人望，子育黎庶，率土歸心。今先皇奄棄萬國，神器無主，而殿下位親望重，功德兼隆，天意人心，灼然可見。」上頗然之，且命公前行，審察事變。公聞劉太平與先朝大將霍魯懷復至關右，又念先帝征蜀，嘗留大將渾都海以騎兵四萬屯守六盤，及征南諸軍尚散處秦、蜀，太平自先朝用事，與諸將要結，素習險詐，又畏主上英果，因關中形便，扇搖民心，驚動汾、晉、河南，誠非細故。及上既渡河，悉以聞奏，遣趙良弼西行，假以他故，偵伺事情，上深然之。家傳。

憲宗南征，留季弟阿里不哥居守北庭，及訃聞，遣其用事臣脱忽思徵兵河朔，大肆凶暴。真定名士李槃，嘗以莊聖太后命侍阿里不哥講讀，及脱忽思至真定，怒槃不附己，械繫之獄，燕南諸路震駭，無所控語。公聞，訪槃於獄，言於上，釋之，民情大悦。家傳。

上欲賜塔察兒王飲膳，難其人，公請行。既至，王甚歡，語及上渡江事，公曰：「主上聖德神功，天順人歸，高出前古，臣下論議已定。大王位屬爲尊，若至開平，首當推戴，無爲他人所先。」王大然之，許以身任其事。公還奏其言，上曰：「如此大事，卿輒言之，何不畏甚耶？」對曰：「臣所讀書云『時然後言』，臣語言之頃，得其誠心，故言。」家傳。

歲庚申春，上在開平，諸王宗室相繼勸進，上謙讓未許，公以天時人事進言曰：「今阿里不哥雖殿下母弟，彼以前嘗居守，專制有年，設有姦人，俾正位號，以璽書見徵，我爲後時。今若早承大統，頒告德音，彼雖遷延宿留，便名叛逆。安危逆順，間不容髮，宜早定大計。」上良久曰：「汝等能叶心輔翼，吾意已決。」促篆寶文，一治而成，衆皆稱賀。翌日，上登寶位。家傳。

時鄂兵未還，公奏言：「宋嘗壓以天威，彼已破膽，或遣信使諭以息兵講好，敕諸軍北歸，則恩威並著。」上善其言，乃遣使入宋。家傳。

趙良弼還自關右，奏言：「劉太平、霍魯懷已行尚書省，拘收關中諸處錢穀，名爲應接川蜀，實欲據有其地，與六盤相爲表裏，其勢張甚。又四川大帥紐鄰一軍私屬，與六盤密邇，其副將乞台不華親戚軍屬，並在北庭，其心皆不可測。又聞阿里不哥已分遣心腹，易置諸將，又散金帛，分賚將吏。」大抵皆如公言。上既即位，以秦蜀地重，非公莫可，及分十道宣撫，乃以關右四川併爲一道，首命公爲宣撫使，公受命馳赴。太平、霍魯懷聞之，以五月一日乘急傳入城中，密謀爲變。秦人前被阿藍答兒、太平等威虐，聞其來皆膽落。初三日，公亦入城，大集官吏，宣示詔旨，遣人馳往六盤宣諭安撫。時庶事新集，人素懷公，不數日，官府粗定，頗知趣向。後旬餘，城門候引一急使至，云：「我來自六盤，斷事官闊闊出遣我。今渾都海已反，公所遣使已殺。又分遣人乘急傳，入成都密里霍者、青居乞台不華，各起軍馬來赴援。又多遣蒙古軍奥魯官兀奴忽等金帛，使盡起新軍，且約太平、霍魯懷同時舉事。」公集僚佐議曰：「聖上首命我輩，正爲今日。事疑變生，脱致罪釁，我當身任，不以相及。」乃分遣萬户劉黑馬、京兆治中高鵬霄、華州尹史廣，掩捕太平、霍魯懷等，具得逆黨與六盤要結狀。又遣黑馬誅密里霍者於成都，總帥汪惟正誅乞台不華於青居。時關中無兵備，公嘗厚遇總帥汪良臣，〔九〕知其材可用，又以汪府兵精，併徽秦、鞏、平涼等處諸軍，俾將之進討。汪帥危疑，未即聽命，公取金虎符、銀印授之，曰：「此皆身承密旨，君第辨吾事，制符已馳奏矣。」又付銀萬五千兩，以充犒賞，又出庫幣爲軍衣，汪大感激，遂行。公又摘蜀卒踐更，及在家餘丁，復得四千人，推蒙古官八椿將之，逆擊。謂八椿曰：「君所將烏合，六盤兵精，毋與争鋒，但張吾軍聲，使不得東，則大事濟矣。」家傳。

公繫太平等於獄，一日，急報赦至臨潼，公曰：「勍寇在邇，太平等豈赦所原。」迺遣人逆止近郊，絞太平等於獄，尸諸通衢，方出迎赦，民心帖然。公遣使自劾停閣赦恩、徵調諸軍、擅帥良臣等罪，上深善之，曰：「此輩讀書所説權字是也，朕委卿以方面之權，事當從宜，無拘常制，坐失事機。」家傳。

八椿遣其子執送紐鄰軍奥魯官二人，曰：「此曹已受渾都海重賞，欲舉軍應募，同行五十餘人，已械繫乾州，宜並誅戮，以警餘軍。」兩人者自分必死，公謂佐屬曰：「渾都海不能乘勢以東，保無他慮。今雖民心粗定，衆志未一，反側不安，亂何由息。彼皆諸軍將校，彼軍見其執囚，或別生心，爲害不細。今因其懼死，並加寬釋，使恩出非望，必思效力，就發此軍餘丁，往隸八椿。」兩人者既得釋，果大喜過望，切諭其屬，使出兵效力。初八椿既因執諸校，此軍疑懼，駭亂四出，莫可禁遏，及使至，知諸校安全，且聞兩人語，人人感悅，八椿亦釋然開悟，果得精騎數千，將與俱西。公復謂八椿曰：「聞君欲深入追襲，慎無輕鬥，宜緩行追躡，犄角此寇。」渾都海亦知公有備，且據有六盤倉庫，遂西渡河，徑趣甘州。阿藍荅兒復自和林提兵與渾都海軍合，又遣姦人約結隴、蜀諸將，又使紐鄰兒恤敦者，爲書招紐鄰。於是成都帥百家奴，興元帥忙古帶，青居帥汪惟正、欽察等，俱遣使來言，人心危疑，倉糧不繼，恐南寇生心事或莫測。公遣使申敕將吏曰：「公等皆勛業世胄，政宜協心畢力，無替先烈。」一旦以書右丞，行秦蜀省事。家傳。

時朝議欲捐兩川，退守興元，公聞，謂佐屬曰：「今四川已安，糧餉已給，忽出此議，必遺觀望召釁，悔將何及！」兩川將帥素憚公威名，佩服忠藎，咸思輯睦，軍政怗然。上即拜公中後悔。」即遣使諭奏，朝廷是之。家傳。

初，渾都海、阿藍答兒既合兵而東，我前軍失利，河右大震，西土親王執畢怗木兒輜重皆空，〔一〇〕就食秦雍。會親王合丹及汪帥、八椿等軍合，復與渾都海、阿藍荅兒大戰西涼，我師大捷，俘斬西軍略盡，得三叛首以送，梟之京兆市。三日諸軍還，悉分屯便近，所至足餉而居者不擾。事聞，上大嘉之曰：「此真男子事。」遂進拜平章政事，公時年三十矣。家傳。

公奏：四川降民，皆散處山谷，宜申敕軍吏，無妄虜掠，違者自本軍千户以下，與犯人同科。又禁諸人毋販易生口。由是四川遂安，降民益衆。又罷解鹽户所摘軍，及京兆諸處無籍户戍靈州屯田者，以裕民力。家傳。

東川帥欽察獲宋知資州張炳震、興戎司統制王政，兩人俱言母老，咸願矜貸。公乃遣還，就爲書遺四川帥余玠，大略諭聖天子威德，必能混一六合，兼强弱異勢，較如白黑，彼方權臣用事，猜忌勛舊，終當瓦解。玠得書感愧，雖未即降，自是亦謹疆界，怗然自守而已。家傳。

鞏昌帥府言，鎮戎州有謀爲不軌者，反形已具，連引四百餘人。公詳扣之，得首惡五人，誅之，餘並原釋。家傳。

詔大會諸王，公馳驛入朝，上已留公，參政商挺馳使奏曰：「向時渾都海之亂，若非廉相，關中安危未可知，兼關中軍民他人難制，惟廉相能得其心，聞朝廷欲留，人心驚疑，皆不自安。今關中最爲重地，關西安，則河南、河北俱安，所係利害不小，乞早命公還鎮。」上不得已，還公西省。家傳。

瀘州降將劉整囚我叛人數百，軍吏請誅以戒，王曰：「力屈而降，豈其心哉！」奏而免之。導整入覲，手書宰臣，使整有所觀感，恩浹其心，當得死力。清河元公撰神道碑。

詔括京兆諸郡馬、牛，以濟河西，王奏曰：「關中兵亂，凋瘵已極，歲賦不充，尚堪此役！」奏入，特復二年，馬、牛免括。其年，自春涉夏大旱，王步禱終南，其夕大雨。神道碑。

時以阿里不哥之變，北事未寧，恒有旨諭公與汪帥：「宜申敕將吏，嚴整部伍，及一切器備，所摘新軍，毋或散遣，所部城池，宜令深峻。」先是，宋俘費寅以利口才捷，仕國朝爲同知興元府事，後坐法當死，會赦出之，公悉其人不用。寅懷憾以北，適李璮反山東，寅乘間讒公聚兵完城，當有他志。上命中書右丞南合代公行省，且覆視所告事，無一得。詔公還朝，公陛見言曰：「臣在京兆三年，值逋叛四起，川、隴未寧，民心危疑，事急星火，臣隨宜所爲，佐貳毋或梶止。如寅所言，罪止在臣，請逮繫有司。」上撫御座曰：「當時之言，天知之，朕知之，卿果何罪。」慰諭良久，拜中書平章政事。家傳。

方逆璮未誅，平章趙壁素忌公勛名，倡言王文統一窮措大，由廉某、張易薦，遂至大用，今日豈得不坐。一日夜半，中使召公入，從容道潛邸事，良久及趙言，公曰：「向行蹕駐鄂，賈似道以木柵環城，一夕而辦，聖諭謂扈從諸臣曰：『吾安得如似道者用之？』秉忠、易進言：『山東一王文統，才智士也，今爲李璮幕僚。』詔問臣，臣對：『亦聞之，其心固未識也。』」上曰：「然，朕亦記此。」家傳。

公在中書，毅然以振舉綱維，朘削冗類，裁抑僥倖，考覈名實爲務，凡前政踵習故弊者，毋弛不張。故當時翕然致理，文物典章，粲然可考。家傳。

公言：「國家自開創以來，凡納土及始命之臣，咸令世守，逮今垂六十年。故其子若孫，並奴視所部，而郡邑長吏，皆其皂隸僮使，此在古所無。宜從更張，俾考課黜陟。」始議行遷轉法，五品以上制授，六品以下敕授。家傳。

丁太夫人憂，公率族親行古喪禮，勺飲不入口者三日，慟輒嘔血，扶乃能起，既葬，苫塊廬墓所。諸相以居憂無例，欲極力起公，相與詣廬，聞公號痛，竟不忍言。數月，制奪哀起復。家傳。

至元二年，分省山東，黜陟官吏，省併郡邑，登能進賢，摧惡扶弱，物無遁情，山東諸侯皆震攝失次，公徐諭以「祖先創業之艱，汝曹宜一力與國，作成新政，庶幾保有基緒。」取其尤不法者數人，繫治之。舊以縣名户不及者，立約裁省，轉易之地，遠不踰五百里，不兩月訖事，召還。家傳。

公以舉選未立，權令各路，歲薦經明行修，及長於吏治者各一人，以備選擇。家傳。

有中貴傳旨朝堂：「某事當爾。」諸相欲從之，公曰：「此小臣預政漸也，事宜覆奏。」上是公言，杖其人。家傳。

時阿合馬寵眷日隆，已領左右部，其黨自相攻擊，上命都省推覆，衆畏其權，莫敢問。公獨窮治其事，阿合馬竟得决杖，遂罷所領，復還有司。家傳。

上諭王曰：「吏弛法而貪，民廢業而逃，工不給用，財不贍費，先朝嘗以戚矣。自相卿等，朕無此戚。」王對曰：「陛下聖猶堯、舜，臣等未能以臯、契之道，贊輔治化，以致雍熙，慙對天顏。今日小康，未足多也。」上因論及魏徵，王曰：「忠臣良臣，何代無之，顧人主用與不用爾。」神道碑。

言者訟史丞相子姪布列中外，威權太盛，久將難制。詔王罷丞相政事，待鞫，王奏曰：「知天澤深者，陛下也。粤自潛藩，多經任使，將兵牧民，悉著治效，以其可屬大任，固使丞茲相位。小人一旦有言，陛下察其心跡，果有跋扈不臣者乎？今日信臣，故臣得預此旨，他日一人訟臣，臣亦入疑矣。臣等承乏政府，上之疑信若是，何敢自保。天澤既罷，亦當罷臣。」上曰：「卿姑去。」明日，召王曰：「昨思之，天澤無對訟者。」神道碑。

有訟西川帥欽察罪者，上敕中書急發使誅之。明日，王覆奏，上怒曰：「尚爾遲回！」對曰：「欽察大帥，以一人之言被誅，西川必駭，逮之至此，與訟者庭對，暴其罪於天下可也。」上曰：「其遺能者按問。」既而卒無一實，欽察得免。神道碑。

王奏議上前，讜論具陳，無少回惜。上曰：「汝昔事朕王邸，猶或容受，爲天子臣，乃爾木强邪？」王對曰：「王府事輕，爲天子論天下事，一或面從，天下將受其害，非不自愛也。」神道碑。

方士請鍊大丹，敕中書給其所需，王奏曰：「前世人主，多爲方士誑惑。堯、舜得壽，不假靈於大丹也。」上曰：「然。」卻之。神道碑。〔一二〕

上命公受戒國師，公對曰：「臣已受孔子戒。」上曰：「汝孔子亦有戒耶？」對曰：「爲臣當忠，爲子當孝，孔門之戒，如是而已。」家傳。

始建御史臺，外設諸道提刑按察司。時阿合馬專總財利，迺曰：「庶務責成各路，錢穀付之轉運，必繩治若此，胡能辦事？」公曰：「今立臺察，不獨事遵古制，蓋内則彈劾姦邪，外則察視非常，訪求民瘼，裨益國政，無大此者。如君所言，必使上下專恣，貪暴公行，然後事可集耶？」權臣語塞。家傳。

回鶻官匿贊馬丁者，用事先朝，爲怨家所訴，繫獄。未幾，詔釋大都見禁囚，詔至，公適在告，堂判無公署。至秋車駕還都，怨家復訴，上怒，召留守諸相詰之。公令取堂判補署之，曰：「倘天威莫測，豈可幸無已署獨苟免也。」公進，以前詔爲言，上曰：「詔釋囚，併釋匿贊馬丁豈亦有詔耶？」公對曰：「不釋此囚，臣等亦未聞有詔。」上愈怒，曰：「汝等號稱讀書，此宜何罪？」公曰：「臣等備員宰相，有罪當罷退。」上曰：「第從汝言。」即與左丞相耶律鑄並罷政事，寔至元七年也。家傳。

當權姦柄用，公家居教子讀書，而憂國之心，食息不忘。聞一令之苛，戚見顏間，或一事裕民，喜至忘寐。一日，公偶問門客曰：「十月何以謂之小春？」客曰：「爲其嫌於無陽。」公嘆曰：「陽豈可無，陰亦無絶，理也。聖人者進君子，抑小人，盡人道爾。」家傳。

上嘗問：「希憲居家何爲？」左右以讀書對，上曰：「讀書固朕所教，讀之不肯見用，何多讀爲。」阿合馬譏曰：「日與妻孥燕樂爾。」上色變曰：「希憲清貧，何從燕設。」神道碑。

王疾大作，上遣醫三人診視，或言須砂糖作飲良，時最艱得。王弟某求諸阿合馬，與之二斤，且致密意，王推著在地，曰：「使此物果能活人，吾終不以姦人所遺愈疾也。」上聞，特賜三斤。神道碑。

先是，以嗣國王條輦哥行省鎮遼霫東，人有言其不便者。十一年春，王疾稍愈，上命公往，將行，肩輿入辭，賜坐，上曰：「昔我先朝，卿先事知幾，每啓朕以帝道，及鄂渚班師，屢述天命，朕心不忘。丞相，卿實宜爲，顧自退托爾。遼霫户不數萬，政以諸王、國婿分地所在，居者行者，聯絡旁午，明者見往知來，察微燭著，塔察兒諸王，素知卿能，命卿往者，識朕此意。」神道碑。

王至北京，問民所苦，皆曰：「有西域人，自稱駙馬，營於城外，繫富家，誣其祖父嘗貸子錢，訊之使償，無所於訴。」旦日，持牒告王，王即遣吏逮駙馬者，其人怒，乘馬而來，直入省堂，徑坐榻上，王令曳下跪，而詰之曰：「制無私獄，汝何人，敢爾繫民？其械繫之。」哀禱請命，國王亦爲之言，稍寬待對，一夕拔營遁去。神道碑。

塔察兒使者傳旨，國王立聽，王坐自如，曰：「大臣無爲王起者。」使者還語其王，王曰：「彼朝廷大臣，無違禮也。」詔國王臨國，〔一二〕王獨行省事。神道碑。

朝廷發寶鈔市馬六千五百，王遣市東州，盡所發鈔得羨馬千三百。王曰：「上之，則類自衒。其以馬依元直予它郡，它郡馬不入數，害及其民。」終不忍分彼此也。神道碑。

長公主及國壻入朝，縱獵郊原，發民牛車，載其所獲，徵求須索，其費至鈔萬五千貫。王燕公主，從者怨食不及，王曰：「我天子宰相，非汝庖者。」國壻怒起，王隨之曰：「主壻縱獵原禽，非國務也。費民財不貲，我且馳奏矣。」國壻愕然，入語公主，公主出飲王酒，曰：「從者煩民，我不知也。請出鈔如數饋民，幸公止使者。」自後貴人過者，皆不敢縱。神道碑。

王師渡江，急召王朝會。右丞阿里海涯下江陵，圖其地形上之，請曰：「荆州西距梁、益，南控交、廣，據江淮上游，誠爲要地，非朝廷重臣開大府以鎮之，未足以綏新附徠遠人。」

上夜召王，賜坐，曰：「荆南入我版籍，使新附者感恩忘苦，未來者懷化效順，宋知我朝有臣如此，亦足降其心也。南土濕下，於卿疾非宜，今以大事託卿，卿當不辭。賜卿田以其入食留者，馬五十疋以給從者。」王對曰：「臣每懼識度淺薄，不能仰荷重寄，何敢辭疾。」力請不受新賜。詔荆湖行省承制官三品以下，刻印板授，奏入制出。神道碑。

公冒暑兼程以進，既至，阿里海涯率其屬郊迎，比公止車，已望拜塵中，南人大駭。先是，政無綱紀，士卒縱横，剽奪商販，城門晝閉，燈火禁嚴，民心驚疑，生意蕭索。公即日開罪□□□□□軍歸營，〔一三〕騎兵徙屯高敞，以便牧養，非調發請給不得輒出。闢城四門，毋得拘檢，弛燈火之禁。内外帖然，民始安枕。家傳。

歸附之初，故官咸懷驚疑，陰有去志。公下車議録用宣撫、制置兩司幕僚，以備採訪，左右難之，公曰：「今天下一家，皆大元臣子也，君等勿疑。」擇可與論議者二十餘員，訪逮物情，隨材録用，人心感激，懷服威惠。不數月，政化大行。家傳。

時宋故官禮謁大府，必以珍玩重器，動至數床。公至，亦來謁見，公曰：「汝等身仍故官，或不次陞擢，當念聖恩，報效朝廷。使此物盡諸公己財，我取非義，一或係官，事同盗竊；若丐斂於人，不爲無罪。慎勿爲此，以蠹政害民。」公一無所受，各官感激謝去。家傳。

有言南人立券鬻妻子者，公聞，蹙然曰：「人倫之壞一至此耶！」迺嚴爲條禁，當相買賣者並坐，没入所直，且即罪有司，立督絶。公號令一行，賞罰必信，凡下條約，所在奉行惟謹而不敢犯。家傳。

公暇日登城，顧見城闉之外，瀦水彌望，公曰：「此宋扞敵下策，當還之江流。」遂得陸地數百萬畝，招諭富民，隨力耕種，約以三年後減半收租，貧民趍之，曾未朞年，已成沃壤。家傳。

初，江陵沙市後降，其倉儲不入官籍，恣豪右私取，公聞之，曰：「此皆民力，豈可徒資貪鄙。」迺令概閱，得米二十萬斛，會公安民闕食，公發廩賑賫，全活益衆。家傳。

王顧民粗安，乃曰：「風教不可後也。」遂大興學，旦日親至校官講授，以倡它郡。徹官屋以復竹林書院，與書萬四千卷，學者日盛。神道碑。

王政化大行，聲及四遠，思、播田、楊二氏負固不下，重慶趙定應堅守耻降，皆遣使納款，王謂二使曰：「歸語爾主，〔一四〕速歸所隸，以全民命，我已馳奏天子，詔安爾土矣。」奏上，上曰：「國家不用兵得地，未之見也。希憲坐致數千里之堅城勁士，其仁政爲何如也。」寶慶、武崗、益陽、安化、善化、寧鄉諸城，籍編民冒圍納款，王移文其省，使安全之。神道碑。

鎮遠溪洞蠻酋，以其樂工四十餘人，重譯來至，曰：「願奏土風於天子之庭。」王曰：「而輩獨無妻子乎？驅迫而來，豈其心哉！且天子仁聖，不重夷音。」皆泣拜而回。神大元皇帝命廉相出鎮荊湖，豈惟人漸德化，草木昆蟲咸被澤矣。」上嘆曰：「希憲不嗜殺人，故能致此。」神道碑。

闕讖得江陵人私書，不敢發封，樞密臣發之上前，其語曰：「歸附之初，人無生意。道碑。

王或疾，士民群走僧寺道館，爲王祈福，語及，必額手叩齒祝曰：「願我公永長我人。」神道碑。

王疾日劇，上聞，即命尚醫馳視。十四年春，僉樞密院事董文忠奏曰：「江陵熱濕，奈希憲沉痾何？」上即召還。荊南人聞王且去，皆號泣隨之，擁所乘車不得行，王慰諭再四，乃拜哭而別。大者繪像建祠，小者書版瞻禮。王囊槖蕭然，琴書自隨。神道碑。

五月，公至上都，館華嚴寺。時太常卿田忠良領陰陽事，一日來問疾，公曰：「上都，聖上龍飛之地，天下視爲根本。近聞龍崗遺火，此居民常事。今南人萃此，勿令妄談風水，惑動上意。」未幾，副樞張公易、左丞張公文謙果與南人數輩廷辯徙置都邑，二相力言不可，上不懌而罷。明日，召太常質前所言，忠良以公言對，上曰：「希憲方大病，念及此耶。」其議遂寢。家傳。

詔徵名醫王仲明于揚州，未見行意，士大夫責之曰：「君術固妙，其能已億兆人之疾乎？蒼生懸望廉公復相久矣，能起廉公，是惠及天下也。」仲明乃至，進其良劑，能杖而起。上喜召入：〔一五〕「聞卿比得良醫，日俟痊復。」王對曰：「醫持善藥治臣沈疾，苟能戒謹，誠如聖諭。稍或肆惰，終將不療。」蓋以醫諫也。神道碑。

會議立門下省，上曰：「首官何稱？」曰：「侍中。」曰：「侍中非希憲不可。」遣近臣諭旨曰：「鞍馬之任，不以勞卿，乘軒論道，時至治所，必須執奏，肩輿以入。」王附奏曰：「臣疾何恤，輸忠效力，生平深願。」時皇太子方聽政，遣人諭王曰：「上命領門下省，勿難群小，吾爲公除之。」阿合馬不利而止。神道碑。

安西王相商挺以博古名世，嘗語公宜蓄古器物，以廣見聞，公曰：「古物無古於易與書者，他尚何求。」家傳。

時營繕東宮，工部官請曰：「牡丹名品，惟相公家，乞移植數本，太子知出公家矣。」王曰：「若出特命，園雖先業，一無所靳。我蚤事聖主，備位宰相，未嘗曲丐恩幸，方爾病退，顧以花求媚耶！」請者愧止。神道碑。

十六年春，詔復入中書，王稱疾篤。皇太子遣侍臣問疾，因叩治道，王曰：「君天下者二道，用君子則治，用小人則亂。臣病雖劇，委之於天。所甚憂者，大姦專柄，群邪蠭附，誤國害民，病之大者。殿下宜開聖意，急爲屏除。不然，日以沈痼，不可藥矣。」語聞，深嘉重之。

神道碑。

王嘗戒子恂、恪曰：「丈夫見義勇爲，禍福安可逆必。」又曰：「宰相須有力量，未有無力量能爲賢相者。天下事苟無牽制，三代可復也。」又曰：「稷、契、皋、夔、伊、傅、周、召便爲不及，是自棄也。」又曰：「汝讀狄梁公傳否？梁公有大節，乃爲不肖子所墜，汝輩當深以爲警。」神道碑。

公秉政中書凡六年，當是時也，朝廷清明，海内乂安，臺察百司，日漸張舉，官無滯事，野無遺才，權臣諂姦，群小斂畏。故公常言：「君子小人，勢猶水火，必欲兼收並用，以致堯、舜之理者，前未聞也。」及公去位，姦臣滔天，群小附起，天下靡然，風俗大變。彼雖外爲狐媚求好，而投間抵巇，以相毒螫者，無所不至，而公卒以直言正道，至終其身不變。家傳。

十七年十一月十九日夜，大星殞于正寢之後樂堂，流光燭地，久之方滅，是夕，王薨。士大夫走哭相弔，天下知之者無不嗟傷，咸曰：「良相逝矣，蒼生何望！」上每追思之，曰：「當諸王大會議决大事，惟廉希憲能也。」神道碑。

丞相淮安忠武王曰：「廉公，宰相中真宰相，男子中真男子。」可謂名言。神道碑。

卷七之四

左丞張忠宣公

公名文謙，字仲謙，順德沙河人。歲丁未，召居潛邸。中統元年，拜中書左丞，行大名宣撫司事。至元改元，行省事于中興。七年，拜大司農卿。十三年，拜御史中丞。明年，拜昭文館大學士，領太史院事。十九年，拜樞密副使。是歲薨，〔一六〕年六十七。

公幼聰敏，讀書善記誦，自入小學，與太保劉公同研席，年相若，志相得。其後太保祝髮爲僧，侍世祖於潛邸，薦公才可用。歲丁未，驛召北上，入見，占對稱旨，擢置侍從之列，命司王府教令牋奏，日見信任。野齋李公撰神道碑。又先塋碑云：公少時，欲習簿書之事，軍資府君召而責之，公謝曰：「身漸長大，無所效用，仰衣食于父母，心不自安，故勉强爲此。今蒙尊誨，敢不敬從。」即捨案牘之習，專志儒學。戊戌歲，會朝廷試天下儒士，公試大名中選，得免本户徭役。

邢初分隸勛臣二千户爲食邑，歲遣人更迭監牧，類皆不知撫治，加之頻歲軍興，郡當驛傳衝要，徵需百出，民不堪命。會郡人赴愬王府，公與太保寔爲先容，合辭言於世祖曰：「今民生困弊，莫邢爲甚，救焚拯溺，宜不可緩。盍擇人往治，要其成效，俾四方諸侯，取法於我，則天下均受賜矣。」世祖從之，命近臣脱兀脱、故劉尚書肅、李侍郎簡偕往。三人者同心爲治，黜去貪暴，剗除宿敝，不朞月，流亡者復，益户十倍。於是世祖益重儒士，任之以政，蓋自公發之。神道碑。

辛亥，憲宗踐阼，世祖以太弟日侍宸扆，所言率賜俞允，公暨太保數條具時務所當先者，爲世祖言，皆奏可施行之。是後大駕所臨，若大理，若漢、鄂，公皆扈行。神道碑。

世祖即位，首拜中書左丞，與平章王文統共政，建立綱紀，講明利疚，以安國便民爲務。詔令一出，天下有太平之望。文統素忌克，謀議之際，屢相可否，積不能平，公遽求出，詔以本職行大名等路宣撫司事，且有後命曰：「第往，行詔卿矣。」比行，謂文統言：「天下生民，罷瘵日久，歲屬大旱，若不量蠲税賦，將無以慰來蘇之望。」文統以爲：「上新即位，國家經費不貲，且素無積儲，何所供億？」公曰：「百姓足，君孰與不足！俟時和歲豐，取之未晚也。」竟蠲常賦什之四，商酒税額什之二。下車宣布德意，百姓歡欣鼓舞，思見德化之成。神道碑。

二年春，入朝，還居政府。始立左右部，分司綜務，鉅細畢舉，公之力居多。神道碑。

三年，阿合馬領中書左右部，總司財賦，每事欲專輒奏聞，不關白省府，詔廷臣議之。公昌言曰：「分制財用，古有是理，不關預中書，無是理也。且財賦一事耳，中書不敢詰，天子將親莅之乎？」世祖曰：「仲謙言是也。」阿合馬語遂塞。神道碑。

至元改元秋，詔公行省事中興。羌俗素鄙野，事無統紀，公求蜀士爲人僕隸者，得五六人，援恩例理而出之，俾通明吏教以案牘，旬月之間，樞機品式，粗若可觀，羌人始遣子弟讀書，土俗爲之一變。又疏唐來、漢延二渠，溉田十萬餘頃，〔一七〕民迄今賴之。神道碑。

三年，還朝。諸勢家告，言有户數千，當役屬爲私奴，朝議久不能決。公言：「奴與良，法當以乙未户帳爲斷，若已籍爲奴，或奴之而未占籍者，歸勢家可也。自餘皆國家良民，必無爲奴之理。」其議遂定，至今守以爲法。神道碑。

五年春，淄川妖人曰胡王者，作亂惑衆，逮繫百餘人。事聞，世祖命中書省議，公謂：「愚民無知，爲所詿誘，殺首惡三數人足矣。」丞相安童是其言，命公與斷事官普化涖決於濟南。既至，尸三人於市，餘並釋去，人以爲死而復生。神道碑。

七年，拜大司農卿。立諸道勸農司，巡行勸課，敦本業，抑游末，設庠序，崇孝弟。不數年，功效昭著，野無曠土，栽植之利遍天下。奏開籍田，祭先農先蠶，皆自公始。尋又奏立國子學，詔以魯齋許公爲祭酒，選貴胄子弟教養之，所成就人材爲多。已而分布省、寺、臺、閣，往往蔚爲時望，達於從政，皆出公始終左右之力。神道碑。

阿合馬當國，榷民鐵鑄爲農器，厚其直以配民，創立宣慰司行户部於東平、大名，不與民事，惟印楮幣，諸路轉運司怙勢作威，害民干政，莫敢誰何。公屢於世祖前極論其害，詔從公言，皆罷之。彼怒其沮己，數欲中傷，賴世祖眷知有素，計不得行。神道碑。

十三年，拜御史中丞。時阿合馬威權日熾，恣爲不法，盧臺憲發其姦，奏罷諸道提刑按察司，以撼内臺。居數日，公奏復之。神道碑。

十四年，拜昭文館大學士，領太史院事。初，世祖以大明曆歲久寖差，詔魯齋許公、太史令王恂、同知太史院事郭守敬測驗改正，命公董其事。曆成，賜名曰授時，頒行天下。神道碑。

十九年，拜樞密副使。首議肅兵政，汰冗員，選練將士，而優恤其家。曾未及施，而一疾不起。神道碑。

初，大理之役，我師至其城下，國主高祥拒命，殺我信使，一夕遁去，世祖怒，欲屠之。公與太保劉公、左丞姚公入言曰：「殺使拒命者，其國主耳，非民之罪。」世祖從之，特免殺掠，所活者無算。漢、鄂之役，王師方啓行，公與劉公、姚公數言：「王者之兵，有征無戰，當一視同仁，不可嗜殺。」世祖曰：「保爲卿等守此言。」既入宋境，諸將分道兼進，各遣儒士相其役，禁戢軍士，毋肆殺戮，毋焚燒廬舍，所獲生口，悉縱遣之。其後混一之功，卒本於「不可嗜殺」等數語，信乎仁人之言，其利博哉。神道碑。

公爲人謙恭篤實，外和内剛。其好賢樂善，出於天性，人有寸美，必極口稱道。遭際以來，每以薦達士類爲己任。或曰：「人心不同，豈能盡識，一有失當，得無累乎？」公曰：「人才何嘗累己，第患鑒裁未明，有遺才耳。且人臣以薦賢爲職，豈得避纖芥之嫌，而負國蔽善乎。」一時聞人揚歷中外者，多公所舉。然未嘗有德色，平居慈祥樂易。與人交，不立崖岸。及當官論事，守正不倚，毅然有不可犯之色。又勇於爲義，苟一事可行，一善可舉，如梗茹在胸，必欲快吐而後已。若農事，若鈔法，謂生民之重本，有國之大計，尤拳拳焉。樂聞己過，僚屬或相規勸，雖其言甚切，自敵以下宜若不能堪者，公每優容之，過亦隨改，不少吝。晚歲篤於義理之學，摳衣魯齋，求是正之，有自得之趣，無他嗜好，惟聚書數萬卷而已。身居貴寵，自奉若寒士，門無閽隸，客至，倒屣出迎，惟恐不及，人以是多之。神道碑。

世祖始居潛邸，招集天下英俊，訪問治道，一時賢士大夫，雲合輻湊，爭進所聞。迨中統、至元之間，布列臺閣，分任岳牧，蔚爲一代名臣者，不可勝紀。至其愛君憂國，忠勤匪懈，好善疾惡，始終不撓；若時政之臧否，生民之利病，知之無不言，言之無不盡，曾不以用舍進退累其心者，公一人而已。神道碑。

嘗觀於世祖之世矣，自其在藩至於即位，文武小大之臣，乘運以興者，各以職事見功業，求其悃愊深厚，知爲國之本，造權輿於屯昧不寧者，於公見焉。太保劉公學術通神明，機算若龜策，其所以爲上計者審矣。當是時，軍國之重，則有宗親貴人，而書記征發之責，取才金氏之遺而有餘也。迺獨薦公爲謀臣，在上左右，主儒者，使陳先王之道，雖若迂於智數，而世皇信用，以一天下，而貽子孫無疆惟休，其迹無得而名焉。嗚呼！自孔子、孟子没，豪傑各以其資奮，而内聖外王之學，千餘百年無能道之者，生民况得被其澤乎。宋儒始有以遠接其端緒，而朱子爲能集其書之大成，然猶以是取怪時人，身幾不免。自其學者誦而習之，亦或莫究其旨。許文正公衡生乎戎馬搶攘之間，學於文獻散逸之後，一旦得其書而尊信之，凡所以處己致君者，無一不取於此，而朱子之書遂衣被海内，其功詎可量哉。夫孰知先後扶持，時其進退久速，使其身安乎朝廷之上，而言立道行者，公實始終之也。嗚呼！微朱子，聖賢之言不明於後世，微許公，朱子之書不著於天下，微公，則許公之説將不得見進於當時矣，庸非天乎。中統建元以來，政術與時高下，獨成均之教彝倫，大農之興稼穡，曆象之授人時，凡出公之所爲者，皆隱然而有不可變者。詩云「樂只君子」，「邦家之基」，其公之謂乎！蜀郡虞公撰新塋記。

校勘記

〔一〕遺監軍李伯祐言狀於王　「祐」明鈔本、清鈔本、畿輔本均作「佑」。

〔二〕藁守帥董俊以全軍授公　「藁」原作「槁」，據明鈔本、清鈔本、聚珍本及秋澗集卷四八開府儀同三司中書左丞相忠武史公家傳、元史卷一五五本傳改。

〔三〕馬武京　上引元史作「馬武」。

〔四〕太宗由白坡渡河　「坡」原作「波」，據元史卷二太宗紀、卷一一九塔察兒傳、卷一二〇曷思麥里傳改，元史已校。

〔五〕積銀至萬三千餘鋌　「千」原作「十」，據國家圖書館藏元刻本、明鈔本、清鈔本改。

〔六〕以國兵奥魯數萬散處州郡間　「奥魯」原脱，據秋澗集卷四八開府儀同三司中書左丞相忠武史公家傳補。　按，「奥魯」明代漢譯爲「老小營」，指征戍軍人的家屬所在。

〔七〕至若掀滁州　「若」原作「則」，據聚珍本改。　上引秋澗集作「於」。

〔八〕魏國夫人留居中山　「中山」原作「山中」，於文義不通。按元史卷一二五布魯海牙傳云：「莊聖太后聞其廉謹，以名求之於太宗，凡中宫軍民匠户之在燕京、中山者，悉命統之，又賜以中山店舍園田、民户二十，授真定路達魯花赤。」是希憲之母曾居中山。卷一二六本傳即云：「嘗侍母居中山。」今據乙正。

〔九〕公嘗厚遇總帥汪良臣　「良臣」原作「惟良」，按點校本元史卷一二六廉希憲傳已校改作「良臣」，今從改。下同。

〔一〇〕執畢帖木兒輜重皆空　「兒」、「空」二字原脱，聚珍本作「哲伯特穆爾棄輜重」，與元史卷一二六本傳「執畢帖木兒輜重皆空」義合，今據補。

〔一一〕神道碑　按此段文字不見於元文類卷六五平章政事廉文正王神道碑，或爲家傳之文。

〔一二〕詔國王臨國　「臨」清鈔本、聚珍本及上引元文類均作「歸」。

〔一三〕公即日開罪□□□□□軍歸營　按所脱五字原爲墨釘。國家圖書館藏元刻本、清影元鈔本亦均爲墨釘，明鈔本、清鈔本則均爲闕文。惟聚珍本將此段文字改作「公即日開諭令各軍歸營」。

〔一四〕歸語爾主　「爾主」原作「而王」，據清影元鈔本及元文類卷六五平章政事廉文正王神道碑改。

〔一五〕上喜召入　按「入」下，上引元文類有「曰」字，似是。

〔一六〕是歲薨　按元文類卷五八中書左丞張公神道碑云：「薨於私第之正寢，實二十年三月壬申也。」元史卷一五七本傳云：「十九年拜樞密副使，歲餘，以疾薨於位。」則張文謙之卒年當在至元二十年，此作「是歲」即至元十九年，誤。

〔一七〕溉田十萬餘頃　「十」原作「千」，上引元文類、元史均作「十」，本書卷九太史郭公云：「計溉田九萬餘頃」，足證作「十」是，今據改。

國朝名臣事略卷第八

卷八之一

内翰竇文正公

公名默，字子聲，初名傑，字漢卿，廣平肥鄉人。歲己酉，召居潛邸。中統元年，拜太子太傅，辭不受，改翰林侍講學士，未幾以疾辭歸。三年，復召入朝，職如故。至元十七年，拜昭文館大學士。是歲卒，年八十五。

公幼知讀書，確然有立志，叔祖旺時爲郡工曹，欲使改肄刀筆，公不肯就，願卒習儒業。會國兵南下，公爲所俘掠，間關險阻，還走達鄉井，家人輩皆已去，唯母氏存焉。驚怖之餘，母子俱得時疾，僵卧困憊中，重罹母憂，扶病槁瘞。而大兵復至，遂渡河而南，依母黨吴氏以居，服闋，贅于清流河醫者王氏，婦翁謂之曰：「世方多難，能業醫術，則可以濟人而善身。」因稍習之。壬辰，授館西華，以教讀爲業。久之，河南復被兵，公還視其家，則盡室亡矣。逃難之蔡，遇儒醫李浩，授以銅人鍼法，能得其微妙。金末帝之遷蔡也，公以爲大兵且至，不速去禍在旦夕，乃徙居德安之孝感縣。縣令謝憲子一見，與公相善，以語、孟、中庸、大學授公，公朝益暮習，以爲初未嘗學，而學自此始，欣然日有所得。野齋李公撰墓誌。尋返鄉里，以經術教授邑人。病者來謁，無貧富貴賤，視之如一，鍼石所加，應手良已。久之，道譽益著。墓誌。

河南既下，中書楊君奉朝命招集釋、道、儒士，公應募北歸至大名。

上在潛邸，聞其賢召之。既至，首以三綱五常爲言，上曰：「何爲三綱五常？」公一一言之，上曰：「人道之端，無大於此。失此，則不名爲人，且無以立於世矣。」公又言：「帝王之學，貴正心誠意，心既正，則朝廷遠近莫敢不正。」自是敬待加禮，不令暫去左右。嘗言及治道，上問：「今之明治道者爲誰？」公以姚樞對，遂召用之。墓誌。

壬子冬，賜以貂尾裘帽，時皇太子未冠，上命公教之。及征大理，以玉帶鈎爲賜，曰：「此金内府物也，汝老人，佩服爲宜。且太子見之，與見朕無異，庶幾知所儆畏。」逮公請南還，命大名、順德各給第宅田土，冬夏皆有衣物，歲以爲常。墓誌。

上即位，首召至上都，問曰：「朕嘗命卿訪求魏徵等人，有諸乎？」對曰：「許衡即其人也。萬户史天澤有宰相才，可大用。」遂拜天澤爲丞相。詔授公太子太傅，固辭，曰：「今東宫未正位號，且臣不敢當保傅之任。」乃授翰林侍講學士。墓誌。

二年，公言于上曰：「臣事陛下十有餘年，數承顧問，有以見陛下急於求治，未嘗不以利生民，安社稷爲心。以先帝在上，姦臣擅權，總天下財賦，操執在手，貢進奇貨，衒耀紛華，以娛悦上心。其扇結朋黨，離間骨肉者，皆此徒也。此徒當路，陛下所以不能盡其初心，〔一〕捄世一念涵養有年矣。今天順人應，誕登大寶，天下生民莫不歡欣踴躍，引領盛治。然平治天下，必用正人端士，脣吻小人一時功利之説，〔二〕必不能定立國家基本，爲子孫久遠之計。其賣利獻勤乞憐取寵者，使不得行其志，斯可矣。若夫鈎距揣摩，以利害驚動人主之意，無它，意在擯斥諸賢，獨執政柄耳。此蘇、張之流也，惟陛下察之。伏望别選公明有道之士，授以重任，則天下幸甚。」時平章王文統用事，故公言及之。一日，同在上前，公面詆之曰：「此人學術不正，必將殺天下後世，不可久居相位。」是冬，以疾引還。明年，文統事敗，上追憶公言，謂人曰：「曩言王文統可罷者，惟竇漢卿一人，向使言之者衆，朕寧不思之耶！」即遣使召公至京師，國有大政，時加咨訪。墓誌。

公奏言：「三代所以曆數長久，風俗純粹者，皆自設學養士所致。方今宜建學立師，博選貴族子弟以教之，以示風化之本。」於是拜許衡國子祭酒，教養胄子，皆公言發之。墓誌。

公嘗同太保劉公、左丞姚公等侍上前，詢及治道，公言：「君有過舉，爲臣者當直言匡正，不可詭隨，都俞吁咈，此隆古所尚。今則不然，君曰可臣亦以爲可，君曰否臣亦以爲否，莫敢少異，非嘉政也。」上默然。詰旦，復同侍幄殿，會獵者失一海東青鶻，上盛怒，一侍臣從傍曰：「是人去歲失一鶻，今又失一鶻，宜加罪。」上釋獵者不之問，移怒侍臣，且杖之。諸公出，咸揖公賀曰：「非公誠結主知，安得感寤至此。」神道碑。

公年八十，諸僚友致賀禮，符寶董公以聞，上恭默瞻仰，拱手於天曰：「此輩賢士，安得請於上帝，減去數年，留朕左右，同治天下。顧不諱歟，〔三〕今老矣，良可惜也！」悵然久之。神道碑。

公禀樂易，與人交不立崖岸，平居不好臧否人物，時人不過以柔愞書生待之。至其關國家大計，則面斥權貴不少撓，雖古之汲黯、朱雲無以加。蓋胸中所學純正，其志有所操守，故見於事業如此。上嘗謂侍臣曰：「朕訪求賢士幾三十年，惟得李狀元、竇漢卿二人。」又曰：「如竇漢卿之心，姚公茂之才，合而爲一，始成完人矣。」墓誌。又楊文憲公文集云：李狀元諱俊民，字用章，澤州晉城人。資醇謹，重然諾，不妄交游。金承安中，舉進士第一，釋褐應奉翰林文字。南遷隱嵩州鳴皐山。北渡客覃懷，未幾入西山。既而變起倉卒，識與不識，皆以知幾許之。居鄉閭，終日環書不出，四方學者不遠千里而往，隨問隨答，曾無倦色。會皇弟經理西南夷，聞其賢，安車馳召，不得已起而應之，延訪無虛日。遽乞還山，王重違所請，遣中貴護送之。年八十餘而卒。世之知數者，無出子聰右，而子聰猶讓之。又汲郡王公中堂事記云：先生在河南時，於隱士荆先生傳康節皇極數學。己未間，上在潛邸，令張仲一就問禎祥，優禮有加。中統元年，先生已歿，其言盡徵，追謚爲莊静先生，以旌其德云。

左丞姚文獻公

卷八之二

公名樞，字公茂，營州柳城人，後遷洛陽。國初，爲燕京行臺郎中，未幾辭去。歲庚戌，召居潛邸。中統元年，拜東平宣撫使。明年，召拜太子太師，辭不受，改大司農。四年，拜中書左丞。至元五年，出僉河南行省。十年，拜昭文館大學士，詳定禮儀事。十三年，拜翰林學士承旨。十七年，薨，年七十八。

公自稚弱篤于孝敬，長力於學，晝則經紀其家，嚮晦則讀書，夜分不輟，妣夫人恐傷躭苦，每止之，乃塞窗，不使見燭，就枕必盡三鼓。聞將遷關中，考康懿公録事判官於許，俾取師氏姑以來。公徒行懷書，困休於樹，宿止於邸，亦出以誦，自期甚高。宋内翰九嘉時有重名，方閑居許，折行位與之遊。一日，賓會，録事名召公，内翰怒曰：「公茂負佐王之略，豈可若是易之！」先祖曰：「同僚呼兒輩，宜然。」猶竟席不樂。其爲前輩見推如此。公姪牧庵撰神道碑。

壬辰，許城被圍，州版公軍資庫使，與副夜直，四鼓聞窗外嘆曰：「人獻東門。」出索之無得，副曰：「吾嘗遭兵河朔，鬼物云然，宜救吾家。」乃相與歸。至家，裹餱糧爲逃死謀。日出，而東門果破，軍將蕭姓者曰：「吾嘗受丘真人教，汝軍中惟救人無殺，吾捄乃死。」公聞太宗詔學士十八人，即長春宮教之，俾楊中書惟中監督，則往依焉，中書少公六年，兄稱之，與偕北覲。時龍庭無漢人士夫，帝喜其來，甚重之。神道碑。

乙未，詔二太子南征，俾公從楊中書即軍中求儒、道、釋、醫、卜。會破棗陽，併公所招將盡坑之，大將幕竹林間，公前辯析：「明詔如此，它日將何以復命。」乃麾數人逃入竹中纔脱死數十人。繼拔德安，得江漢先生趙復仁甫，見公戎服而髯，不以華人遇之，至帳中，見陳琴書，駭曰：「西域人知事此乎！」公爲一莞，與之言，信奇士，出所爲文數十篇，以九族殫殘，不欲北，與公訣，蘄死，公留宿帳中，既覺，月皓而盈，惟寢衣存，乃鞍馬號積尸間，求至水裔，脱履被髮，仰天而號，欲投溺而未入也。公曉以「徒死無益，汝存，則子孫或可傳緒百世，保吾而北無它也。」遂還，盡出程、朱二子性理之書付公。江漢至燕，學徒從者百人，北方經學自兹始。神道碑。　又静庵筆録云：趙仁甫本宋人，被俘居燕。其經學文章，雖李敬齋、元遺山亦推讓焉。上在潛邸，嘗召見，問曰：「我欲取宋，卿可導之於前乎？」對曰：「宋吾父母國也，未有引他人以伐吾父母者。」上悦。仁甫雖居燕，恒有思歸之志云。

歲辛丑，賜金符。以郎中牙魯瓦赤行臺于燕，時惟事貨賂，天下諸侯競以掊克入媚，以公幕長必分及之，乃一切拒絶。遂攜家來輝，懇荒雲門，糞田數百畝，脩二水輪，誅茅爲堂，城中置私廟，奉祠四世。中堂龕魯司寇容，傍垂周、兩程、張、邵、司馬六君子像，讀書其間。衣冠莊肅，以道學自鳴。佳時則鳴琴百泉之上，遁世而樂天，若將終身。後生薄夫或造庭除，出語人曰：「幾褫吾魄。」又汲汲以化民成俗爲心，自板小學書、語、孟。或問家禮，俾楊中書板四書、田尚書板詩，折衷易程傳、書蔡傳、春秋胡傳。又以小學書流布未廣，教弟子楊古爲沈氏活板，與近思録、東萊經史論説諸書，散之四方。時先師許文正公在魏，出入經、傳、子、史，泛濫釋、老，下至醫、卜、筮、兵刑、貨殖、水利、筭數，靡所不究。公過魏，與竇漢卿相聚茅齋，聽公言義正粹，先師遂造蘇門，盡録是數書以歸，謂其徒曰：「曩所授受皆非，今始聞進學之序。若必欲相從，當盡棄前習，以從事於小學、四書爲進德基。不然，當求他師。」衆皆曰：「惟先生命。」歲庚戌，文正公盡室來輝，相依以居。神道碑。

上在潛邸，遣故平章趙璧來徵。既至，上大喜，日客遇之，時召與語，隨問而言，久之詢及治道。公見上聰明神聖，才不世出，虛己受言，可大有爲，乃盡其平生所學，爲書數千百言。首以二帝三王爲學之本，爲治之叙，與治國平天下之大經，彙爲八目，曰脩身、力學、尊賢、親親、畏天、愛民、好善、遠佞。次及救時之弊，爲條三十，曰：「立省部，則庶政出一，綱舉紀張，令不行於朝而變於夕。辟才行，舉逸遺，慎銓選，汰職員，則不專世爵而人才出。班不專，丘山之罪不致苟免，毫髮之過免罹極法，而冤抑有伸。設監司，明黜陟，則善良姦宄可得而舉刺，閣徵斂，則部族不横於誅求。簡驛傳，則州郡不困於需索。修學校，崇經術，旌節孝，以爲育人材，厚風俗，美教化之基，使士不媮於文華。重農桑，寬賦税，省徭役，禁游惰，則民力紓，不趍於浮僞，且免習工技者歲加富溢，勤耕織者日就飢寒。肅軍政，使田里不知行營往復之擾攘。賙匱乏，恤鰥寡，使顛連無告者有養。布屯田，以實邊戍。通漕運，以廩京都。倚債負，則賈胡不得以子爲母，如牸生牸，牛十年千頭之法，破稱貸之家。廣儲蓄，復常平，以待凶荒。立平準，以權物估。却利便，以塞倖塗。杜告訐，〔四〕以絶訟源。」各疏施張之方其下，本末兼該，細大不遺。上奇其才，由是動必見詢。且使授太子經，日以三綱五常、先哲格言薰陶德性。神道碑。

憲宗即位，詔凡軍民在赤老温山南者，聽上總之，大爲張宴，群下罷酒將出，遣人止公：「頃者諸人皆賀，汝獨默然，豈有意耶？」對曰：「臣欲陳之它日，不謂遽問。且今天下土地之廣，人民之殷，財賦之阜，有加漢地者乎？軍民吾盡有之，天子何爲？異時庭臣間之，必悔見奪。不若惟手兵權，供億之須取之有司，則勢順理安。」上曰：「慮所不及者。」遣人入聞，報可。公策：「太祖承天大命，兵取天下，功未及竟而遽陟遐。太宗平金，遣二太子總大軍南伐，降唐、鄧、均、德安四城，拔棗陽、光化，留軍戍邊，襄、樊、壽、泗繼亦來歸。而壽、泗之民，盡於軍官分有，由是降附路絶，雖歲加兵淮、蜀，軍將惟利剽殺，子女玉帛悉歸其家，城無居民，野皆榛莽。何若以是秋去春來之兵，分屯要地，寇至則戰，寇去則耕，積穀高廩，邊備既實，俟時大舉，則宋可平。」上善之。始置屯田經略司於汴，西起穰鄧，宿重兵，與襄陽制閫犄角，東連陳、亳、清口、桃源，列障守之。又置都運司于衛，轉粟于河，繼餽諸州。陝西，則移隴右汪義武王戍利州，劉忠惠公黑馬于成都，割河東解之鹽池歸陝西，置從宜所，中糧興元，猶懼不繼，置行部秦州，順嘉陵漕漁關、沔州，轉粟入利。〔五〕神道碑。

大封同姓，敕上於南京、關中自擇其一。公曰：「南京，河徙無常，土薄水淺，潟鹵生之，不若關中厥田上上，古名天府陸海。」上願有關中。帝曰：「是地户寡，河南懷、孟地狹民夥，可取自益。」遂兼有河内。神道碑。

壬子夏，入覲，受命征大理。至曲先腦而，夜宴群下，公陳宋祖遣曹彬取南唐，敕無效潘美伐蜀嗜殺，及克金陵，未嘗戮一人，市不易肆，以其主歸。明日早行，上據鞍呼曰：「汝昨夕言曹彬不殺者，吾能爲之，吾能爲之！」公馬上賀曰：「聖人之心，仁明如此，生民之幸，有國福也。」明年，大師及城，飭公盡裂槖帛爲幟，書止殺之令，分號街陌。由是其民父子完保，軍士無一人敢取一錢直者。神道碑。

上駐六盤，公疾，居關中，教使勸農，身至八州諸縣，諭上重農之旨。凡今關中桑成列者，皆所訓植。神道碑。

丙辰，公入見。或讒王府得中土心，帝遣阿藍答兒大爲勾考，置局關中，推集經略宣撫官吏，下及征商無遺，羅以百四十二條，曰：「俟終局日，入此罪者惟劉、史兩萬户以聞，餘悉不請以誅。」上聞不樂。公曰：「帝君也兄也，吾弟且臣，事難與較，遠將受禍。未若盡是邸妃主以行，爲久居謀，疑將自釋。」上遣使以來覲告，時帝在河西，不信，曰是心異矣，曰來詐也。再使至，詔許馳二百，乘傳棄輜重先。及見，天顏始霽，大會之次，上立酒樽前，帝酌之，拜退復坐，及再至，又酌之，三至，帝泫然，上亦泣下，竟不令有所白而止。敕罷關西鈎考，廢行部安撫、經略、宣撫、都漕諸司。神道碑。

帝即大位，立十道宣撫使，諸侯惟嚴忠濟爲强横難制，乃以公爲東平。至治郡，置勸農、檢察二人以監之，推物力以均賦役，罷鐵官。神道碑。

二年，拜太子太師，公曰：「皇太子未立，安可先有太師？」還制中書。神道碑。

改大司農，公奏：「在太宗世，詔孔子五十一代孫元措仍襲封衍聖公，卒，其子與族争求嗣，爲訟及潛藩，帝時曰：『第往力學，俟有成德達才，我則官之。』又聞曲阜有太常雅樂，命東平守臣輦其歌工、舞郎與樂色、俎豆、祭服至日月山，帝親臨觀，飭東平守臣，員闕充補，無輟肆習。臣宣撫東平，嘗閔先聖大賢之後，詩書不通，義理不究，與凡庶等，版洛士楊庸選孔、顔、孟三族諸孫俊秀者，授之經而學夫禮。盍真授庸教官，以成國家育才待聘風動四方之美。又詳議王鏞鍊習故實，宜令提舉禮樂，庶其歲久不致崩壞。」皆從之。神道碑。

詔赴中書議事，謀定朝格，其勉諭曰：〔六〕「姚某辭避台司，朕甚嘉焉。省中庶務，須賴一二老成同心圖贊，仰與左三部尚書劉肅，往盡乃心，其尚無隱。」條成，與丞相史忠武公奏之，帝深嘉納。神道碑。

李璮召其質子彦簡竊歸，反有跡矣。帝問：「卿料如何？」對曰：「使璮乘吾北征之釁，留後兵寡，瀕海擣燕，閉關居庸，惶駭人心，爲上策；與宋連和，負固持久，令數擾邊，使吾罷於奔救，爲中策；如出兵濟南，待山東諸侯應援，此成擒耳。」帝曰：「若是，賊將何出？」對曰：「出下策。」神道碑。

三年，平章王文統伏誅，西域之人爲所壓抑者，伏闕群言：「回回雖時盗國錢物，未若秀才敢爲反逆。」帝曰：「在昔潛藩，商訂天下人物，亦及文統，姚公茂言：『此人學術不純，以游説干諸侯，他日必反。』去年，竇漢卿上書累數千言，亦發其必爲亂首。秀才豈盡皆斯人然！」文統之相，參政商公挺實譽之，至是，費寅以九事中時恚忌，訟商公爲文統西南之朋，引陝西郎中趙良弼爲徵，幽商公上都，以良弼多智略，疑爲文統流亞，械擊于獄。會遣阿脱行院成都而無輔行，俾省擇人，公奏：「惟商挺可。陛下寬其前罪，責成斯行。」遂出而遣之。公又奏：「方踐阼之初，非良弼調事關中，恐後事會，寧身負矯擅誅東、西川兩帥之罪，以寬陛下西顧之憂，推是爲心，忠純皎然，安得與文統蓄異志者比。」〔七〕帝悟，出之。神道碑。

四年，拜中書左丞。至元之元，出省臣三，罷世侯，置牧守，遷轉河東、山西、河南、山東官吏，公行省河東、山西，明年而歸。神道碑。

或言中書政事大壞，帝怒，大臣罪有入不測者。公上言：「太祖開創，跨越前古，施治未遑。自後數朝，官盛刑濫，民困財殫。陛下天資仁聖，自昔在潛，聽聖典，訪老成，日講治道。如邢州、河南、陝西皆不治之甚者，爲置安撫、經略、宣撫三司，其法選人以居職，頒俸以養廉，去污濫以清政，勸農桑以富民，不及三年，號稱大治。諸路之民望陛下之治己，如赤子之求母。先帝陟遐，〔八〕國難並興，天開聖人，纘承大統，即用歷代遺制，内立省部，外設監司。自中統至今五六年間，外侮内叛，繼繼不絶，然能使官離債負，民安賦役，府庫粗實，倉廩粗完，鈔法粗行，國用粗足，官吏轉換，政事更新，皆陛下克保祖宗之基，信用先王之法所致。今陛下於基業爲守成，於治道爲創始。正宜息聖心，答天心，結民心，睦親族以固本，建儲副以重祚，定大臣以當國，開經筵以格心，脩邊備以防虞，蓄糧餉以待歉，立學校以育才，勸農桑以厚生，是可以光先烈，成帝德，遺子孫，流遠譽。以陛下才略，行此有餘。邇者伏聞聰聽日煩，朝廷政令，日改月異，如始栽之木，生而復移，既架之屋，起而復毁。遠近臣民，不勝戰懼，惟恐大本一廢，遠業難成，爲陛下之後憂，國家之重害。」帝恚爲釋。神道碑。

十年，拜昭文館大學士，詳定禮儀事。其年，襄陽下，初議大舉，公奏：「如求大將，非右丞相安童、同知樞密院事伯顏不可。」七月，伯顏陛辭，付敕書：「惟逆戰者如軍律，餘止殺掠。古之善取江南者，惟曹彬一人。汝能不殺，是亦一彬也。」既濟江下鄂，使至，夜召見公，帝憂見色，曰：「自太祖戡定天下，列聖繼之，豈固存之令久帝制南國耶？蓋天命未絶。朕昔濟江而家難作，天不終此，大惠而歸。今伯顏雖濟江，天能終此與否，猶未可知。是家三百年天下，天命未在吾家先在于彼，勿易視之。其有事宜，可書以進。」公言：「嚴兵守鄂，無使荆闔斷陽羅渡，先遣使責負歲幣、留行人之罪。」明年，公又言：「由陛下降不殺虜之詔，伯顏濟江，兵不踰時，西起蜀、川，東薄海隅，降城三十，户踰百萬，自古平南，未有若此之神捷者。然自夏徂秋，一城不降，皆由軍官不思國之大計，不體陛下之深仁，利財剽殺是致。降城四壁之外，縣邑丘虚，曠土無民，國將安用？比聞揚州、焦山、淮安人殊死戰，我雖克勝，所傷亦多。宋之不能爲國審矣，而臨安未肯輕下，好生惡死，人之常情，蓋不敢也，惟懼吾招徠止殺之信不堅，詐其來耳。宜申遣公幹官，專輔伯顏，宣布止殺之詔，有犯令者，必誅無赦。若此，則賞罰必立，恩信必行，聖慮不勞，軍力不費。老氏有曰：大兵之後，必有凶年，疾疫隨之，軍雖不試，而民止得其半。况今民去南畝，來歲之食將安所仰？帕手腰刀，必唱爲亂，袒臂一呼，數十萬衆不難集也，壁山柵水，卒未易平。是一宋未亡，復生一宋。又南方官府，以情破法，鞭背文面，或盛竹絡投諸江中。又鹽鐵酒酤榷自漢代，其後因之不廢，今方新附，若復徵之，人必離散。」制曰：「鞭背黥面，及諸濫刑，宜急除之，榷酤後議。」神道碑。

十三年，拜翰林學士承旨。宋平，凡其侍從之臣，以士子入見者，必令見公，詢其學行而官之。神道碑。

十四年，上以自九月不雨至於三月，問可以惠利斯民者，公曰：「靡穀之多，無若醪醴麴蘖，京師列肆百數，日釀有多至三百石者，月已耗穀萬石，百肆計之，不可勝筭；與祈神賽社，費以不貲，宜悉禁絶。」從之。神道碑。

公天質含弘而仁恕，恭敏而勤儉。理生惟務本實，不事末作。未嘗疑人欺己，有負其德，亦不留怨胸中。憂患之來，不見言色。有來即謀，必反覆忠告，惟恐吾言之不盡。及秉筆中書，或咎公獨遺門牆故人，〔九〕公曰：「用人威權，當出天子。果若賢才，烏避不聞。其鎖尾者，烏敢藉權樹親賓市私恩乎！」神道碑。

左丞許文正公　卷八之三〔一〇〕

公名衡，字仲平，懷慶河内人。金大安己巳，生于河南新鄭寓舍。壬辰，北渡，隱居大名。遷居于衛。甲寅，京兆宣撫使廉公奉潛藩命來徵。乙卯，授京兆提學，辭不受。中統元年五月，應召北上。二年五月，授太子太保，力辭不受，改國子祭酒。九月，以疾辭歸。三年九月，應召北上。至元元年正月，辭歸。二年十月，應召北上，詔入省議事。四年正月，辭歸。十一月，應召北上。六年，奏定官制。七年正月，拜中書左丞，力辭，不允。八年四月，改集賢大學士、兼國子祭酒。十年七月，以遷葬辭歸。十三年七月，應召北上，修授時曆。十五年三月，授集賢大學士、兼教領太史院事。十七年春，曆成。八月，辭歸。十八年三月，薨，年七十三。皇慶二年，詔與宋儒周、程、張、邵、司馬、朱、張、吕九人從祀夫子廟廷。

先生幼有異禀，賦性端慤，與群兒嬉，即畫坐作進退周旋之節，群兒莫敢犯。年七八歲，受學於鄉師。時國家多事，學校廢弛，惟農隙之際，下第老儒會閭里正句讀，以糊口爾。先生凡三易師焉，所授書輒不忘。嘗問其師曰：「讀書欲何爲？」師曰：「應舉取第爾。」曰：「如此而已乎？」師大奇之。每從質句讀訓解，必問其旨義。師辭於父母曰：「此兒穎悟非常，它日必有過人者。流離之際，吾聊以遣日，豈能爲之師乎！」父母固請，而師卒遁去。亂後，先生知三師皆遇難而無後，每歲時設位祭之終身。祭酒耶律公撰考歲略。又云：先生十餘歲時，有道士款其門，謂父母曰：「此兒骨清而神全，目光射人，當謹視之。苟非名冠天下，即當神游八表，馳騁方外者也，人間富貴不足道耳。但兩顴頗暗，清節有餘而安逸不足。惜乎父母俱不得見之。」

時歲飢，民食橡栗，或易子而食。先生聞人有書，即往求觀。父母危之，每與俱往，人厭其迂。考歲略。

時民間徭戍繁迫，舅氏適典縣史，先生從授吏事，參摭名議，考求立法用刑之原。久之，以應辦宣宗山陵，州縣追呼旁午，代舅氏分辨，因見執政，執政方怒，舅氏不敢見，及見先生應對，則以温言撫慰。及還，嘆曰：「民不聊生，而事督責以自免，吾不爲也。」遂不復詣縣，而決意求學。考歲略。

是時，國日以蹙，民皆轉徙，無從師授，亦無書籍。父母知世將亂，因欲稍知占候之術，以爲避難計，遂令與日者游。故於推步占候之家，見尚書疏義，皆散亂毀缺，先生凡三往，就宿其家，皆手録之。由是刻意墳典，考求古者爲治爲學之序，操心行己之方，一言一行必質諸書。故雖亂離之際，人亦稍稍從學焉。考歲略。

亂後，先生隱居於魏。時竇默子聲以針術得名，累被朝廷徵訪，亦隱於魏，最知敬先生，每相遇，則危坐終日，出入經傳，泛濫釋、老，下至醫藥、卜筮、諸子百家、兵刑、貨殖、水利、算數之類，靡不研究。雪齋姚樞公茂方以道學自任，聞先生苦學力行，因過魏相與聚居，剖微窮深，忘寢與食。考歲略。

壬寅，雪齋隱蘇門，傳伊洛之學於南士趙仁甫，先生即詣蘇門訪求之，得伊川易傳，晦庵論孟集注，中庸、大學章句、或問、小學等書，讀之，深有默契于中，遂一一手寫以還。聚學者謂之曰：「昔所授受，殊孟浪也。今始聞進學之序，若必欲相從，當悉棄前日所學章句之習，從事於小學，洒掃應對，以爲進德之基。不然，當求他師。」衆皆曰：「唯。」遂悉取向來簡帙焚之，使無大小，皆自小學入。先生亦旦夕精誦不輟，篤志力行，以身先之，雖隆冬盛暑不廢也。諸生出入，惴栗惟謹。客至，則歡然延接，使之惻然動念，漸濡善意而後出。考歲略。

己酉，先生年四十一，自得伊洛之學，冰釋理順，美如芻豢。嘗謂：「終夜以思，不知手之舞足之蹈。」是歲，有讀易，私言先生於書於易尤多致力。然每學者請問，則必使之從事於小學，卒未嘗以此語之也。考歲略。又耶律公國學事跡云：「先生自得小學書，則主於此書，以開導學者。嘗寄其子書曰：『小學、四書，吾敬信如神明然。能明此，〔一二〕它書雖不治可也。』」

庚戌春，先生力疾還鄉里，過衛，聞懷之政猶苛虐，遂止蘇門，與雪齋相比，以便講習，且爲還鄉之漸。辛亥，雪齋赴徵，先生獨處蘇門，始有任道之意。 考歲略。

甲寅，王府徵教授京兆，遜于大名，使者訪焉，遂偕往。乙卯，廉公希憲宣撫關中，奏擬授先生京兆提學，仍給月俸，力辭不受，往返凡六七，不能强也。考歲略。

庚申，上正位宸極，應詔北行。至上都，入見，問所學，曰：「孔子。」問所長，曰：「虚名無實，誤達聖聽。」問所能，曰：「勤力農務，教授童蒙。」問科舉何如，曰：「不能。」上曰：「卿言務實，科舉虚誕，朕所不取。」七月，還燕。考歲略。

辛酉三月，應召至上都，時王文統秉政，深忌雪齋諸公，以先生素無因緣而弗憚也。及竇公力排其學術之非，必至誤國，文統始疑先生唱和其説。五月，授雪齋太子太師，竇公太子太傅，先生太子太保，外佯尊之，内寔不欲備顧問也。竇公既以言文統不中，欲依春宫以避禍，先生獨以爲不可，曰：「姑舍其不安於義者，且以一事言之。如中古以來，師傅與太子相見，則就西位東向，太子東位西向，公能爲此事否？不然，是師道自我而亡也。」雪齋亦贊其説，相與懷麻力辭於闕下，凡數日，始從其請。由是改授雪齋大司農，竇公翰林侍講學士，先生國子祭酒。既拜命，以疾辭。九月，得告南還，仍奉旨教授懷孟路子弟。考歲略。

壬戌九月，召至大都。先生居都下也，假館於道庵中，凡權貴豪右延請，皆不往，惟姚、竇二公時時相過，始終如一。考歲略。

中書左丞張公仲謙，由大名宣撫復入中書，好善最篤，自初見先生，屢請執弟子禮，先生拒之而止，一時賢俊多所薦拔，凡中原士夫頗依賴之。而公亦以復古進賢爲己任，每先生進退之際，必往返導達上意，挽之留之，冀有以不屑去也。然性褊數忤倖臣，故被譴責，至是遺人求言，先生貽書曰：「弔者在門，慶者在閭，一倚一伏，孰知其初？君子存誠，克己就義，始若甚難，終知甚易。可委者命，可憑者天，人無率爾，事不偶然。舍苗不耘，固爲有害，助而揠之，其害愈大。既徵於色，又發於聲，天道無他，庸玉汝成。」考歲略。

至元元年正月，懇辭還懷州。六月，迅雷起中堂，時卜築於此而未遷也。先生與一二從者視役其下，雷雨驟至，火光滿室，墁匠從者皆昏仆，而先生弗動也。考歲略。

二年十月，召至大都，即陳雷震不宜入見，上不許。十二月，奉旨入省議事，先生以疾辭。丞相安童素聞先生名，心慕之，乃就訪於行館，及還，心悦誠服，念念不釋者累日，謂左右曰：「若輩自謂相去幾何？蓋什百而千萬也，是豈縉繳之可及耶！」翼日，先生與丞相荅禮。考歲略。

三年春二月，召至檀州後山，面奉德音：「竇漢卿獨言王以道，當時汝何爲不言？豈孔子教法使汝若是耶？汝不遵孔子教法自若是耶？往者不咎，今後勿爾也。是云是，非云非，可者行，不可者勿行。我今召汝無他，省中事前雖命汝，汝意猶未悉，今面命汝。人皆譽汝，想有其實。汝之名分，其斟酌在我；國事所以無失，百姓所以得安，其謀謨在汝。謂汝年老未爲老，謂汝年小不爲小，正當黽勉從事，毋負汝平生所學。安童尚幼，苦未更事，汝謹輔導。汝有嘉謨，先告安童，以達於我，我將擇焉。」先生對曰：「聖人之道至大且遠，而學者所得有淺深。臣平生雖讀其書，所得甚淺。然既叨特命，願罄所知者言之，所不知者亦不能强也。安童聰明，且有執持，告以古人言語，悉能領解，臣所知者盡告之。但慮中有人間之則難行，外用勢力納入其間則難行。〔一二〕臣入省之日淺，淺見如此，未知是否。」考歲略。

夏四月，分省至上都，屢蒙訪問，遂奏陳時務五事。聖旨俞允，令「善寫以進，朕當詳之。」其一曰立國規模。歷論前代建國北方，奄有中夏，如魏如遼如金，能用漢法，故享國長久。今國家當行漢法，事在不疑。然萬世國俗，累朝勛貴，一旦驅之下從臣僕之謀，改就亡國之俗，其勢甚難，非三十年不能成功。齊一吾民，使之富實，興學校，練甲兵，隨時損益，裁爲定制，如臣等輩，皆足以任此。在陛下篤信而堅守之，不雜小人，不營小利，不責近效，不惑浮言，庶幾可以得天下之心，成至治之效。二曰中書大要。今仕者宜頒俸禄，使可資以爲養，未仕者宜明立條式，俾就銓叙，則失職之怨少紓矣。外設監司糾察污濫，内由吏部考訂資歷，則踰分之求漸可息矣。再任三任，抑高而舉下，則人才爵禄可得而差次之矣。至於貴家世襲，品官任子，驅良户口之制，亦不可緩也。若夫得行與不得行，在上之委任者何如；而能行與不能行，在執政得人與不得人耳。其三曰爲君難。其目曰踐言，曰防欺，曰任賢，曰去邪，曰得民心，曰順天道，六者乃爲君難之目。舉其要，則脩德、任賢、愛民三者而已。此謂治本，治本立則綱紀可布，法度可行，治功可必矣。其四曰農桑學校。今國家徒知斂財之巧，不知生財之由，不惟不知生財，而斂財之酷，又害於生財也；徒知防人之欺，不知養人之善。欲其不欺，非衣食以養其生，禮義以養其心不可也。徒患法令之不行，不思法令無可行之地。上多賢才，皆思爲公，下多富民，皆知自愛，則令自行禁自止。誠能優重農民，勿使擾害，盡毆游惰之民，歸之南畝，歲課種樹，懇諭而篤行之，十年以後，當倉盈庫積，非今日比矣。自上都、中都下及司縣，皆設學校，使皇子以至庶人之子弟，皆從事於學，日明父子君臣之大倫，自洒掃應對至於平天下之要道，十年以後，上知所以御下，下知所以事上，上和下睦，又非今日比矣。其五曰慎微。文多削稿。先生每有奏對，或欲召見，則上自擇善譯者，然後見之，或譯者言不逮意，上已領悟，或語意不倫，上亦覺其非而正之。至燕，先生以疾不復入省，因求還家養疾，許之。考歲略。

四年十一月，召至大都。六年，奉旨議官制。先生與左丞張公、贊善王公同奏官制，送入中書。先生歷考古今設官分職之本，沿革之由，與夫上下統屬之序，其權攝增置、冗長倒置，行之有弊者，率皆不取，自省部郡縣體統之正，左右臺院輔弼之制，内外百司聯屬控制之差，后妃儲藩隆殺之防，悉圖爲定制以聞。其所以取捨，欲著成書而未暇也。考歲略。

七年正月，拜中書左丞。入見，奏事畢，辭於上前，不允。大概以爲「臣之所以不敢承受者有三，〔一三〕一則臣一介書生，遽當大任，非勛非舊，不足以服内外之人；二則無德無才，不能辦陛下責任之事；三則臣之所學迂遠，與陛下聖謨神算未盡吻合。陛下知臣未盡，信臣未至，直以虚名誤蒙采擢。臣若不自度，冒當聖眷，其旋致悔咎必矣。」上曰：「此事皆出朕意，無復多讓。」先生再三懇請，上命左右掖出，左右掖之，曰：「有旨令先生出矣。」將至門，復還奏曰：「陛下令臣出，當出省去耶？」上曰：「出殿門爾。」爾後連日求辭，不允。考歲略。

夏五月，先生隨省赴上都，因具奏阿合馬專權無上，蠹國害民等事，渠由是銜之。或曰：「先生夜寢疎闊，無它防備，卒有横逆，奈何？」先生曰：「主上在此，何得敢爾。脱或有之，亦命也，人生不應有如許計校。」考歲略。又云：阿合馬欲以其子典兵柄，先生以爲不可，謂「國家事權，兵民財三者而已。父位尚書省，典民與財，而子又典兵，太重。」上曰：「卿慮阿合馬反側耶？」先生曰：「此反側之道也。古者姦邪，未有不由如此者。」上以此語語西相，相詰先生曰：「公何以言吾反？」先生曰：「吾言前世反者皆由權重，君誠不反，何爲由其道？」相復之曰：「公實反耳。人所嗜好者，勢利爵禄聲色，公一切不好，欲得人心，非反而何？」先生曰：「果以君言得罪，亦無所辭。」

先生以病告辭，丞相安童不許，臺官孛羅奏聞，聖意憫惻，召其子師可入見，喻以舉官自代。先生奏：「用人者天子之柄，臣下泛論其賢否則可，若授之以政，則當斷自宸衷，不可使臣下有覬覦市恩之漸。」考歲略。

八年，授集賢大學士、國子祭酒。先生方居相府，丞相傳旨令教蒙古生四人，後又奉旨教七人，至是有旨令四方及都下願受業者，俱得預其列，即令南城之舊樞密院設學。國學事跡。

先生自開學，家事悉委其子師可，凡賓客來學中者，皆謝絶之。先生嘗謂：「學中若應接人事，諸生學業必有所妨。外人謗怒是我一己之事，諸生學業迺上命也。」日令家具早饍午饍，以老疾，日西不復食矣。先生時年六十有二，以宿疾當忌鹽肉濕麪三年，且以治法不可以補，而體力復不可於瀉，故日節飲食，未嘗敢至於飽，以爲飽則必有補邪氣也。然朝夕莅事，略無老人疲倦之意。國學事跡。

先生嘗謂：「蒙古生質朴未散，視聽專一，苟置之好伍曹中，涵養三數年，將來必能爲國家用。」乃奏召舊弟子散居四方者王梓、韓思永、蘇郁、耶律有尚、孫安、高凝、姚燧及其弟燉、劉季偉、吕端善、劉安中、白楝，皆驛致館下爲伴讀，欲其夾輔匡弼，薰陶浸潤而自得之也。或謂：「先生何不博選時俊，而獨用其門生？」曰：「我但教人而已，非用人也。方以我之拙學教人，它人從否，未可知也。」國學事跡。

先生欲以蒙古生習學算術，遂自唐堯戊辰距至元壬申，凡三千六百五年，編其世代歷年爲一書，令諸生誦其年數而加減之。國學事跡。

先生教諸生習字，必以顔魯公爲法，嘗曰：「古者民無所知，聖人御世，有以教之。然聖人不可久生於世，故制爲文字以記其言。文字之始義，取記言而已，後世習字書者多少話說，書固六藝之一，程先生謂：『一向好著，亦自喪志。』然其作字時甚敬，謂：『只此是學，此爲可法。』」國學事跡。

諸生讀書之暇，先生令蒙古生年長者，習拜及受宣拜詔儀，釋奠、冠禮時亦習之。小學生有倦意，令習跪拜、揖讓、進退、應對之節，或投壺習射，負者罰讀書若干遍。國學事跡。

先生説書，章數不務多，唯懇款周折，若未甚領解，則引證設譬，必使通曉而後已。嘗問諸生：「此章書義若推之自身，今日之事有可用否？」大凡欲其踐行而不貴徒説也。先生嘗曰：「世謂能作文者可以驕人，至於能説書者亦可以驕人。諸生講書，但使之省解可也，何必要他會説。」及見學者能有疑問，先生喜氣溢于眉宇。嘗謂：「書中無疑看得有疑，有疑却看得無疑，方是有功。」國學事跡。

先生嘗曰：「敬敷五教在寬，君子以教思無窮，容保民無疆，則是爲教者當以寬容存心也。今日學中大體雖要嚴密，然就中節目須且寬緩。大概人品不一，有夙成者，有晚成者，有可成其大者，有可成其小者，且一事有所長，必一事有所短，千萬不同，遽難以强之也。學記自一年離經辨志，至九年知類通達，强立而不反，其始終節次幾多積累，必不可以苟且致之。故教人不止各因其材，又當使隨其學之所至而漸進也。蓋教人與用人正相反，用人當用其所長，教人當教其所短。」國學事跡。

先生之教人也，恩同父子，義若君臣，因其所明，開其蔽而納諸善，時其動息而張弛之，慎其萌蘖而防範之。其日漸月漬，不自知其變也，日新月盛，不自知其化也。其言談舉止，望而知其爲先生弟子，卒皆爲世用也。考歲略。

先生嘗言：「爲學者治生最爲先務，苟生理不足，則於爲學之道有所妨。彼旁求妄進，及作官嗜利者，殆亦窘於生理之所致也。諸葛孔明身都將相，死之日，廩無餘粟，庫無餘財，其廉所以能如此者，以成都桑土、子弟衣食自有餘饒爾。治生者農工商賈而已，士君子多以農務爲生，商賈雖爲逐末，亦有可爲者，果處之不失義理，或以姑濟一時，亦無不可。若以教學與作官規圖生計，恐非古人之意也。」國學事跡。

又云：　歲時，諸伴讀以酒禮至先生

家，先生辭曰：「所以奏取諸生者，蓋爲國家，爲吾道，爲學校，爲後進，非爲供備我也。夫爲官守學，所當得者俸禄也。俸禄之外，復於諸生有取焉，欲師嚴道尊難矣。」

國學之置，肇自許文正公。文正以篤實之資，得朱子數書於南北未通之日，讀而領會，起敬起畏。乃被遇世祖，純乎儒者之道，諸公所不及也。世祖聖明天縱，深知儒術之大，思有以變化其人而用之，以爲學成於下，而後進於上，或疏遠未即自達，莫若先取侍御貴近之特異者，使受教焉，則效用立見，故文正自中書罷政爲之師。是時，風氣渾厚，人材樸茂，文正故表章朱子小學一書以先之，勤之以洒掃應對，以折其外，嚴之以出入游息，而養其中，掇忠孝之大綱，以立其本，發禮法之微權，以通其用。於是數十年，彬彬然號稱名卿才大夫者，皆其門人矣。嗚呼！使國人知有聖賢之學，而朱子之書得行於斯世者，文正之功甚大也。蜀郡虞公文集。又牧庵文集云：文正微時，于大名，于輝，于秦，于河内，以倡鳴斯道爲己任，諄諄私淑，少長不一其年也，鋭鈍不齊其才也，積多至數百人。聞之天聰，徵爲成均。俄拜左丞，歲餘辭免，復求成均。後其弟子繼司鼎鉉者將十人，卿曹風紀、二千石吏，棋錯中外者又十此焉。其於隆平之治，豈不少贊乎。又静庵筆録云：許先生居燕中，從學者頗多，卒不見得許子之學者，然好學者固有之，而託名干禄者亦有之。

襄陽下，上欲遂有江南，先生以爲不可，其辭甚秘。考歲略。

十年，諸生廪餼不繼，稍稍引去。又權臣屢毀漢法，四月，召赴上都議事，面請還鄉里。上命衆議其去留，雪齋云：「先生出處關時世之污隆，我輩不可强之，先生自處審矣，今日直當以聖賢待之。」遂合辭奏曰：「國學設立，于今三年，教道嚴謹，諸生學問進長。許某所以告辭之意，言爲年老殘疾，上世有數喪未葬，欲歸了此一事，其意甚哀，此係人子孝道之事，宜賜允從。」由是得告南歸。先生至懷，簡絶人事，常居山下，課僮僕，事耕墾。考歲略。

十三年七月，使者來召，議改曆。十七年二月，測驗已周，曆事告成。自先生入院，恩眷愈隆，上每北還，必問先生安否，病則賜藥賜杖。至是，入見，皆跪奏事，上令先生起，賜坐，勞問久之。六月，疾益進。八月，得請還家，就除師可懷孟路總管，以便供養。考歲略。

十八年春，先生疾甚，醫者診之曰：「偏陰偏陽謂之疾，今六脈皆平，先生其少瘳乎。」先生曰：「久病而脈平者不治，吾殆將不起矣。」遂不服藥。頃之稍間，適仲春祭祀，先生曰：「吾一日未死，可不有事於祖考乎！」遂力疾奠獻如禮。既徹，家人餕，怡如也。遂曳杖于門曰：「予心怦怦然。」瞑目坐，久之，曰：「死生何異，人精神能有幾，世事何時窮。」遂發嘆歌子朱子：「睡起林風瑟瑟，覺來山月團團。身心無累久輕安，况有清凉池館。句穩翻嫌白俗，情高却笑郊寒。蘭膏元自少陵殘，好處金章不换。」歌罷，奄然而逝。俄而雷電晦冥，大風拔木。城中老幼往哭其門，征商過客相唁於途，雖農夫里婦亦嘆息焉。先生嘗語師可曰:「我平生虚名所累,竟不能辭官。死後慎勿請謚、立碑,必不可也,但書『許某之墓』四字,使子孫識其處足矣。賢耶不賢耶,碑於人何有。」至是,從其治命,葬而無碑。既葬,四方學者,有不遠數千里而來哭於墓者,蒲人王楫年踰六十,衰絰赴葬,司賓者辭曰:「門人衰禮歟?」楫曰:「吾師也,術藝之師歟?賓主之師歟?吾猶懼乎報之無從,吾將以愧夫王通之門人耳!」先生去世,朝野識與不識,莫不哀傷,以爲斯道斯民之不幸。考歲略。

先生居家勤儉,强於自治,公愛兼盡,不嚴而整。閨門之内若朝廷然,與夫人敬氏相待如賓,而夫人謙順自牧,周旋道義,先生亦賴其内助焉。考歲略。

先生天資弘毅,卓然有守。其恭儉正直出於天性,雖艱危窮阨之際,所守益堅。好學不倦,聞一善言,見一善行,不啻飢渴,於利名紛華,畏若探湯,誠心自然,天下信之。建元以來,十被召旨,未嘗不起,然卒不肯枉尺直尋而去。每入奏對,以格君心爲己任,氣質雍容,誠敬交孚,言雖切直而卒無忤也。衛士或舉手加額曰:「是欲澤被生民,堯、舜其君者也。」至於進退出處之際,勇於就義,凛然不可以勢利誘而威武屈也。逮其晚年,義精仁熟,身被四時之和,道出群物之表,四方聞之知敬,望之知畏,親之知愛,遠之知慕。蓋其胸中浩大,無一毫人欲之私,純乎天理之正。故其動静語默之際,周旋出入之頃,無往而非斯道之流行矣。考歲略。

先生著述，曰小學大義，乃甲寅歲在京兆教學者讀小學口授之語；曰讀易私言，是先生五十後所作；曰孟子標題，嘗以教其子師可；曰四箴説、中庸説、語録等書，乃雜出於衆手，非完書也。考歲略。

先生嘗戒其學者姚燧曰：「弓矢爲物，以待盜也，使盜得之，亦將待人。文章固發聞士子之利器，然先有能一世之名，將何以應人之見役哉。非其人而與之，與非其人而拒之，鈞罪也，非周身斯世之道也。」牧庵文集。

翰林承旨鹿庵王公磐，襟宇蓋世，少所許可，獨敬禮先生，每相語，則曰：「先生神明也，磐老矣，徒增愧縮爾。」及先生訃音至，則曰：「設若朝廷賜謚先生，非『文正』不可。後世有知先生者，不易磐之言矣。」考歲略。

先生居鄉里，凡喪葬一遵古制，不用二氏，懷州士夫家因以爲俗，四方聞風亦有效之者。每遇其徒，未嘗面詆其非，但從容款話，其人已不覺内愧發赤，或涕出，悔其陷溺之深也。近舍有德公者，年百餘歲，嘗謂先生曰：「老僧苦行百年，亦不能作佛，徒爲不孝之人，羞見祖宗於地下。但願勸小僧輩曷若還俗，以壽汝祖宗之嗣。」比化不度一人。考歲略。

鹿庵贊先生之像曰：「氣和而志剛，外圓而内方。隨時屈伸，與道翱翔。或躬耕太行之麓，或判事中書之堂。布衣蓬茅，不爲荒凉。珪組軒裳，不爲輝光。虚舟江湖，晴雲卷舒。

尚友千載，誰與爲徒。」管幼安、王彦方、元魯山、陽道州，蓋異世而同符者也。自關、洛大儒倡絶學於數千載之後，門人誦傳之，未能徧江左也。伊川殁二十餘年而文公生焉，繼程氏之學，集厥大成，未能徧中州也。文公殁十年而魯齋先生生焉，聖朝道學一脈，迺自先生發之。至今學術正，人心一，不爲邪論曲學所勝，先生力也。所以繼往聖開來學，功不在文公下。眉山劉公撰文集序。又考歲略云：先生平生嗜朱子學，不啻飢渴，凡指示學者，一以朱子爲主。或質以它説，則曰：「賢且專主一家，則心不亂。」及江左混一，始得閲其文，亦病其太多。

校勘記

〔一〕陛下所以不能盡其初心　「不能」二字原脱，明鈔本行間補此二字，清鈔本、聚珍本亦均有「不能」二字，與元史卷一五八本傳合，今據補。

〔二〕脣吻小人一時功利之説　「功」原作「切」，明鈔本校改作「功」，清鈔本、聚珍本均作「功」，與上引元史合，今據改。

〔三〕顧不諱歟　「諱」原作「偉」，據國家圖書館藏元刻本、清影元鈔本改。

〔四〕杜告訐　「訐」原作「訴」，明鈔本校作「訐」，清鈔本作「訐」，與元文類卷六〇中書左丞姚文獻公神道碑及元史卷一五八本傳合，今據改。

〔五〕順嘉陵漕漁關沔州轉粟入利　「漁」原作「洟」，明鈔本描改作「漁」，清鈔本、畿輔本均作「漁」，與上引元文類合，今據改。又，「州」原作「池」。按元史卷一二一笁邇傳，太宗伐金，按笁邇「由兩當縣出魚關，軍沔州」；卷三憲宗紀八年四月，伐宋，「孛里叉萬户由漁關入沔州」。據宋史卷八九地理志，沔州在嘉陵江流域，屬利州路，下轄長舉、略陽二縣，爲利西路治所，在利州上游。元史卷一五五汪德臣傳云，憲宗命其「城沔州，沔據嘉陵要路。……世祖以皇弟有事西南，德臣入見，……即命置行部於鞏，立漕司於沔，通販鬻，給餽餉。……甲寅春，旱，嘉陵漕舟水澀，……既而魚關、金牛水陸運皆至。……魚關至沔水，迂回爲渡百有八……。」並提及德臣「立利州之功」。由此可知「順嘉陵漕漁關、沔州，轉粟入利」確有其事。今據改「池」爲「州」。

〔六〕其勉諭曰　「其」聚珍本與元史本傳均作「且」。

〔七〕安得與文統蓄異志者比　「比」字原脱，據明鈔本、聚珍本及上引元文類補。

〔八〕先帝陟遐　「先帝」原作「光啓」，據國家圖書館藏元刻本、明鈔本、清影元鈔本、清鈔本、聚珍本及上引元文類、元史卷一五八本傳改。

〔九〕或咎公獨遺門牆故人　「遺」國家圖書館藏元刻本、清影元鈔本、清鈔本均作「遣」。

〔一〇〕卷八之三　「三」原作「二」，據本書目録改。

〔一一〕吾敬信如神明然能明此　「然」國家圖書館藏元刻本、清影元鈔本均作「照」。

〔一二〕外用勢力納入其間則難行　「入」原作「人」，據聚珍本及許文正公遺書卷首考歲略改。

〔一三〕臣之所以不敢承受者有三　「受」原作「愛」，據清鈔本、聚珍本及上引許文正公遺書改。

國朝名臣事略卷第九

太史王文肅公

卷九之一

公名恂，字敬甫，中山安喜人。初事潛邸，命爲太子伴讀。中統元年，授太子贊善。至元十三年，奉詔修授時曆。十六年，拜太史令。明年，曆成。又明年，卒，年四十七。

公生三歲，家人示之書帙，輒指丁字及風字能道之。母夫人授千文於膝下，一再過即盡識，鄉先生以詩來賀。六歲就外學，十三學九數，性與數會，輒造其極。濟南楊公撰行狀。

歲己酉，太保劉公自邢北上，取道中山，方求一時之俊，召公與語，賢其才，欲爲大就之。逮其南轅，載之來邢，復居磁之紫金山，勸爲性理之學，公感太保之意，振迅奮厲，所業大進。太保上其學行，尋蒙召見，即以爲太子伴讀。楊公又撰墓誌。

中統辛酉，陞太子贊善。明年，太子封燕王，守中書令，領樞密使，敕兩府大臣，凡有啓稟，必以王恂與聞。初，中書左丞許公輯唐、虞以來嘉言善政爲一編，書以進，上嘗召公講解，因之咨詢太子典學之功。又璽書命公於太子起居出入之際，飲食衣服之節，過悉意調護，非所宜接之人，勿令得前。行狀。

公上牋言：「太子天下本，付託至重，當延名德與之居處。加之領中書、樞密之政，聖上詔條所當偏覽，庶務之本亦當屢省，官吏以罪免者，毋使僥倖更進，軍官害人尤甚，改用之際，尤不可非其人。民至愚而神，彼或變亂之餘，吾益不之疑，則反側化爲忠厚，國勢增重矣。」墓誌。

公蚤以算術妙天下，它日，太子以問公，公對曰：「算數，六藝之一耳。定國家，安人民，乃大事也。」每侍講讀，發明三綱五常之旨，大學本末先後之次第，及歷代治忽興亡之所以然。墓誌。

公以正道經術輔翊裕宗，有古師傅之誼。裕宗嘗問歷代治亂，公以遼、金事近接耳目，即爲區別善惡，而論著得失，上之。家傳。

裕宗嘗從容語公宜言心所守，公對曰：「臣聞許衡嘗言：人心猶印板然，板本不差，雖摹千萬紙，皆不差；本既差矣，摹之於紙，無不差者。」裕宗深以爲然。家傳。

世祖擇勛戚子弟學於公，師道卓然。及公從裕宗撫軍稱海，始以諸生屬許文正公，名臣自是多學者，而國學之制興矣。家傳。

國朝承用金大明曆，歲久寖疎，上常思釐正，公既以算術冠一時，故以委之。公奏必得明曆理者乃可，上問其人，公以左丞許衡對。許公時歸覃懷，詔乘驛詣闕。既至，命教領改曆事，本院屬官悉聽公辟。十七年，公與許公奏：「臣等合朔南星曆官，徧考曆書四十餘家，晝夜測驗，創立新法，參以古制，推算辛巳歲，曆日成。雖或未至精密，而所差計亦微杪，比之前代曆家附會曆元，更立日法者，自謂無愧。伏惟陛下敬天時，頒正朔，授民事，不可不致精密，以爲後代程式。必須每歲測驗修改，積二三十年，庶盡其法。可使如三代日官，世守其職，永無改易，雖百世後，亦不復有先後時之弊矣。凡舊曆承訛踵陋，不可不革者，條具別狀以聞。」制曰：「可。」仍賜名曰授時曆，以其年冬至頒行中外。行狀。

十八年，公奔堯封府君喪，晝夜悲號，食惟勺飲，臥不能寐，治喪一據禮經。前此母夫人劉氏，兄惲、弟恒、姪某，相繼下世，俱在槁殯，方將從府君以襄事于先兆，親營冢壙，有司遣力來相其役，公固辭不受。哀毀中凡舉五喪，用是屬疾日侵，皇太子屢遣醫診治。及葬，贈楮幣二千緡。及曆成論賞，而公已歿，復追賜之。太子因論大政，首思及公，顧左右稱惜良久。行狀。

公資簡重，不妄言笑，不樂靡麗，不喜音樂。其與人少許可，雖權貴未嘗假以辭色，剛稜疾惡，至負高氣以忤之。既與許公同太史院，謂人曰：「先賢吾不得而見之，今得許公可矣。」漸磨之久，德宇爲之一變，亦以其子姪受業焉。墓誌。

自歲直辰、巳，當代賢公卿，如昭文竇公、平章廉公、左丞許公、樞密董公，相繼捐館舍，中外聞之，同發天不憖遺之嘆，而終于公。〔一〕公得年僅四十七，重爲哀惜云。墓誌。

太史郭公　卷九之二

公名守敬，字若思，順德邢臺人。至元二年，由提舉諸路河渠遷都水少監。八年，遷都水監。十三年，都水監併入工部，遂除工部郎中。是年，改治新曆。十六年，遷同知太史院事。曆成，拜太史令。二十九年，修會通河，命提調通惠河漕運事。三十一年，拜昭文館大學士，知太史院事，累請致仕不許。延祐三年，卒，年八十六。

公生有異操，不爲嬉戲事。祖榮，號鴛水翁，通五經，精於算數、水利。時太保劉文貞公、左丞張忠宣公、樞密張公易、贊善王公恂同學於州西紫金山，而文貞公復與鴛水翁爲同志友，以故俾公就學於文貞所。先是順德城北有石橋，以通達活泉水，兵後橋爲泥潦淤没，失其所在。公甫冠，爲之審視地形，按指其處而得之。河東元公裕之文其事於石，其曰「里人郭生」者，即公是也。太史齊公撰行狀。

中統三年，張忠宣公薦公習知水利，且巧思絶人，蒙賜見上都便殿。公面陳水利六事：

其一，中都舊漕河，東至通州，權以玉泉水引入行舟，歲可省僦車錢六萬緡。通州以南，於蘭榆河口徑直開引，由蒙村跳梁務至楊村還河，〔二〕以避浮鷄淘盤淺風浪遠轉之患。〔三〕其二，順德達活泉開入城中，分爲三渠引出城東，灌溉其地。其三，順德澧河東至古任城，〔四〕失其故道，没民田一千三百餘頃，此水開修成河，其田即可耕種。其河自小王村經滹沱，合入御河，通行舟栰。其四，磁州東北滏、漳二水合流處開引，由滏陽、邯鄲、洺州、永年下經鷄澤，合入澧河，其間可溉田三千餘頃。其五，懷、孟沁河雖已澆溉，尚有漏堰餘水，東與丹河餘水相合，開引東流至武陟縣北，合入御河，其間亦可溉田一千餘頃。〔五〕其六，黄河自孟州西開引，少分一渠經由新、舊孟州中間，順河古岸下至温縣南，復入大河，其間亦可溉田二千餘頃。每奏一事，上輒曰：「當務者，此人真不爲素飡矣。」即授提舉諸路河渠。四年，加授銀符、副河渠使。行狀。

至元改元，從忠宣公行省西夏，興復瀕河諸渠。先是，西夏瀕河五州，皆有古渠，其在中興州者，一名唐來，長袤四百里，一名漢延，長袤二百五十里，其餘四州又有正渠十，長袤各二百里，支渠大小共六十八，計溉田九萬餘頃。兵亂以來，廢壞淤淺，公爲之因舊謀新，更立閘堰，役不踰時而渠皆通利，夏人共爲立生祠於渠上。行狀。

二年，授都水少監。公言：「嚮自中興還，特命舟順河而下，四晝夜至東勝，可通漕運。

及見查泊、兀郎海，古渠甚多，可爲修理。」又言：「金時，自燕京之西麻峪村，分引瀘溝一支，東流穿西山而出，是謂金口。其水自金口以東、燕京以北，溉田若干頃，其利不可勝計。兵興以來，典守者懼有所失，因以大石塞之。今若按視故迹，使水得通流，上可以致西山之利，下可以廣京畿之漕。」上納其議。公又言：「當於金口西預開減水口，西南還大河，令其深廣，以防漲水突入之患。」衆皆服其能。行狀。

十二年，丞相伯顏公南征，議立水站，命公行視所便。自陵州至大名，又自濟州至沛縣，又南至呂梁，又自東平至綱城，又自東平清河逾黄河故道，至與御河相接，又自衛州御河至東平，又自東平西南水泊至御河，乃得濟州、大名、東平、泗、汶與御河相通形勢，爲圖奏之。行狀。

十三年，立局改治新曆。先時，太保劉公以大明曆自遼、金承用二百餘年，浸以後天，議欲修正而薨。至是，江左既平，上思用其言，遂以公與贊善王公率南北日官，分掌測驗推步於下，而忠宣、樞密二張公爲之主領裁奏於上，復共薦前中書左丞許公能推明曆理，俾參預之。公首言：「曆之本在於測驗，而測驗之器莫先儀表。今司天渾儀，宋皇祐中汴京所造，不與此處天度相符，比量南北二極約差四度，表石年深亦復欹側。」公乃盡考其失而移置之。既又別圖爽塏，以木爲重棚，創作簡儀、高表，用相比覆。又以爲天樞附極而動，昔人嘗展管望之，未得其的，作候極儀。極辰既位，天體斯正，作渾天象。象雖形似，莫適所用，作玲瓏儀。以表之矩方測天之正圓，莫若以圓求圓，作仰儀。古有經緯，結而不動，公則易之，作立運儀。日有中道，月有九行，公則一之，作證理儀。表高景虚，罔象非真，作景符。月雖有明，察景則難，作闚几。曆法之驗，在於交會，作日食月食儀。天有赤道，輪以當之，兩極低昂，摽以指之，作星晷定時儀。以上凡十三等。又作正方案、丸表、懸正儀、座正儀，凡四等，爲四方行測者所用。又作仰規覆矩圖、異方渾蓋圖、日出入永短圖，凡五等，與上諸儀互相參考。行狀。

十六年，改局爲太史院，以贊善公爲太史令，公爲同知太史院事，給印章，立官府。是年，奏進儀表式樣，公乃對御指陳理致，一一周悉，自朝至於日晏，上不爲倦。公因奏：「唐一行開元間令南宫説天下測景，書中見者凡十三處。今疆宇比唐尤大，若不遠方測驗，日月交食分數時刻不同，晝夜長短不同，日月星辰去天高下不同，即目測驗人少，可先南北立表，取直測景。」上可其奏。遂設監候官一十四員，分道相繼而出。先測得南海，北極出地一十五度，夏至景在表南，長一尺一寸六分，晝五十四刻，夜四十六刻。衡岳，北極出地二十五度，夏至日在表端無景，晝五十六刻，夜四十四刻。岳臺，北極出地三十五度，夏至景長一尺四寸八分，晝六十刻，夜四十刻。和林，北極出地四十五度，夏至景長三尺二寸四分，晝六十北四刻，夜三十六刻。鐵勒，北極出地五十五度，夏至景長五尺一分，晝七十刻，夜三十刻。北海，北極出地六十五度，夏至景長六尺七寸八分，晝八十二刻，夜一十八刻。繼又測得上都，北極出地四十三度少。北京，北極出地四十二度强。益都，北極出地三十七度少。登州，北極出地三十八度少。高麗，北極出地三十八度少。西京，北極出地四十度少。太原，北極出地三十八度少。安西府，北極出地三十四度半强。興元，北極出地三十三度半强。成都，北極出地三十一度半强。西涼州，北極出地四十度强。東平，北極出地三十五度太。大名，北極出地三十六度。南京，北極出地三十四度太强。陽城，北極出地三十四度太弱。揚州，北極出地三十三度。鄂州，北極出地三十一度半。吉州，北極出地二十三度半。雷州，北極出地二十度太。瓊州，北極出地十九度太。行狀。

十七年，新曆告成，公與太史諸公同上奏曰：「臣等竊聞帝王之事，莫重於曆。自黄帝迎日推策，帝堯以閏月定四時成歲，舜在璇璣玉衡以齊七政。爰及三代，曆無定法。周、秦之間，閏餘乖次。西漢造三統曆，百三十年而後是非始定。東漢造四分曆，七十餘年而儀式方備。又百二十一年，劉洪造乾象曆，始悟月行有遲疾。又百八十年，姜岌造三紀甲子曆，始悟以月食衝檢日宿度所在。又五十七年，何承天造元嘉曆，始悟以朔望及弦皆定大小餘。又六十五年，祖冲之造大明曆，始悟太陽有歲差之數，極星去不動處一度餘。又五十二年，張子信始悟日月交道有表裏，五星有遲疾留逆。又三十三年，劉焯造皇極曆，始悟日行有盈縮。又三十五年，傅仁均造戊寅元曆，頗采舊儀，始用定朔。又四十六年，李淳風造麟德曆，以古曆章蔀元首分度不齊，始爲總法，用進朔，以避晦晨月見。又六十三年，僧一行造大衍曆，始以朔有四大三小，定九服交食之異。又九十四年，徐昂造宣明曆，始悟日食有氣、刻、時三差。又二百三十六年，姚舜輔造紀元曆，始悟食甚泛餘差數。以上計千一百八十二年，曆經七十改，其創法者十有三家。自是又百七十四年，欽惟聖朝統一六合，肇造區夏，專命臣等改治新曆。臣等用創造簡儀、高表，憑其測到實數，所考正者凡七事：一曰冬至。自丙子年立冬後，依每日測到晷景，逐日取對，冬至前後日差同者爲準。得丁丑年冬至在戊戌日夜半後八刻半，又定丁丑夏至得在庚子日夜半後七十刻，又定戊寅冬至在癸卯日夜半後三十三刻，己卯冬至在戊申日夜半後五十七刻半，庚辰冬至在癸丑日夜半後八十一刻半，各減大明曆十八刻，遠近相符，前後應準。二曰歲餘。自劉宋大明曆以來，凡測景驗氣，得冬至時刻真數者有六，用以相距，各得其時合用歲餘。今考驗四年，相符不差。仍自宋大明壬寅年距至今日八百一十年，每歲合得三百六十五日二十四刻二十五分，其二十五分爲今曆歲餘合用之數。三曰日躔。用至元丁丑四月癸酉望月食既，推求日躔，得冬至日躔赤道箕宿十度，黄道箕九度有畸。仍憑每日測到太陽躔度，或憑星測月，或憑月測日，或徑憑星度測日，立術推算，起自丁丑正月至己卯十二月，凡三年，共得一百三十四事，皆躔於箕，與月食相符。四曰月離。自丁丑以來至今，憑每日測到逐時太陰行度推算，變從黄道求入轉極遲、極疾並平行處，前后凡十三轉，計五十一事，内除去不真的外，有三十事，得大明曆入轉後天。又因考驗交食，加大明曆三十刻，與天道合。五曰入交。自丁丑五月以來，憑每日測到太陰去極度數，比擬黄道去極度，得月道交於黄道，共得八事。仍依日食法度推求，皆有食分，得入交時刻，與大明曆所差不多。六曰二十八宿距度。自漢太初曆以來，距度不同，互有損益。大明曆則於度下餘分，附以太半少，皆私意牽就，未嘗實測其數。今新儀皆細刻周天度分，每度爲三十六分，以距線代管窺，宿度餘分並依實測，不以私意牽就。七曰日出入晝夜刻。大明曆日出入晝夜刻，皆據汴京爲準，其刻數與大都不同。今更以本方北極出地高下，黄道出入内外度，立術推求每日日出入晝夜刻，得夏至極長，日出寅正二刻，日入戌初二刻，晝六十二刻，夜三十八刻；冬至極短，日出辰初二刻，日入申正二刻，晝三十八刻，夜六十二刻，永爲定式。所創法者凡五事：一曰太陽盈縮。用四正定氣立爲升降限，依立招差求得每日行分初末極差積度，比古爲密。二曰月行遲疾。古曆皆用二十八限，今以萬分日之八百二十分爲一限，凡析爲三百三十六限，依垜疊招差求得轉分進退，其遲疾度數逐時不同，蓋前所未有。三曰黄赤道差。舊法以一百一度相減相乘，今依算術勾股弧矢方圓斜直所容，求到度率積差，差率與天道實爲脗合。四曰黄赤道内外度。據累年實測，内外極度二十三度九十分，以圓容方直矢接勾股爲法，求每日去極，與所測相符。五曰白道交周。舊法黄道變推白道以斜求斜，今用立渾比量，得月與赤道正交，距春秋二正黄赤道正交一十四度六十六分，擬以爲法，推逐月每交二十八宿度分，於理爲盡。」行狀。

十九年，太史王公卒。時曆雖頒，然其推步之式，與夫立成之數，尚皆未有定稿。公於是比次篇類，整齊分杪，裁爲推步七卷、立成二卷、曆議擬稿三卷、轉神選擇二卷、上中下三曆注式十二卷。二十三年，繼爲太史令，遂上表奏進。又有時候箋注二卷、修改源流一卷。其測驗書，有儀象法式二卷、二至晷景考二十卷、五星細行考五十卷、古今交食考一卷、新測二十八舍雜座諸星入宿去極一卷、〔六〕新測無名諸星一卷、月離考一卷，並藏之官。行狀。

二十八年，有言漕事便利者，一謂灤河自永平挽舟踰嶺而上，可至上都；一謂瀘溝自麻峪可至尋麻林，朝廷令各試所説。其謂灤河者，至中道，自知不可行而罷；其謂瀘溝者，命公與往，亦爲哨石所阻，舟不得通而止。公因至上都，别陳水利十有一事。其一，大都運糧河不用一畝泉舊源，别引北山白浮泉水，西折而南，經瓮山泊自西水門入城，環匯於積水潭，復東折而南，出南水門，合入舊運糧河。每十里一置閘，比至通州，凡爲閘七，距閘里許上重置斗門，互爲提閼，以過舟止水。上覽奏，喜曰：「當速行之。」於是復置都水監，俾公領之。

首事於二十九年之春，告成於三十年之秋，賜名曰通惠。役興之日，上命丞相以下皆親操畚鍤爲之倡，咸待公指授而後行事。置閘之處，往往於地中偶值舊時塼木，時人爲之感服。船既通行，公私省便。先時，通州至大都陸運官糧，歲若干萬石，方秋霖雨，驢畜死者不可勝計，至是皆罷。是秋，車駕還自上都，過積水潭，見其舳艫蔽水，天顔爲之開懌，特賜公錢一萬二千五百緡，仍以舊職兼提調通惠河漕運事。公又欲於澄清閘稍東，引水與北壩河接，且立閘麗正門西，令舟楫得環城往來，志不就而罷。行狀。

大德二年，召公至上都，議開鐵幡竿渠，公奏：「山水頻年暴下，非大爲渠堰，廣五七十步不可。」執政吝於工費，以公言爲過，縮其廣三之一。〔七〕明年，大雨，山水注下，渠不能容，漂没人畜廬帳，幾犯行殿。翌日天子北狩，謂宰臣曰：「郭太史神人也，可惜不用其言。」行狀。

七年，詔内外官年及七十，並聽致仕，公以舊臣，且朝廷賴所施爲，獨不許其請。至今翰林太史司天官不致仕者，咸自公始。行狀。

公以純德實學爲世師法，然其不可及者有三，一曰水利之學，二曰曆數之學，三曰儀象制度之學。決金口以下西山之栰，而京師材用是饒；復唐來以溉瀕河之地，而靈、夏軍儲用足；引汶、泗以接江淮之派，而燕、吴漕運畢通；建斗閘以開白浮之源，而公私陸費由省。又前後條奏便宜凡二十餘事，相治河渠泊堰大小數百餘所。其在西夏，嘗挽舟遡流而上，究所謂河源者。又嘗自孟門以東，循黄河故道，縱廣數百里間，皆爲測量地平，或可以分殺河勢，或可以溉灌田土，具有圖誌。又嘗以海面，較京師至汴梁地形高下之差，謂汴梁之水去海甚遠，其流峻急，而京師之水去海至近，其流且緩，其言信而有徵。此水利之學，其不可及者也。古曆天周與歲周，小餘同於日度四分之一，漢、魏以來漸覺不齊，遂有破分之説，而立法未均，任意進退。公乃每以百年爲率，小餘之下增損各一，以之上推往古，下驗方來，無不脗合。且自太初迄于大明，名曆七十餘家，其見施用於世者，四十有三，類多寫分换母，誇詡一時，間有翹出，如宋元嘉、唐大衍。近世紀元不過三數，然亦未臻至當，考驗天事，始雖親密，旋已不效。公所爲曆，測驗既精，設法詳備，行幾五十年，未嘗一有先後天之差，去積年日法之拘，無寫分换母之陋。此曆數之學，其不可及者也。舊儀既多蔽礙，且距齒但有度刻而無細分，以管望星，漸外則所見漸展，尤難取的。公所爲儀，但用天常赤道四游三環三距，設四游於赤道之上，與相套在内，同附直距於四游之外，與雙環兩間同結線距端，凡測日月星，則以兩線相望，劈取其正中所當之刻之度之分之秒之數。舊儀八尺，謂夏至之景尺有五寸，千里而差一寸，其説見於周官、周髀等書，千里而差一寸，唐一行已嘗駮議。八尺之表，表庳景促，古今承用未之或革。公所爲表，五倍其舊，懸施横梁，每至日中，以符竅夾測横梁之景，折取中數，與舊表但取表端之景者，殊爲審當。公於世祖朝進七寶燈漏，今大殿每朝會張設之，其中鍾鼓，皆應時自鳴。又嘗進木牛流馬，雖不盡得諸葛舊制，亦自機妙。成宗朝進櫃香漏，又作屏風、香漏、行漏，以備郊廟從幸。大德二年，起靈臺，水渾、運渾、天漏大小機輪，凡二十有五，皆以刻木爲衝牙，轉相撥擊，上爲渾象點畫周天星度，日月二環斜絡其上，象則隨天左旋，日月二環各依行度退而右轉。公又嘗欲倣張平子爲地動儀，及候氣密室，事雖未就，莫不究極指歸。此儀象制度之學，其不可及者也。初，公年十五六，得石本蓮花漏圖，已能盡究其理。及隨張忠宣公奉使大名，因大爲鼓鑄，即今靈臺所用銅壺。又得尚書璇璣圖，規竹篾爲儀，積土爲臺，以望二十八宿及諸大星。及夫見用，觀其規畫之簡便，測望之精切，智巧不能私其議，群衆無以參其功。王太史，剛克自用者也，每至公所，覩其匠制，未嘗不爲之心服。魯齋先生，言論爲當代法，因語及公，以手加額曰：「天祐我元，似此人世豈易得？」嗚呼！其可謂度越千古矣。行狀。

校勘記

〔一〕而終于公　「終」原作「必」，據聚珍本改。

〔二〕由蒙村跳梁務至楊村還河　「楊村」原作「楊州」，明鈔本校作「楊村」，清鈔本、聚珍本均作「楊村」，與元史卷一六四本傳合，據改。

〔三〕以避浮鷄淘盤淺風浪遠轉之患　「浮鷄淘」聚珍本作「白浮雞澤」。

〔四〕順德灃河東至古任城　「灃」原作「澧」。按澧河在湖南，與此無涉。寰宇通志卷五順德府云：「灃河，在任縣東十五里，上接南和縣，下流入真定府隆平縣界。」正與此合，今據改。下同。點校本元史本傳已校。

〔五〕其間亦可溉田一千餘頃　「一」元文類卷五〇知太史院事郭公行狀及元史卷一六四本傳均作「二」，似是。

〔六〕新測二十八舍雜座諸星入宿去極一卷　「入」原作「八」，據明鈔本、聚珍本及上引元文類、元史改。

〔七〕縮其廣三之一　「三」原作「二」，據國家圖書館藏元刻本、清影元鈔本、聚珍本及上引元文類改。

國朝名臣事略卷第十

卷十之一

尚書劉文獻公

公名肅，字才卿，威州洺水人。金興定中，登進士第。國初，爲東平嚴侯幕官。歲壬子，應召北上，授邢州安撫使。中統元年，拜真定宣撫使。明年，召爲右三部尚書，兼議中書省事。四年，致仕，仍議中書省事。是歲卒，年七十六。

公幼氣孱，年十六始學屬句，日槁僅指半許，便能從諸生習爲程文，下筆皆有理致。中興定二年詞賦進士第，辟新蔡令。始入其境，彌望皆蒿萊，問其故，則曰：「近歲征賦，率以牛力爲差，民多匿牛於它所，而不得耕。」至縣，適賦夏税，乃平其輕重以爲定額，揭榜境内，曰：「自今種樹牧養，營運興造，續有增置者，更不加賦。」行之再稔，荒田耕墾殆盡，畜牧遍野。比秩滿，入爲尚書省掾。科屬刑禁，會内藏庫吏告本庫官屬盗羅者，復有盗入宫竊内藏珠者，金主怒，併令窮治。有司捕盗不能獲，雜訊京市貨珠者，但指前庫吏盗珠貨已久，願代償他珠，而元盗羅又不獲，二事連及十一人。刑部、大理皆欲處以極刑，宰相以下莫敢異同，公獨執而不行，以謂：「本捕之賊物非正贜，而欲置人於死，恐涉冤枉，皆當駁出。」辯論月餘，咸釋出之。平章宋公撰墓誌。

汴梁下，公挈家入東平，嚴武惠公招致幕下，署行尚書省員外郎，改行軍萬户府經歷。東平歲賦丁絲包銀，而復輸蛾蠒十餘萬兩，色絹萬匹，民不堪重。公白武惠，奏而罷之，諸路復綿絹自此始。漕渠决河間散水口，役夫萬人，東平獨膺十之四，主役者且築且穴，工無已時。公白武惠曰：「此我之劇疾也。」數其謾不時塞，請於朝，即減其役，尋罷之。軍儲糧歲輸新衛，東平水運萬石至舊衛，再輂而南五十里，公具圖言於武惠，奏乞立衛州倉，朝議從之。公在東平二十年，贊畫爲多。商文定公撰墓碑。

聖上初在潛邸，以介弟之親輔政先朝，鋭意太平，徵聘四方宿儒俊造，賓接柄用，以更張治具。立安撫司於邢，爬疏蕪穢，立經略司於汴，開斥邊徼，立宣撫司於秦，保釐封國，公首膺邢州之選。自金干戈擾攘，土豪崛起，惟知聚斂，孰爲法度程式。公到郡，公私闕乏，日不能給。遂興鐵冶，以足公用，造楮幣，以通民貨，車編甲乙，受顧而傳，馬給圉户，恒養而驛，官舍既修，賓館有所，川梁倉庾，簿書期會，群吏法守惟謹，四方傳其新政焉。墓碑。

上即位，勵精爲治，置十路宣撫司，以總天下之政，公治真定。真定行用銀鈔，奉太后旨，交通燕、趙以及唐、鄧之間，數計八千餘。〔一〕中統新鈔將行，銀鈔之價頓虧，公私囂然，不知措手。公言救之之術有三：舊鈔不行，下損民財，上廢天子仁孝之名，依舊行用，一也；新舊兼用，二也；必欲全行新鈔，直須如數收换，庶幾小民不致虚損，三也。省議嘉之，從其第三策。城西木方隄堰，歲久缺壞，公行視，急修之，撤沙易土，植柳其上。秋果大雨，滹沱水至，無害，郡人德之。墓碑。

二年，公被召議立省部，首拜右三部尚書，一時典憲，多出公手。尋有旨兼議中書省事。是年以年老求退，上曰：「卿耆年宿德，飽諳政事，宜立範模，使後人易於遵守。朕之意也，可無辭。」明年，復上章請老，始許以本官致仕，仍給半俸終身，議中書省事如故。墓碑。

公喜論天下事，軍國之大計，米鹽之細務，罔不周知，辭簡理順，未嘗疾言遽色，惟善是欲，不滯於一己之私。中統以來，左曹之任，以通才得名者，獨公一人焉。墓碑。

平章宋公

卷十之二

公名子貞，字周臣，潞州長子人。國初，爲東平行臺幕官。中統元年，拜益都宣撫使，召爲右三部尚書。王師圍濟南，參議行中書省事。至元二年，拜翰林學士，參議中書省事。未幾，拜平章政事。三年，以年老辭位，詔中書大事即其家議之。五年，薨，年八十。

公貌清奇，耳聳過眉一寸許，相者以爲必壽且貴。資敏悟，學如夙習。弱冠，工文賦，隨薦書試禮部，同族兄知柔補太學生，齊名一時，有大、小宋之名。太常徐公撰墓誌。又東平吴公踈堂集云：公爲進士時，嘗試禮部，出與兩舉子過相者李茂問焉，茂謂：「二人者皆擢甲科，一人無官禄，一不過爲縣主簿。」徐指公謂曰：「不及第，官一品，壽八十。」後皆如其言。

貞祐板蕩，公避地河南，居無何，復還鄉里。潞州亂，東走趙、魏間。宋將彭義斌據大名，召爲安撫司計議。義斌殁，偕衆歸國朝，東平行臺嚴魯公聞其名，招置幕府，爲詳議官，〔二〕兼提舉學校。初，嚴行臺上計闕庭，多徑由近侍奏決，至與丞相耶律公有違言，公勸行臺致禮，通情好，每事咨禀，示不敢專。耶律公喜，亦深相接納，中外交懽，諸鎮雅重。行臺因是益倚言公。墓誌。

歲壬辰，行臺戍黄陵，金兵悉力來攻，我師不利，敵勢頗張，曹、濮以南皆震慴。有自敵中逃歸者，言敵且至，人情恟恟。公請行臺斬横議者首，以令諸城，境内復安。繼而汴梁潰，飢民北徙，殍殣相望。公議作廣厦，糜粥以食之，復以群聚多疫，人給米一斛，俾散居近境，所全活無慮萬計。及士之流寓者，悉引見行臺，周惠尤厚，薦名儒張特立、劉肅、李昶輩十餘人，皆自羈旅拔之同行，與參謀議。四方聞義而來依者，館無虚日，故東平人物視他鎮爲多。

墓誌。

乙未，受朝命遷右司郎中，行臺所轄五十餘城，仍有堡寨諸户，自守令以下皆大偏小校，倔起田畝，不閑禮法，昧于從政，官吏相與爲囊橐以病民。是時，天下略定，庶事草創，率歛之繁，營屯之擾，法度未立，民不安生。公謂：「十羊九牧，民窮而無告。」乃倣前代設觀察采訪之比，分三道按刷文檢，均科賦税，糾舉官吏，公居中主其事。於是初立程式，與爲期會，黜私獎勤，視其後者而鞭之，吏民始知有官府之政，撫治之道焉。東平一道二十餘萬户，生口不啻百萬，所以安居暇食，得享有生之樂者，公之功也。尚書李公撰神道碑。

時諸將校例有部曲户，謂脚寨，幾四百所，各擅賦役。公請罷歸州縣，行臺初難之，既而政令歸一，人以爲便。墓誌。

行臺薨，子忠濟襲爵，以公耆德宿望，表于朝，授參議東平路事，兼提舉太常禮樂。公倡新廟學，敦命前進士康曄、王磐爲教官，自先聖、顏、孟子孫至生徒幾百人，咸繼庖廩，俾肄藝業。春秋釋奠，隨季程試，必親臨之。齊魯儒風，爲之一變。墓誌。

又高唐閻公文集云：國初，嚴侯忠濟首建郡學，延康先生曄爲之師，四方來學者甚衆。先生高唐人，歲歸拜掃先塋，學生王伯祥者，一夕夢與諸生郊迎先生於北郭外陳家橋，同輩方聚立橋南，遥望先過橋北者，皆衣金紫，夢中殊駭異，覺即語同舍。其後十餘年，罷侯置守，始定朝儀，賜百官章服，凡夢中所見衣金紫者，果至通顯，如翰林徐公琰、李公謙，總管孟侯祺，尚書張公孔孫、夾谷公之奇，右丞馬公紹，中丞吴公衍，凡十餘人，其立橋南者，皆泯没無聞焉。

己未夏，上南伐，遣使聘至濮，虚己以問，公對曰：「本朝威武有餘，仁恩未洽。天下之民嗸嗸失依，所以拒命者，特畏死爾。若投降者不殺，脅從者勿治，則宋之百城，馳檄而下，太平之業，可指日而待也。」上善其言，禮遇甚厚。神道碑。

中統建元，授益都等路宣撫使。未幾，入覲，拜右三部尚書。會創立省部，一時典章制度，多公裁定。尋上以公知兵，詔參議軍前行中書省事。公單車至戰壘，觀形便，遂以策上丞相史公曰：「今璮賊擁衆東來，送死孤墉，此天與我也。宜急增築外城，俾不得突走，則勢日窘，糧盡援絶，不攻而自潰矣。」議與史公合，遂擒璮。墓誌。

凱還，公上便宜十事，大略謂：「官爵，人主之柄，當自朝廷出，一命以上，並付吏部，以爲永選。〔三〕律令，國之紀綱，令民所犯，各由所司輕重其罪，宜早刊定，明頒天下，使官知所守，民知所避。且監司總統一路之政，所用猥雜，不厭人望，乞選公廉有才德者，俾居其職。臨民官皆相傳以世，非法賦歛，困苦無告，亦宜遷轉，以革久弊。又立國學，教胄子，敕州郡提學課試諸生，凡三年一闢，貢舉中第者入仕，則人材輩出矣。」詔命中書施行之。墓誌。

至元二年，罷世襲官，初行遷轉法。詔公同左丞相耶律公按行山東，調選所部長次官。

墓誌。

還朝，改翰林學士，參議中書省事。復奏乞頒吏禄，定職田，以養廉勤，而戒貪惰，從之。墓誌。

拜平章政事，因陳切於時務者十二策，上皆嘉納焉，悔用公晚。公以年老懇辭，上曰：「卿精力未衰，勉爲朕留，措置大事，毋苦引年。第令百司有倫序，即聽卿自便。」墓誌。

三年十一月，乃得請，特敕中書，凡有大事，即其家訪問。公居私第，每聞公家事有不宜於民者，猶削牘封奏之，其拳拳愛君之心，老而彌篤。始得寒疾，汗之不解，家人將進劑，公曰：「死生有命，將餌藥何爲。」疾革，諸子請遺言，公曰：「汝輩皆長立，平昔教之者爲不少，尚何言耶！」墓誌。

參政楊文獻公

卷十之三

公名果，字正卿，祁州蒲陰人。〔四〕金正大初，登進士第。國初，爲河南課稅及經略司幕官。中統元年，拜北京宣撫使。明年，入拜參知政事。至元六年，出爲懷孟路總管，其年薨，年七十三。

公性聰敏，爲文無所不能，尤長於樂府。幼失怙恃，從人南渡，嶇崎轗軻十餘年，自宋還亳，自亳還許昌，以教讀爲生。正大甲申，擢進士第。會參政李蹊行大司農於許，公以詩送之，李大嗟賞，歸言於朝，舉偃師令。到官數月，以廉幹稱。改令蒲城、陝縣，皆號繁劇，而公優爲之。方將書考上上，而陵谷變遷矣。歲己丑，楊公奂徵收河南課税，起公爲經歷官。繼而萬户史侯經略河南，復爲參議。公於草創之際，俱稱辦事。未幾，朝廷設十道宣撫，以公使北京。中書省立，拜參知政事。公外若沉默，内藏諸用，其所裨益爲多。及例罷，猶詔與左丞姚公日赴省議事。至元己巳，出守懷州，公時年七十有三矣。王文康公文集。又楊叔能事言補云：楊正卿爲人美風姿，工詞翰。避亂河南，草草娶於覊旅中，爾後登科歷職，遂與之偕老。比之恃其一第，無罪出數妻，必欲得富貴而有才貌者，嗚呼！君子哉正卿！

中統初，無斥其名某相當國，自洛陽起西庵楊公宣撫遼西。既至莅事，公爲喻云：「回婦越商相爲室家，言説不能通，畫地爲圖，令以意求之，十纔得其一二。每夕回婦焚香祝天，雪泣而言，越商不知也。鄰有曉回語者，潛聽譯之云：『注禄神官獨不能遠以從近也耶！』」傳至廟堂，諸公笑之數日齒冷。其明年，公入大參。牧庵文集。

尚書禮部會驗，舊例内外官行移，親王、宰相不署姓，執政署姓解亦不書名，實古禮尊賢貴德之義。照得懷孟路總管楊少中係前執政官，見申部文解書名，似或於禮未宜，乞依舊例止書姓不書名，尚書省依，至元七年十月。國朝典章。公判河内，嘆廟學庳陋，創爲禮殿五楹，位先聖先師洎十哲像事之。未幾，公請老而去。野齋李公文集。

卷十之四

宣慰張公

公名德輝，字耀卿，冀寧交城人。國初，爲丞相史忠武王幕官，尋召居潛邸。中統元年，拜河東宣撫使。入拜翰林學士、參議中書省事。出爲東平宣慰使，就僉山東行省，復召參議中書省事。表乞致仕。未幾，起爲侍御史，遂致仕歸。至元十一年，卒，年八十。

公資穎悟，自童孺力學，嶷然如成人。弱冠，有聲場屋間，四赴庭試。貞祐兵興，家業蕩盡，以世故試補御史臺掾。時有盜殺卜者，有司蹤跡之，獲僧匿一婦人，畏搒掠誣服，云嘗以私謀質問，故殺以塞口，獄具待報。公疑其冤，其後果得賊。趙禮部秉文、楊户部慥器其材，交口薦譽。其所游者雷、李、元、白，皆當世名士。汲郡王公撰行狀。

汴都下，北渡，僑居成安縣，故相史公開府真定，聞其名，聘充經歷官。乙未，從開府南征，凡籌畫調度，倚公爲重。軍士多避役亡去，獲必戮以厲餘者，公極言其不可，後配之穴城而已。光州下，華山農民團結爲固，開府令攻之，公曰：「鄉民爲自保計，當以禍福開諭，如或旅拒，加兵未晚。」從之，皆相繼來降，全活者不可勝計。師還，兼提領真定府事。板蕩後，民耗弱不任差役，官從胡商貸子錢，以充貢賦，謂之羊羔利，歲久來責所負，例配徵民伍，有破産不能償者。公言於開府，請於朝，止一本息付之。又料民實其等第，賦税之輸，豪富者先之，而貧窮者得以末減。升真定府參議，興滯補弊，多所裨益。由是聲望隆於諸鎮，而上達於闕庭矣。行狀。

上在王邸，歲丁未，遣使來召。既見，王從容問曰：「孔子没已久，今其性安在？」對曰：「聖人與天地終始，無所往而不在。王能行聖人之道，即爲聖人，性固在此帳殿中矣。」王曰：「或云遼以釋廢，金以儒亡，有諸？」對曰：「遼事臣未周知，金季乃所親覩，宰執中雖用一二儒臣，餘則武弁世爵，若論軍國大計，又皆不預，其内外雜職，以儒進者三十之一，不過閲簿書，聽訟理財而已。國之存亡，自有任其責者，儒何咎焉！」王悦，乃詢以「祖宗法度具在，而未施設者甚多，將若之何？」公指御前銀槃曰：「創業之主，如制此器，精選白金，良匠規而成之，畀付後人，傳之無窮。今當求謹厚者司掌，迺永爲寶用。否則不惟缺壞，恐有竊之而去者。」王良久曰：「此正吾心所不忘也。」又訪中國人材，公因舉魏璠、元好問、李治等二十餘人，王屈指數之，間有能道其姓名者。王問：「農家作勞，何衣食之不贍？」

對曰：「農桑，天下之本，衣食所從出。男耕女織，終歲勤苦，擇其精美者輸之官，餘麤惡者將以仰事俯畜。而親民之吏復横斂以盡之，民則鮮有不凍餒者矣。」戊申春，公釋奠，致胙於王，王曰：「孔子廟食之禮何居？」對曰：「孔子萬代王者師，有國者尊之，則嚴其廟貌，修其時祀。其崇與否於聖人無所損益，但以見時君尊師重道之心何如耳。」王曰：「自今而後，此禮勿廢。」王又問曰：「今之典兵與宰民者，爲害孰甚？」公曰：「典兵者，軍無紀律，專事殘暴，所得不償其失，害固爲重。若司民者，頭會箕斂以毒天下，使祖宗之民如蹈水火，蠹亦非細。」王默然良久曰：「然則奈何？」公曰：「莫若更選族人之賢如口温不花者，使主兵柄，勳舊如忽都虎者，使主民政，則天下皆受其賜矣。」其年夏，公得告將還，因薦白文舉、鄭顯之、趙元德、李進之、高鳴、李槃、李濤數人。陛辭，又陳孝侍親、友兄弟、擇人材、察下情、貴兼聽、親君子、信賞罰、節用度，規戒於王。公在朔庭朞年，每進見，延訪聖賢道德之奥，脩身治國之方，古今治亂之由，詳明切直，多所開悟。故呼字賜坐，賚錫之禮殊渥。行狀。

公奉旨教胄子孛羅等，及修理鎮之學官，内外焕然一新。迺會生徒行祀禮，衣冠濟濟，有承平之舊。郡邑化之，文風翕然爲振。行狀。

壬子，公與元好問北覲，奉啓請王爲儒教大宗師，王悦而受之。繼啓：「累朝有旨蠲免儒户兵賦，乞令有司遵行。」王爲降旨。仍命公提舉真定學校。行狀。

王即皇帝位，起公爲河東南北路宣撫使。汾、晉地廣物衆，官世守，吏結爲朋黨，侵漁貪賄，以豪强相軋，其視官府紀綱、民之疾苦，殆土苴然，而貧弱冤抑，終莫得伸。公下車，得其姦贓尤甚者，若太原石抹氏、平陽段李、河中忽察忽思等數十人，械庭下，數其罪惡，杖而出之。於是抉剔吏弊，遴選官屬，庶政一新，所部肅然。訟牒日以百數，胥吏疲於傳命，公逆見隨決，剖析以理，折衷於法，皆情得而去，吏但受成而已。耆耋不遠數百里來觀，至以手加額云：「六十年不期復見此太平官府。」吏民戴之若神明焉。歲歉民乏食，請於朝，發常平粟貸之，及減其秋租有差。河東賦役，素無適從，官吏囊橐爲姦，賦一征十，民不勝其困苦，故多流亡。公閱實户編，均其等第，出納有法，數十年之弊一旦革去。西川元帥紐鄰重取兵一千一百人，守吏畏其威，莫敢申理，隸鳳翔屯田者八百餘人，屯罷，兵不歸籍；會僉防戍兵，河中浮梁故有守卒，不以充數，公皆條奏之，上可其請。兵後孱民多依庇豪右，及有以身庸藉衣食，歷年滋久掩爲家人，驗藉質券，悉出之爲民。文水田氏婦嘗鬻二子，以償長男徒罪之贓，公至，翻異之，究其情，以鬻子故，取公使錢贖還之。行狀。

二年春，考績于京師，爲十路最。陛見，上勞之，命疏時所急務，具四事以奏：一曰嚴保舉以取人，所以絶請託而得可用之才；二曰給俸禄以養廉能，所以禁贓濫不使侵漁於民；三曰易世官而遷郡邑，所以考治迹、革舊弊而攄民之寃；四曰正刑罰而勿屢赦，所以絶幸民、息盗賊而期於無刑。皆深切時事，上嘉納焉。行狀。

拜東平路宣慰使。東平巨鎮也，其政賦獄訟之繁，視河東爲倍蓰。如李祐之財，劉忙古、楊怯里之贓奸，皆窮其根株不少貸。方春旱，種不下，祈於泰山，一夕甘澍沾足。宣慰使八剌、同知寶合丁，其下崔彦等數十人，假其權勢，干擾庶政，公廉知，繫之獄，彼力爲營救。公怒曰：「君欲黨姦人而違制令乎？」竟抵之罪。每一事必與同署周折三數，乃得施行，彼雖有後言，中心實畏服焉。八剌以盗賊充斥，獲者欲處以死，公曰：「吾豈敢曲法從汝妄殺乎！」八剌密以聞，有旨：「張耀卿所言准合條例，可從之。」奏免遠輸豆粟二十萬斛，和糴粟十萬斛。寶合丁議欲官賦繭絲，令民税之而後輸，公曰：「是無上以毒下也，〔五〕且輸納後期之責孰任之？」遂罷其事。有寡婦馬氏，將鬻其女以閉逋賦，分己俸代之，仍蠲其額。行狀。

至元三年秋，參議中書省事。宰相傳旨，令坐都堂議事，凡軍國大政，必諮訪而後行。有旨，令趙彝使日本，命都堂議敕高麗詔以進，公曰：「趙彝本宋人，萬一所言不實，恐妄生邊釁，遺笑遠邦。」明日，同宰執奏之，遂止。行狀。

五年春，起公侍御史，同平章塔察兒行御史臺，辭不拜。有言沿邊將校冒代，軍士虛耗廪帑者，上怒，敕使按治，仍以其事諭公陳奏，公奏曰：「在昔將校備嘗艱阻，與士卒同甘苦。今年少子弟襲爵，或以微勞進用，豈知軍旅之事乎！致朝廷遣使覆按，此省院素失約束耳。若悉痛繩以法，則人不自安。今但易其部署，選武毅有才略者任之，則軍政自新，時委風憲官體究，庶革其弊。」宰執傳旨，命公議御史臺條例，公奏曰：「御史執法官，今法令未明，何據而行？此事行之不易，又難中止，陛下宜慎思之。」後數日，復召公曰：「朕慮之已熟，卿當力行。」對曰：「若必欲行之，乞立宗正府以正皇族，外戚得以糾彈，女謁無令奏事，諸局承應人皆得究治。」上良久曰：「可徐行之。」公以衰老懇請，命舉可任風憲者，公手疏烏古論貞、張邦彦、徒單公履、張豸、張肅、李槃、張昉、曹椿年、西方賓、周止、高逸民、王博文、劉郁、孫汝楫、王惲、胡祗遹、周砥、李謙、魏初、鄭宸等以聞。又乞致仕，許之。行狀。

公天資剛直，博學有經濟器。容色毅然不可犯，望之知爲端人正士。遇事風生，果於斷決。庭議剴切，矯矯然有三代遺直。其扶善良，疾姦惡，革弊政，美風化，要以濟時行道，盡忠所事，以實惠及民，成敗利鈍，初不計恤。其兩鎮巨藩，再入中書，雖權貴素以嚴厲稱者，與之抗禮，往復論難，不毫髮相假貸，時或齟齬，其耿耿自信，氣終不下。既爲上所深知，凡大政令必咨決焉。論者爲省臺肇建，進用儒學，開太平之基，公寔爲啓迪之先。故譖毁不行，才退復召，終始眷顧之禮不少衰。上問八剌：「張耀卿曾受賂否？」曰：「若言其受賂，豈不畏上蒼乎！」與人交，重然諾，不戲言笑。在尊俎間，亦以禮法自持。故元遺山呼爲畏友，雖親舊不敢干以私。恤患難，周困急，至質衣典書無難色。儒士宋子昭羈於豪權家，言於上官，出之。蜀儒古生售於市，鳩銀贖焉，仍給據爲良。張新軒子琥已結婚，無以成禮，分俸以給。屢與遺山、敬齋游封龍山，時人目爲龍山三老云。行狀。

校勘記

〔一〕數計八千餘　按元史卷一六〇本傳作「凡八千餘貫」，疑此脱「貫」字。

〔二〕爲詳議官　「爲」原作「置」，據聚珍本改。

〔三〕以爲永選　「選」聚珍本作「制」，似是。

〔四〕祁州蒲陰人　「祁」原作「祈」，據聚珍本及元史卷一六四本傳改。按元史卷五八地理志，蒲陰屬祁州，元别無「祈州」。

〔五〕是無上以毒下也　「無」聚珍本作「富」，元史卷一六三本傳作「誣」。

國朝名臣事略卷第十一

左丞李忠宣公

卷十一之一

公名德輝，字仲實，通州潞縣人。初事潛邸。中統元年，授燕京宣撫使。歷山西宣慰使、太原路總管。至元五年，召爲右三部尚書。八年，拜北京行省參知政事。十一年，遷安西王相。明年，以王相撫蜀。又明年，拜西川樞密副使。十七年，拜安西行省左丞，命未下而薨，年六十三〔一〕。

吏部君且卒，指公謂宗夫人曰：「吾爲吏治獄，不任悍鷙刻削，人蒙吾力脱罪罟齒平民者衆，天或報施善人，是兒其大吾門者。」公方五歲，哭之如成人。家纔儲五升菽，夫人舂蓬稗爲糧，芼藜莧爲葅，活之荒歲。既就外傅，嗜讀書，束於貧，無以自資，輟業。十六，監酒豐州，禄食先足甘旨，有餘則市筆札録書，夜誦不休。已乃厭糟麴，歎曰：「志士顧安此也耶！仕不足以匡君福民，隱不足以驩親善身，兩間之間，〔二〕人壽幾何，烏可無或有聞，同腐草木也！」絶少年輩不游召，其所親與，率一時名公碩儒。牧庵姚公撰行狀。

歲丁未，用故太保劉公薦，徵至潛藩，俾侍皇太子講讀，薦故翰林侍讀學士竇默、宣撫司參議智迂賢，皆就徵。行狀。

癸丑，先朝封周親，割京兆隸潛藩，擇庭臣可理賦者，俾調軍食，實出公從宜使。時汪忠烈公始宿兵利州，扼四川衿喉，規進取，數萬之師仰哺於公。乃募民入粟緜竹，散幣集之，或給鹽券使歸京兆受直，陸輓興元，水漕嘉陵，一年而錢粟充棟於軍中。宋臣余玠議棄平土，即雲頂、運山、大獲、得漢、白帝、釣魚、青居、苦竹築壘，移成都、蓬、閬、洋、夔、合、順慶、隆慶八府州治其上，號爲八柱，不戰而自守矣。蹙蜀之本，實張於斯。行狀。

中統改元，爲燕京宣撫使。燕多劇賊，造私幣，雜真行民間，陰結死友，相誓復仇怨殺人。公悉捕誅之，雖中省開府在燕，令行禁止，多不上白，由是忤時相意，以誣去位。行狀。

三年，惡己相反誅，〔三〕以爲山西宣慰使。罪權勢之籍民爲奴，免而良者將千人。行狀。

至元改元，罷宣慰司，授公太原路總管。至是潛藩故臣相無有出爲二千石吏者，上以太原難治，故留居此。公愈益勤勵，崇學教以明人倫，表孝節以善風俗，逐姦贓以剔民賊，裁婚葬俾師簡儉，敦耕桑以富民生理之出，〔四〕立社倉以虞水旱之歉，一權度以絶欺詐之攘，嚴鼓柝以警奇衺之覬，凡與民漸磨仁義者，無弛不張，嘉禾瑞麥，六出其境。行狀。

五年，徵入爲右三部尚書。人有訟財而失其兄子者，公曰：「何疑焉，叔殺之也！」深竟其獄。公所信厚及權貴言可撼公者，莫不請求，保爲衣冠之族，無有是也，謾不爲應，懸己俸爲賞購之，其家人果上變告，情狀呈露，言者慚服，叔竟以是病死。〔五〕行狀。

七年，上以蝗旱爲憂，俾録山西、河東囚。行至懷仁，民有魏氏發得木偶，持告其妻，挾左道厭勝謀殺己，經數獄，服詞皆具，自以爲不冤。公燭其誣，召鞫其妾，搒掠一加，服不移晷，蓋妬其女君，謂獨陷以是罪，可必殺之也。即直其妻，而杖其夫之溺愛受欺，當妾死罪，觀者神之。行狀。

皇子安西王有土關中，奏求公輔己，以故官改安西王相。至則視瀕涇營牧故地，可得數千頃，起廬舍，疏溝澮其中，假牛、種、田具賦予貧民二千家屯田，最一歲入，得粟麥石十萬，芻槁束百萬。行狀。

十二年，詔以王相撫蜀。其年重慶猶城守，東、西川各開樞府，合兵數萬人圍之。公至成都，兩府争遣使咨受兵食方略，公危語動之曰：「宋今既亡，重慶以巨擘之地不降何歸？政以公輩利其剽殺，不得有子女，懼而不來耳。不然，他日兵未嘗戰，及招討畢某偕中使奉璽書來赦，最宜正言明告，嚴備止攻，以須其至，反購得軍吏杖之，爲僞得罪，懷之入降，水陸之師雷鼓繼進，實堅其不下也。中使不喻詐計，竟以不奉明詔反命。如是者，皆公輩玩寇疆埸心迹之著白者。况復軍政不一，相訾紛紛，朝夕敗矣，豈能必成功爲哉！」公出未至秦，瀘州畔，而重慶圍果潰，再退守瀘州，十三年秋也。行狀。

十四年，詔以不花與公代爲西川副樞，公兼王相。大軍既發，公留成都供億，食饟支半月，賦粟繼之，官船不足，括商民船千艘，日夜督運，其年復瀘州。行狀。

十五年，重慶之圍再合，踰月即下，紹慶、南平、夔、施、思、播諸山壁水栅隨之皆下。〔六〕初，公撫蜀徑東川而東樞府，猶故將也，懲前與西川相觀望致敗，惡相屬，願獨軍圍合州。初，公撫蜀徑東川歸，以爲重慶帥閫受圍，必徵諸屬州兵，盡鋭拒守，合州空虛，誠使諜人持書曉之，兵隨其後，亦制合一奇也。即出合俘繫順慶獄者縱之，使歸語州將張珏，以天子威德遠著，〔七〕宋室淪亡，三宫皆北。又頌聖量含弘，録功忘過，能早自歸，必取將相，與夏、吕比。又爲書反覆禮義禍福譬解，其言以爲「均爲臣也，不親於其子孫，合之爲州，不大於宋之天下，子孫舉天下而歸我，其臣顧偃然負阻窮山，而曰吾忠於所事，不亦甚惑！昔也此州人，不自爲謀求去就者，以國有主，寧死不欲身被不義之名，故爾得制其死命。主今亡，猶欲以是行之，則戲下以盜賊遇君，竊若首以徼福一旦不難也。」又約書言爲檄，刊木於山，浮板於江。珏未及報，而公還王邸。至是，合遣李興、張郃〔八〕十二人者詗事成都，皆獲之，當斬，復爲書縱歸，使喻其將王立，其言如喻珏者，而益剴切。興至，立亦計夙與東府有深怨，懼誅，使興等導帥幹楊獬懷蠟書，間至成都降。公從兵纔數百人赴之，東府害其來，争有言：「前歲公爲書招珏，誠亦極矣，竟不見寤，無功而還。今立，珏牙校也，習狙詐不信，特以計致公來，使與吾争垂成之功，延命晷刻耳，未必定降。」公曰：「前歲合以重慶存，故力可以同惡。今也孤絶，窮而來歸，亦其勢然。吾非攘若功者，誠懼汝憤其後服，誣以嘗抗蹕先朝，利其剽奪，快心於屠城也。吾爲國活此民，豈計汝嫌怒爲哉！」即單舸濟江，薄城下，呼立出降，安集其民，而罷置其吏。合人自立而下，家繪事之。川蜀平，復以王相還邸。行狀。

十七年，西南夷羅施鬼國既降復叛，詔雲南、湖南、四川合兵三萬人誅之。兵且壓境，公適被命在播，亟遣使止兵勿進，别遣人趣鬼國使降，酋長熟公名，曰：「是活合李公耶，其言明信可恃。」即身至播州，泣且告曰：「吾屬百萬人，微公來死且不降。今得所歸，蔑有貳矣。」公以其言來上，聖意開允，改鬼國爲順元路，以其酋爲宣撫使。及公薨，蠻夷聞訃，哭之甚哀，其私親爲位而祭者，動輒數百千人。合州安撫使立衰絰率吏民迎拜，哭聲震山谷，爲發百人護喪興元。僉播州安撫使何彦請順民欲立廟以祀。夫邊徼遠夷之人未易懷服，公之所以能得其心者，顧豈以聲音笑貌爲哉！語曰：「言忠信，行篤敬，雖蠻貊之邦行矣。」若公之言動，出乎身加乎民，發乎邇見乎遠，彼西南之人被生死骨肉之賜者，無慮億萬計，其爲忠信篤敬，不既大矣乎！野齋李公撰神道碑。

公天性孝悌，事太夫人，深愛和氣，愉色婉容，自幼至貴，能養志順色，未嘗少失懽意。

於兄姊，友愛彌篤，凡有俸賜，必均及之。資禀雅重，與人交，踈澹寡合，不爲詡詡態，久而後知其篤至。居官清慎，非義一毫不取。羅施鬼國之入附也，有以受馬千數譖公于朝者，上曰：「是人朕所素知，雖一羊不妄受，寧有是事！」神道碑。

公爲王相七年及事先王五年，言必切切臣職子道，請閒斯行以絶專嫌，簡約侍衛以裁浮費，無急土木殫匱民力者，中外所厭誦。凡人賢而有聞，滿調將東歸，必薦汲之王，陞秩留之，故關輔得士爲多。行狀。

初，權臣阿合馬與公偕侍潛邸，及當國用事，公未始一至其門，彼常卑恭求好，拒之愈力，其所守類此。神道碑。

卷十一之二

參政商文定公

公名挺，字孟卿，曹州濟陰人。其先本姓殷氏，避宋諱改焉。國初，爲東平行臺幕官。入事潛邸，爲京兆宣撫司郎中，就遷副使。中統元年，改宣撫司爲行中書省，遂僉行省事。明年，進參知政事，坐言者罷。起爲四川行樞密院事。至元元年，入拜參知政事。六年，同僉樞密院事。累遷副使。十年，出爲安西王相。十五年，王薨。十七年，王相府罷，坐事得免。二十年，復爲樞密副使。尋以疾辭。二十五年，薨，年八十。

公生於大安己巳，至少保没，年二十有四，汴京陷，北走，依冠氏趙帥天錫，與元好問、楊奂游。清河元公撰墓碑。

東平嚴武惠公統齊、魯、魏五十四城，號行省，招徠名士，以禮聘公，俾教諸子經學。武惠卒，嫡先死，遺命以子忠濟嗣，時朝命未下。公教忠濟爲喪主哀而中禮，弔者敬悦，輔之見大臣，奏其克嗣，制可。忠濟辟公爲經歷官，凡五年。出倅曹州，未幾歸東平，日與魯諸賢爲琴詠。會復官經歷，贊忠濟大興學校，聘康曄説書，李昶説春秋，李禎説大學，學生百餘人，養之優厚，督於課試，後皆通顯。東州多士，公實作之。墓碑。

憲宗朝，世祖以貴介弟填撫中夏，得專征誅，聞公有經濟略，左官諸侯，遣使徵至鹽州，召對稱旨，字而不名。間陪燕語，因曰：「挺來時，李璮城朐山，東平當餽米萬石。東平至朐山，十石致一石，且車淖于雨必後期，後期罪死。請輸沂州，使璮軍取食便。」世祖曰：「愛民如此，忍不卿從。」墓碑。

詔以京兆分世祖，教楊惟中宣撫關中，公爲郎中。焚斬之餘，八州十二縣户不滿萬，〔九〕皆驚憂無聊，賴公佐惟中，進賢良，黜貪暴，明尊卑，出淹滯，定規程，主簿責，印楮幣，頒禄稍，務農薄税，通其有無。朞月，秦民乃安，誅一大猾，群吏咸慑。明年，惟中罷，教廉希憲來使,登公副之。墓碑。

丙辰夏,我師征南,詔京兆布萬疋、米三千石、帛三千段,械器稱是,輸平涼爲軍需。軍期迫甚,郡人大恐,公曰:「它易集也,運米千里,妨我蠶麥。」鄜州長王姓者,雅爲公所禮,平涼人也,公召與之謀,王曰:「不煩公運,僕有家粟積平涼,盡以代輸。」公大悦,載直與之,它輸亦如期。墓碑。

有旨割懷孟益世祖,教公往治。既至,一多金子酗酒殺人,坐死,取豪猾杖於市,一郡懼,乃濟之以恩。懷人至今縷道其善。墓碑。

丁巳,丞相阿藍答兒會計陝西、河南,罷宣撫司,公還東平。礫陵周公撰墓誌。又牧庵文集云:先是,分封世祖以京兆户寡,益以懷孟,且詔總天下之兵,遂置經略司于河南、宣撫司從宜所于關西、行部于秦州、漕運司于衛、安撫司于邢臺,遣諸軍屯田戍邊,首淮尾蜀,以休秋春士馬往來之勞。東西數千里,道不拾遺,中土諸侯民庶翕然歸心。歲丁巳,宗親間之,遂解兵柄它王,遣阿藍答兒至京兆,大集汴、蜀兵民之官,下及管庫征商之吏,皆入計局,爲條百四十二,文致多方,且曉衆曰:「惟劉萬户、史萬户兩人罪請于朝。」蓋謂忠順公、丞相忠武公也,自餘我則專殺。虐燄薰天,多迫人於死。明年,世祖身至帝所,命下而事始緩,猶杖兵民諸官,凡昔所置諸司皆廢。

己未，憲宗親征蜀，以圖宋。世祖趨荆、鄂，軍于小濮，召問軍事，公對曰：「蜀道險遠，瘴癘時作，難必有功，萬乘豈宜輕動。」世祖默然久之，曰：「卿言正契吾心。」墓碑。

憲宗崩於軍，庚申，世祖至自鄂，道遣張公文謙過公，公語張公曰：「殿下班師，師屯江北，脱有一介馳詐發之，軍中留何符契？」張公驚，亟追及言之。世祖大寤，罵曰：「無一人爲我言此，非商孟卿幾敗大計。」速遣使至軍立約。不日，阿里不哥之使至軍，軍中斬之。墓碑。

公赴召開平。初，憲宗征蜀，季弟阿里不哥留守和林，至是，左右部諸王大人咸會開平，阿里不哥不至。會者勸進曰：「殿下太祖嫡孫，大行母弟，以賢以長，當有天下。」上謙遜未許。公與廉公希憲參大議，潛進言曰：「先發制人，後發人制。天命不敢辭，人情不敢違，事機一失，萬巧莫追。」上頷之。明日，會者力請，遂即位。墓碑。

阿里不哥兵起，公奏曰：「南師可還備選，西師可軍便地。」從之。以廉公及公宣撫陝、蜀。公等至關中，六盤之兵已應和林，公謂廉公曰：「爲六盤策有三：選鋒乘虚，直擣京兆，上也；恃財聚兵，觀釁走利，中也；重裝北赴，歸重和林，下也。」廉公曰：「策彼何出？」公曰：「出下」。已而果如所策。是時，人持二志，關、隴日鬨，鞏昌汪帥兵號勁果，其弟良臣適至，公等承制佩良臣虎符，出庫銀萬五千兩，使歸發兵。乃完城濬隍，借兵於民，拜八椿爲將，公戒之曰：「公帥未練之卒，出應勍敵，揚聲借勢，使賊不敢東向，續出方略以摧之，慎勿輕與交鋒，使之知我虛實。」師出，八椿違戒而剄，敵兵恇而西去。公命八椿追至甘州，汪良臣將兵來會，咸聽諸侯王合丹號令。合丹陳于北，八椿陳于南，良臣陳于中，大戰甘州東，殺大將阿藍答兒、渾都海，斬首虜無算，關、隴平。捷聞，上報曰：「卿等古名將也，臨機制變，不遺朕憂。」遂改宣撫司爲行中書省，進廉公爲右丞，公爲僉行中書省事。明年，進公參知政事。墓碑。

宋瀘州將劉整囚我降人數百，乃來歸，將論誅之，公盡釋囚之。聞邊將不和，公輒手書開諭，皆得其死力，若蜀師紐鄰、閫帥楊大淵、青居山帥欽察是也。墓碑。

興元倅費寅有罪懼誅，以借兵完城事訟公于朝，上召公便殿，曰：「使卿關中、使卿懷孟，兩著治效，今訟卿者還至。卿豈有所掣耶？亦驕而志隳耶？」公對曰：「臣在秦三年，豈能事事當理。上負聖恩，下欺臣心，有死不爲。鉅寇滿野，借兵完城，事豈得已，且有前旨也。功若自歸，罪則分人，非臣所事。欲加之罪，臣請就戮。」上顧侍臣，數公大計，屈伸手指凡十有七，謂公曰：「卿無罪。今委卿四川，勉之，行大用卿。」出金虎符佩公，行四川行樞密院事。墓碑。

至元元年，入中書。上欲知經學，公與姚左丞樞、竇學士默、王承旨鶚、楊參政果纂五經要語凡二十八類以進。墓碑。

初，中統三年，立領部，以阿合馬總錢穀，至是革去。公與太保劉公等奏燕王爲中書令，入省聽政，罷世官，行遷轉法，併州縣户耗者。墓誌。

二年，平章趙璧奏立諸路行省，丞相耶律鑄行省河東，公爲之貳，旋召還。墓誌。

六年，同僉樞密院事。連年遷僉書、遷副使。數軍實，差萬户、千户等三，給軍吏俸，使四千人屯田，給牛、種、農器，墾田三萬畝，收其穫以餉親軍。汰不勝軍者户三萬，户一丁者亦汰去；若于丁多業寡、業多丁寡者，財力相資，合出一軍。墓碑。

十年，封皇子忙阿剌爲安西王，立王相府，以公爲王相。上曰：「王年少，河迤西盡以委卿。」公進十策於王，曰睦親鄰、安人心、敬民時、備不虞、厚民生、一事權、清心源、謹自治、固本根、察下情，王爲置酒嘉納。墓碑。

又牧庵文集云：至元九年，立皇子爲安西王。明年，至長安，營于素滻之西，毳殿中峙，衛士環列，車間容車，帳間容帳，包原絡野，周四十里，中爲牙門，譏其出入。其時犍河之外，秦固内地，教令之加，于隴、于涼、于蜀、于羌，諸侯王、郡牧、蕃酋，星羅棋錯於是間者，靡不輿金篚帛，效馬獻琛，輻輳庭下，勃磏竭蹷，如恐于後。其大如軍旅之振治，爵賞之予奪，威刑之寬猛，承制行之。自餘商賈之征，農畝之賦，山澤之産，鹽鐵之制，不入王府，悉邸自有。又明年，詔益封秦王，綰二金印。易府在長安者爲安西，六盤者爲開成，皆聽爲官邸用，不足，取之朝廷，歲或多至楮幣貫計者百三十萬。裁七年而棄其國。

王薨，王妃使公請嗣于天子，未允。明年，又入請，賜允，猶未遣也。公病于京兆。其年，王妃殺王相趙昞于六盤，辭連公及子瓛，逮至行在所，下公吏，久之得免。墓碑。又墓誌云：至元十五年冬，王薨，王子阿難答當嗣，王妃命公請于上，上曰：「齒弱，祖宗之訓未習也。卿姑行王相府事以俟。」初運使郭琮、郎中令郭叔雲與王相趙昞搆隙相攻。人或告趙昞不法，王妃命囚之六盤獄以死。朝廷疑擅殺之，執二郭鞫問，伏辜，事無一毫及公。惟王府女奚徹徹以預二郭謀，將刑，規以求生，始有曖昧語，冒公及其子瓛亦知之。上怒，召公拘於趙氏，瓛下獄。上命趙氏子曰：「商孟卿老書生，可與諸儒讞其罪。」宋儒青陽夢炎以議勛之義，爲奏曰：「臣宋儒，不知商孟卿向來之功可補今日之過乎？」上不懌，曰：「是同類相助之辭也。」僉樞密事董文忠奏曰：「宋儒不知商孟卿何如人，臣以曩時推戴之功語之矣。」上良久曰：「其事果何如？」對曰：「臣目未覩，耳固聞之，殺人之謀，商孟卿不預也。」上默然不答。十六年春，有旨：商孟卿不可全以無罪釋之，籍其家。是冬，始釋公及瓛。

二十年，復樞密副使，尋以疾免。二十一年，趙氏子復訟父死，公又被逮，百餘日乃釋。公嘆曰：「蘇端明貶黃州，作雪堂於東坡，貶惠州，築室於白鶴觀，若將終身，善處變矣。吾有慕焉。」遂葺小圃於都城之南以居，澹然與造物者遊。朝士及僧道日造門問遺不絶，益爲世所重。墓誌。

曹有阜曰：「左山公自號左山老人，著詩千餘篇，尤善隸書，時人銘其先世者，以不得公書爲未孝。」墓碑。

公具文武材，明允公亮，慷慨有大志。遭際世祖聖神之主，道同氣合，獲展宏略，功在社稷，德洽黎元，慶流子孫，可謂一代英傑者矣。雖罥安西之獄，事旋昭雪，克終令名，蓋有以也。墓碑。

卷十一之三

樞密趙文正公

公名良弼，字輔之，趙州贊皇人。國初，舉進士，教授趙州。歲辛亥，召居王邸，歷邢州、陝西幕官。己未，王師伐宋，參議元帥府事。中統元年，拜陝西四川宣撫使。至元七年，授高麗經略使，奉使日本。還朝，改四川經略使。十年，拜同僉樞密院事，居官九年，以疾辭歸。二十三年，薨，年七十二。

公女直人，避遼章帝宗真諱易真爲直，以部族朮要甲姓，佐金祖平遼、宋功，世長千夫，戍真定贊皇，人不能金言者謁爲趙家，其曾大父鎮國上將軍諱祚者，喜曰：「天將華姓吾家耶！」因趙姓。牧庵姚公撰廟碑。

公少聰警，負膽膂機數。其父元帥、右都監節死，謚忠愍，公官公奉職。〔一〇〕義宗播歸德，上黨公部將防城提控崔立，殺守相降而自王，猶譏城門，妄出入者殺，積骸狼藉。公侍母夫人，懷其家牒及忠愍以上世遺繪，曰：「非是無以知吾生族。」彷佛儀形，雜薪丐人竊出，將歸趙。及河，已集將北之民數千，惟七艘濟舟，兵病民之争，挺刃亂投，及夫人首，公臂受之，幾折，兵顧見哀，〔一一〕手援以登。廟碑。

公輂母夫人北渡河至鄉，奉事之外，日從名儒講論文藝，尤致意司馬氏通鑑，歷代典章制度，兵馬彊弱，地理阨塞，有關國家興衰治亂者，無不記憶。戊戌，朝命試諸道進士，公中優選，教授趙州。野齋李公撰墓碑。

上居潛邸，用薦者召公北上，占對稱旨。會立邢州安撫司，擢公爲幕長。邢久不得善吏，積弊日深。公區畫有方，事或掣肘，則請諸王府，再閱歲，凡六往返，所請率賜俞允，邢賴以治。升陝西宣撫司郎中。墓碑。

己未，王師伐宋，大臣覇都魯爲元帥，公參議帥府事，兼江淮安撫使，五戰皆捷。渡江至鄂，分道趣湖南，攻下岳州，抵潭州而還。用兵有紀律，未嘗妄戮一人。墓碑。

大駕北幸，陳時務十二事，言皆有徵，上深嘉歎。至衛，驛遣如京兆，訪察秦、蜀人情事宜，不踰月，具得其實還報，且列十事上聞，多見采用。墓碑。

公言：「高麗雖名小國，依阻山海，國家用兵二十餘年，尚未臣附。前歲世子王倎來朝，適鑾輅西征，留滯者二年矣，供張疎薄，無以懷輯其心，一旦得歸，將不復來。宜厚其館穀，待以藩王之禮。今聞其父已死，誠立之爲王，遣送還國，世子必感恩戴德，願脩臣職，是不勞一卒得一國也。」上是其言，即日改館世子，顧遇有加。尋賜封册遣還，高麗遂壹意内附，皆自公發之。墓碑。

上即位，首立陝西宣撫司，廉公希憲爲使，商公挺爲副使，公參議司事。時甫罹大變，衆心未一，事機少忽，變生意外。公受命即就道，先二公至，知事不可緩，乘機決策，前事而發。廉、商二公繼至，同心協謀，卒平大亂，安反側，公贊畫之力居多。九月，改宣撫司爲行中書省，拜公陝西四川宣撫使，兼參議行省事。屬用武之際，調兵馬，給糧餉，所統九路，禀成受事，日不暇給，心計口授，物來則應，卒贊成秦、蜀之功。墓碑。

二年冬，省諸路宣撫司，公遂不出。居無何，費寅以九事訟諸朝，誣廉公、商公有異志，指公爲徵。寅成都人，初我師取四川，攻之急，宋邊將力憊不支，遣寅入秦爲間，厚資之使仕于我。寅桀黠，久不敗，至同知興元府事，後以姦惡事覺，宣撫司鞫之，獄成待報，會赦免。

寅銜之，捃摭二公所行涉于疑似者，攻訐以報怨。時方懲李璮、王文統之叛，上聞是説，信之，召公問焉，對曰：「臣與二人共事者九年，寧有是事？」再三問，對如初。訊以九事，皆枚舉以對。上以爲彊辯飾辭，益怒，威刑臨恐，譴訶百至，公守前説而力辨其誣，至捫膺而前進，乞剖心明之。旁睨者爲之褫魄，公神色自若。明日，有旨命中書訊鞫，寅辭屈。奏請右丞南合代廉公行省事，往就按問，會寅逆謀敗，遂解。墓碑。

至元七年春，授高麗安撫使，尋改經略使。先是，數遣使使日本，竟不得要領而還，上必欲通使，而未得其人。公既受命，私念高麗、日本止隔一水，人何地不可死，等死耳。吾爲國家，何惜一行。遂以奉使請。前使過高麗，名爲遣人護送，取道對馬、一岐等島，實漏密謀，益懼其日本既通，有以軋己也。公曲爲防遏，使不得逞其計，自絶景島登舟，徑趍太宰府。既至，宋人與高麗、耽羅共沮撓其事，留公太宰府，專人守護，第遣人往返議事，數以兵威相恐，或中夜排垣破户，兵刃交舉，或火其鄰舍，喧呶叫號，夜至十餘發，公投牀大鼾，恬若不聞。如是者三日，彼詐窮，變索公，呼守護所大加詬責：「彼來請受國書。」公言：「國書當俟見國主日致達。」數欲脅取，公以辭拒之，嘖有煩言，隨方詰難，彼不能屈。日本遂遣使介十二人入覲，上慰諭遣還，其國主擬奉表議和，會宋人使僧曰瓊林者來渝平，以故和事不成。公還，以疾請歸老樊川。墓碑。

詔授四川經略使。未幾，復召議進討日本，公奏曰：「臣前歲渡海，留居彼地者幾再歲，熟知其民俗凶狠驍勇，不識父子之親，不知上下之禮，蹲夷踞肆，與鳥獸無別，家置干戈，百姓皆兵。其地山水居多，可佃者極少，無桑蠶絲枲。得其人不可役，得其地不益富。且舟楫恃風而行，忽值風變，漂流觸撞，沉溺之禍莫可預防。雖賁、育之勇，良、平之智，將無所施。臣奉使時，同行三舟爲風所漂，會集先後有相去二十餘日者。用兵無慮百舟，隨波星散，寄命滄海，欲進退齊一，協力成功，難矣。」墓碑。

十年，授同僉樞密院事。首議軍律，若賞功罰罪，兵符軍籍，教練之類，條具三十餘事，皆次第行之。墓碑。

公自日本得上氣之疾，既入樞府，適用兵江表，食少事殷，力疾不懈，久之浸至羸瘠，屢請謝事，凡九年始遂所請。墓碑。

公與清河相共政八年，諷視權臣，姦欺結舌，其傍若無與己然者。加太盛盈蚤，宜收身末路。比聞譽僧善役鬼神，試每有徵者，於上前，大臣可巫事君耶？罪且相及。公辭疾，三年，其人見誤是僧，坐擅發衛兵以醢。廟碑。

又蜀郡虞公文集云：至元十九年，丞相阿合馬方用事，妖僧高菩薩、千户王著，乘人心之不與，構變圖殺之。時裕皇方從上北巡，賊乃結黨數百人，僞爲儀服器仗，矯稱皇太子，夜扣建德門，啓鑰而入，直抵太子宮西門，傳令開宫門。工部尚書張公九思方留宿禁中，遽啓叱户者毋得擅啓關，使語傳令者曰：「它時殿下還宫，必以完澤、賽羊先，請見二人則啓關矣。」賊計窮，知不可紿，循牆而南行，且語曰：「前門可入也。」張公偵聞之，曰：「其詐明矣。」亟遣人走告守前門者，而賊已至，急呼阿合馬出，與左丞郝禎俱爲賊擊死。樞密副使張易，素稱有權略，爲上倚信，故以宥密留京。賊之入也，傳太子令索兵甚遽，易素惡相姦，即以兵與之，坐棄市。而論者以爲易知謀，請傳首郡邑。張公入告裕皇曰：「張易不察賊詐，而與之兵，罪至死宜矣。以爲預賊謀，則無也。大臣被罪而死，傳首則過矣。」裕皇悟，言諸上而從之。

公爲人精敏，饒知略，見義勇爲，臨難不苟避。初，阿藍答兒、劉太平之來會計也，二人性資狠愎，恣爲威酷，盛暑械人熾日中，頃刻即死。招集群不逞輩，開導告訐，横生羅織，官吏望風畏遁，死于威恐者二十餘人。公時爲宣撫司郎中，挺身直前，一司之事已獨任之，酬應上命，綱領曹局，威怒之下竟事無一辭屈撓，中外歎服。日本之行，寇盗之間阻，風濤之艱險，異俗之狠戾，瀕於死者蓋以百數，卒之全節而歸。古所謂有專對之材，不辱君命者，公其有焉。墓碑。

宋平，諸將校及新附官屬入朝，詔聽樞府受贄見之禮。公日積所有，立贊皇廟學，市田六百畝，以贍給生徒。又别市地千六百畝，爲趙郡學田，且釋俘户三，以供二廟灑洒。温縣別業故有地三千畝，公致仕南歸，析而爲二，以其六畀懷州，以其四畀孟州，皆永隸廟學。自以身出儒素，示不忘本也。墓碑。

或問爲治，公曰：「『必有忍，其乃有濟。』人性易發而難制者，惟怒爲甚。必克己，然後可以制怒；必順理，然後可以忘怒。能忍所難忍，容所難容，事斯濟矣。」墓碑。

聖主嘗問僉院趙良弼：「高麗小國，匠人棋人皆勝漢人，至於儒人通經書，學孔、孟，漢人只是課賦吟詩，將何用？」良弼對奏：「此非學者之病，實在國家所尚。尚詩賦，則人必從之；尚經學，則人亦必從之矣。」魯齋文集。

卷十一之四

參政賈文正公

公名居貞，字仲明，真定獲鹿人。初事潛邸。中統元年，授中書左右司郎中。參議中書省事、給事中。至元十年，襄陽降，授襄陽路總管。十二年，僉行中書省事。十四年，遷湖北道宣慰使。明年，拜江西行省參知政事。十七年，薨，年六十三。

公年十五，汴亂，奉妣夫人孫踰河居天平。甫冠，入官行臺。于時法制寬簡，凡受事者，惟以賄先，或餽黃金爲兩半百，峻絶不取。太宗聞之，稱其清慎，特敕有司月給白金爲兩百。

牧庵姚公撰神道碑。

汴京之破，金族屬及朝臣子孫奴於人者，公悉聞而民之。汶上曹公撰行狀。

世祖淵龍，驛致諸邸，與語合意，俾董城上都。竟工，丁妣夫人憂去。及踐天位，首以爲中書左右司郎中，不名惟官命之坐政事堂，位宰相下，他爲郎者莫與之班。由善國言，大小庶政不資舌人，皆特入奏。其冬，帝自將討叛王漠北，漢人惟丞相史公及公從行，有暇，陳説資治通鑑，納君於善。一日，帝問：「卿郎俸幾何？」公如數對，則曰：「何薄如是！」敕增之，公曰：「品制宜然。」後太保劉公奏公參知政事，公又曰：「他日必有由郎援例求執政者，將何爲禦？」皆不許。神道碑。

有言華人富且反者，上以問公，公曰：「盜由貧起，未聞富而反。」或曰：「山東李璮非富以叛耶？」公曰：「璮之變，在於權太重。今郊遂之民，或凍餒欲死，子獨言其富，何耶？」上深是其言。行狀。

雲中民一母三子，伯從軍，季殺兄，衆議以母故原其死，公曰：「弟殺兄，天下大惡也。若恤其母，宜免從軍者以養。」上可之。行狀。

至元改元，參議中書省事，詔同先世父中書左丞公行省河東山西，罷世侯，置牧守。神道碑。

五年，再爲左右司郎中。盗殺臣平章欲擅利權，病其束手，中書不得肆欲，奏求分六曹繁務，立尚書省，授公中書給事中，與丞相惟署制敕而已。同兩丞相史公、耶律公潤色國史。神道碑。

十一年，詔丞相伯顔、平章阿术、右丞阿里海涯行中書省，將圍襄諸軍濟以新籍之兵，合數十萬衆，平宋，授公宣撫使，議行省。浮漢濟江下鄂，大師其東，留右丞及公戍鄂。神道碑。又苦齋雷公文集云：歲甲戌冬十二月，天兵由陽羅洑渡江，直抵鄂州，薄城而營，鄂人開門出降。丞相議曰：「方有事東南，比城實爲根本，須擇人守之。」留右丞阿里海涯及公分省而治。右丞與公謀守禦之策，公曰：「江陵，宋制閫所在，屯諸重兵。聞諸將不睦，遷徙之民盈城，復皆疾疫，而又芻薪乏闕，杜門不敢樵採。不乘隙先之，咫尺春水瀰漫，儻彼順流而下，則鄂危矣。」亟以驛聞。明年春，右丞奉命引兵西討，獨以公主省事。

十二年，授公僉行中書省事。荆閫遣安撫使高世傑來襲，右丞出禦，敗之，降世傑，乘鋭下岳，進拔江陵，又移軍圍潭。獨公留戍，士民求見者，前其人而却其摯金帛，一錢不入其門，酒茗之微亦絶，戢吏卒無入鄉，敢縱暴者，刑以重典。發庾賑飢、宋宗室仰食官者，仍廩之，不變其服，而行其楮幣。弛湖荻禁，聽民漁樵。東南未下之州，商旅滯此者，給繻歸之。創舟百數十艘，操以水軍。免括商民，置藥局，遣醫更視疾癘。神道碑。

婁安邦以信陽來歸，從其子入覲矣，裨將陳思聰屠其家，或議加兵，公曰：「爲是益堅其叛，惟可計致。」遣朱千户從十人往，使戒無操兵，好謂之曰：「汝與安邦同功，有怨盍明之省，何俟其出而屠其家？或仇黨夙夜甘心於汝奈何？宜身至省告余以故，余則直汝。不然，少猶豫，則以叛加興兵誅矣。」思聰果來，隨徵其妻子、其徒至，數以戕賊主帥家，與未受使言迎射殺其從二人罪，併肆其子諸爲亂於市。神道碑。

幼主既降，其相陳宜中、文天祥挾益、衛兩王，逃之閩、廣，爵人號年，東南大蠢，覬倖之徒，相煽以動，大或數萬，小亦千數，在在爲群。蘄寇起司空山，剽黄及壽昌。壽昌距鄂尤邇，鄂屬縣傅高，亦集衆跳梁爲應。公多爲檄曉曰：「汝皆平民，爲賊驅脅至此，俘殺之獲子女貨財，渠惡悉有，汝何利焉！捐父母妻子，徒受叛逆之名以取族，爲鄉里所醜。今能投兵返其居者，復齒平民，不蹤跡其既往；有斬賊首至者，以級多少受賞；以渠首至者，官之。」言中其情，上下猜阻，稍稍離涣，壓以官軍，遂盡誅㯺，翦平無留，高亡之江西武寧。公又檄：「敢舍匿者，誅及其鄰。」窮無所歸，變姓名返家，爲尉束縛致，磔死。初，遣萬户某者討是賊，其人顧以高爲辭，請急盡殲鄂之豪傑大姓，以絶禍本。公曰：「應賊者高，鼠子何爲，旋就梟夷！豪傑大姓初無與知，奈何以高誣誅，逆天欺君以禍民？汝第往，吾能必其無他。」其人出，留所善部將，戒曰：「聞吾還軍，汝舉烽城樓，内外合發，必盡殲是。」會其戰不利，水死，其事始彰。鄂人大恐，轉益德公，恃爲司命。時精兵盡於圍潭，居守半老疾，乃雜新民乘城，民相誓曰：「設寇誠至，吾曹二三千人，必無回顧其家，專擁衛賈相。」神道碑。

江左之定也，詔夷其城，公獨完鄂不隳，後屢更寇，卒莫能犯。

十四年，拜湖北宣慰使，民素父母愛，而神明敬之，號送其去，像事於學。神道碑。又苦齋文集云：初朝廷易省爲宣慰司，以公爲使，命書已下印章未至，公閉門不出。鄂民大爲駭懼，驕將悍卒，争用威力，志在財幣，酣嗜虜掠，密有屠戮大姓之議。公聞知事勢紛紜，不得已起而視事。或者猶執前議，公曰：「若此城皆逆，吾以一家保之。」闔境賴以存全。

十五年，遷江西行省參知政事，先聲至江西，民有迎訴千里外者。時其省收海隅僞命甚急，有者坐以連賊，無者謂爲靳匿將爲後用，誅論巨室踰三百家，猶有幽獄未斷者。公至，出其非辜，下令凡宋告身以城來者，朝廷既加其舊官之矣，自餘蓄此無所叙復，徒自取禍，其悉投水火。敢有以索兵仗爲名，挾入民家，罔爲收匿，以起獄取貨，與奴妾人子女，痛繩以法。大水壞民廬室蓋藏者，發粟以賙，其逃登屋木者，遣吏具舟載糜粥糗糒以食，脱沉溺數萬家。神道碑。又行狀云：公遷江西，時連雨飢，欲發廩以賑，或以爲必咨中書乃可。公曰：「若然，則民其魚矣。先行後聞，不從者於我乎償。」所全活數萬人。

宰相出入，以甲士導從，至省班立庭下。其冬大雪，墮地旋消，移時不能滿寸。右丞塔出顧謂公曰：「南方並有北寒減三月。」公曰：「相公襲貂裘，熾炭其前，而帳幄於後，言是則宜。彼庭立者，必以爲加三月矣。」右丞謝其失言，休士於廡。由是知其爲心，斯須不忘恤下也。神道碑。

十六年，李梓發盜據南安，公虞他將往則爲暴，堅其不下，請身往平，纔從兵千，營于城北，爲檄推誠招懷。梓發度其猖獗日久，勢不敢歸，以其徒知公有素，戰不爲用，乃閉妻子一室，自焚死，衆皆散還其鄉。不戮一人，平南安歸。江東饒之屬縣都昌杜萬一挾左道媢人，有衆萬數，狂僭置相。公曰：「都昌與吾南康止限彭蠡，此寇不誠，將亂南康。」乃調國兵戍遏彭蠡西瀕，別遣方招討將其軍伏仗舟中，僞爲商農，徑造茇舍，生擒萬一與其相曹者以歸，磔龍興市。其徒駭散，復其民居。後有列巨室姓名百數來上，云與賊連，公曰：「大憝誅矣，延求何爲！」火之。神道碑。

十七年，詔再征日本，賦江浙、江西、湖廣三省再造海艦。公極言如是將亂江南，欲身任入聞，陳其過舉，他相以爲不可廢閣詔令，異同之間公薨于豫章，而始成戰艦，遣宣慰某者總致于軍東征，丞相憤失軍興，將以是日斬使。忽詔下，既江西海艦後期，罷兵。君子謂公薨猶利國，猶古尸諫云。神道碑。

公家居事妣夫人，曲盡孝敬，迨薨，移是以養寡姊。視政之休，未嘗廢書，從戎亦橐駞負書以行，延師私塾，毓德諸子，日或一至其舍。事世祖二十有一年，其居中當睿聖大有爲之時，與二三元臣，上以毗贊其經國，下以燮熙其子民者，十有三年。出而經理南紀，謀猷大軍，于襄陽、于湖廣、于江西。新造之邦，嚮化未淳，安而集之，煦而濡之，如恐一夫不獲其所。逐有海隅之難，〔二〕盗賊附起，禍譬而賞勸，德綏而威撻，徐革其面而浹其心，俾方三數千里之氓，一喙同辭，稱其仁人。求能推守大帝諭忠武王以曹彬取南唐不殺之訓者，無公亞疋。神道碑。

校勘記

〔一〕年六十三 「三」，明鈔本邊改作「二」，清鈔本作「二」，牧庵集卷三〇中書左丞李忠宣公行狀亦作「二」。

〔二〕兩間之間 「兩間」聚珍本作「兩大」。

〔三〕惡已相反誅 「已相」，明鈔本描改作「相以」，畿輔本作「相以」，疑是。

〔四〕敦耕桑以富民生理之出 按元文類卷四九中書左丞李忠宣公行狀無「民」字，與下文「立社倉以虞水旱之歉」適成對句，疑是。

〔五〕叔竟以是病死 「病」聚珍本作「論」。

〔六〕紹慶南平夔施思播諸山壁水栅隨之皆下　「慶」原作「興」，據聚珍本改。按李德輝作戰在四川，與浙江紹興無涉。據元史卷六〇地理志，重慶與紹慶同屬四川南道宣慰司。

〔七〕以天子威德遠著　「著」原作「有」，明鈔本描改作「著」，清鈔本、聚珍本均作「著」，與元史卷一六三本傳合，今據改。牧庵集卷三〇中書左丞李忠宣公行狀作「布」。

〔八〕張部　「部」原作「郤」，據元文類卷四九中書左丞李忠宣公行狀及元史卷一六七本傳改，元史已校。

〔九〕八州十二縣户不滿萬　「二」原作「三」，據國家圖書館藏元刻本、明鈔本、清影元鈔本、清鈔本、聚珍本及元史卷一五九本傳改。

〔一〇〕公官公奉職　聚珍本作「公襲官奉職」。

〔一一〕兵顧見哀　「哀」原作「衰」，明鈔本描改作「哀」，清鈔本、聚珍本均作「哀」，今據改。

〔一二〕逐有海隅之難　「逐」，元文類卷六一參知政事賈公神道碑作「一」，清鈔本作「遂」，聚珍本作「卒」。

國朝名臣事略卷第十二

内翰王文康公

卷十二之一

公名鶚，字百一，開州東明人。金正大初，中進士第，累擢尚書省右司員外郎。金亡，居保定。歲甲辰，召居王邸。中統元年，拜翰林學士承旨，奏立翰林國史院，詔從其請。至元五年，致仕。十年，卒，年八十四。

公幼穎悟，讀書日記千餘言，終身不忘。長工詞賦，有聲場屋。年十九，由東平貢禮部，再薦科名，會河朔亂，舉家南渡。流離頓挫中，身愈困而學愈力，故其成就有過人者。正大甲申，登詞賦第一甲第一人第。始公之生，有大鳥鳴于庭，鄉張先生彌號博物，見之曰：「此鶚也。」因爲制名，字曰百一，蓋取鷙鳥累百不如一鶚之義，且語人曰：「此子後有大名，當居百人之一。」迨及第，果魁百人。釋褐賜緋，授奉直大夫、〔一〕應奉翰林文字、同知制誥兼國史院編修官。再考，改歸德府判官兼城父令。下車之後，立教條，正風俗，未幾政成，吏畏而民安之。廉司以治聞，遷同知中州事兼汝陽令，政聲籍甚。俄丁内艱。金主遷蔡，起復尚書省都事，陞右司員外郎兼翰林修撰。金主見公言事深中時病，惜其柄用之晚。太常徐公撰墓碑。

蔡陷，萬户張柔素聞公名，輦之北渡，館于保州者餘十年，深自韜晦，若將終身焉。墓碑。

上之在潛邸也，好訪問前代帝王事迹，聞唐文皇爲秦王時，廣延四方文學之士，講論治道，終致太平，喜而慕焉。歲甲辰，遣故平章政事趙璧、今禮部尚書許國禎首聘公於保州，〔二〕從人望也。公自以亡國纍臣，義不可再仕，辭疾者久之，已而就道。既至，上一見喜甚，賜之坐，呼狀元而不名。朝夕接見，問對非一，凡聖經所謂脩身齊家、治國平天下之道，無不陳於前，上爲聳動。嘗諭公曰：「我今雖未能即行，安知它日不能行之耶！」墓碑。

公北行時，故人馬雲漢以宣聖畫像爲贈，既達北庭，適值秋丁，公奏行釋奠禮，上悦，即命辨其事。公爲祝文，行三獻禮，禮畢，進胙於上。上既飲福，熟其胙，上下均之，其崇敬如此。自是春秋二仲歲以爲常。主上所以尊師重道者，實公啓之。李愷撰言行録。

丙午春正月辛卯朔，日有食之。上問公應受賀否，公以富弼故事對，遂罷宴徹樂，明日始受賀。言行録。

上留公漠北二載，恐年老不可再歷冬寒，召公謂曰：「朕欲遣人送子南歸，子何所欲？」公對曰：「臣本閑人，誤蒙寵召，待遇加厚，亦已幸矣，復何欲之有。但願吾王好賢樂善之心，有加無替，則臣之受賜豈有量耶！」言行録。

庚戌春，憲宗遺故參知政事李舜咨以安車來徵，公同玉峯、魏璠應召，訪及軍國大計，稱旨，將任以政，公力辭而還。墓碑。

上龍飛，特授公翰林學士承旨，公遂舉李冶、李昶、王磐、徒單公履、高鳴、徐世隆同爲學士。公視諸老，年最高，學最博，言最切直，若政之美疵，事之可否，人之賢不肖，皆極言正論，無所顧忌。至於主盟吾道，奬進後學，推轂人材，布列臺閣，紀綱法度，文物典章，焕然一新。墓碑。

公奏言：「自古帝王得失興廢，班班可考者，以有史在。我國家以威武定四方，〔三〕天戈所臨，罔不臣屬，皆太祖廟謨雄斷所致，若不乘時紀録，竊恐歲久漸至遺忘。金實録尚存，善政頗多；遼史散逸，尤爲未備。寧可亡人之國，不可亡人之史。若史館不立，後世亦不知有今日。」上甚重其言，命修國史，附修遼、金二史。墓碑。　又言行録云：初，公侍王邸，屢以史事爲言，嘗舉楊奂、元好問、李冶，宜令秉筆。至是，公申前請，命立翰林國史院。時元、楊已物故，又舉李冶及李昶、王磐、徐世隆、徒單公履、郝經、高鳴爲學士，楊恕、孟攀鱗爲待制，王惲、雷膺爲修撰，周砥、胡祗遹、孟祺、閻復、劉元爲應奉。凡前金遺老，及當時鴻儒，搜抉殆盡。

公又言：「學校久廢，無以作成人材。宜選博學洽聞之士，提舉各路學校，嚴加訓誨，以備它日選用。」上可其奏，爲立十路提舉學校官。墓碑。

是時，任賈胡以錢穀事，夤緣爲姦，欲乘隙取相位，求薦於公。公奮然曰：「即欲舉此人爲相，吾不能插驢尾矣。我以衰老之年，無以報國，忍爲此耶！」後數年竟用爲相，切弄威福，無所不至，爲王著刺而殺之。商文定公撰先塋碑。

至元五年春，屬有微恙，懇乞致仕，詔允其請，然有大事則遣中使就訪焉，又敕有司歲給廩禄，俾終其身。墓碑。

十年八月，公薨。上聞之，嗟悼，且問臨終何語，左右以不用釋、老、冥錢爲對。公無恙時，嘗謂「世俗以疾革之言爲遺囑，當神思昏亂，其言非復可從。」故自七十以來，手書治命，歲一更之，預爲戒敕嗣子之綱，庀治後事，俾身後有所遵守，如釋、老、冥錢之弗用，皆治命云。墓碑。

十五年秋九月，翰林承旨和魯忽孫、前中書左丞張文謙奏請：「狀元藩邸舊人，嘉言善猷，於國多所裨益。今已云亡，在典禮宜有封謚。」詔特贈謚曰文康。墓碑。

公豈弟樂易，無城府崖岸。愛交遊，喜施舍，家釀法酒，客至輒留飲，談笑終日，氣不少衰。在翰林十餘年，凡大誥命大典册皆出公手，以文章魁海内，而未嘗談文章。嘗謂門人曰：「分章析句，乃經生舉子之業，求之於致知格物之理，則懵如也。爲己之學，當以窮理爲先。」故一時學者翕然咸師尊之，如中書左丞淵淵子清、右三部尚書柴禎輩，皆出公門。墓碑。

公向侍王邸，嘗請葬祭金主，許之。及達汝陽，求訪百至，竟無遺弓可獲，但具牢醴表誄，爲位以哭，哀動蔡人，其大節如此。墓碑。

卷十二之二

内翰王文忠公

公名磐，字文炳，廣平永年人。金正大中，登進士第。中統初，擢益都等路宣撫副使。王師圍濟南，參議行中書省事。遷翰林直學士。出爲真定宣慰使。至元元年，復召入翰林，尋兼太常卿，進拜承旨。居翰林二十年，累乞致仕，不許，年八十二始遂所請。三十年，卒，年九十二。

公自幼志趣不凡，爲學即知自勉。金遷都汴，舉家南渡河，居汝之魯山。既冠，聞偃城麻徵君九疇爲時名儒，裹糧往從之學，勤苦百至。擢正大四年經義進士第，授歸德府録事判官，不赴。自是爲學益力，涵泳經史，漸浸百氏，發爲歌詩古文，波瀾閎放，浩無津涯，邈乎其不可窮已。歲壬辰，河南受兵，避難南走襄陽，宋制置司素挹公名，署議事官。丙申，襄陽難作，公孑身北歸，至洛西，適楊中書惟中被命招集士流，一見喜甚，録其名，授以告身，惟所欲往，遂北游河内。居亡何，值王榮之變去，隱共山，尋遷相下。會東平總管嚴公興學養士，虚師席迎致。公師道尊嚴，望之若莫可梯接，及即之温然和懌，隨問隨答，亹亹忘倦，其辭約，其義明，學者於句讀抑揚之間，已得之矣。受業者常數十百人，往往爲名士。居數年，東游齊，樂青社風土，遂有定居之志。野齋李公撰墓誌。

中統建元，拜益都等路宣撫副使，頃之以疾辭去。三年春，李璮萌異志，〔四〕公覺之，柴車載妻子潛出，挺身走濟南，遂乘馹至京師。時王文統始伏誅，朝士惴恐不安。公至，侍臣以聞，上即日召見，詢問再四，嘉其誠節。王師圍濟南，上知公家屬在圍城中，授參議行中書省事，日圖軍務，一語不及其私。齊亂平，挈妻子來居東原。〔五〕墓碑。〔六〕

拜真定、順德等路宣慰使。禁戢奸暴，扶植善良，民賴以安。先是，衡水監縣忙兀帶，挾勢行私，所爲不法，部民趙清發其奸，訴諸有司，既具伏矣，監司之立也，其妻懼，謀盡去趙氏而滅其口，賂家人醉以酒，暮夜潛入清家，清逃匿獲免，其父母妻子殲焉。清來訴，權要不爲申理，且欲易其獄辭。公曰：「誠若是，死者何辜！」竟奏擬置諸法，籍其家貲，以其半付清。真定賈胡有稱貸取息者，不時償則逮繫私室，搒掠桎梏，恣爲威虐，人不勝酷，目之曰「閻羅王」，數干撓公府，同僚畏忌，惟所指麾。公正色詰責，呼五百捽抑以出，撻之數十，時治事西北城上，命擠之投諸地，郡人稱快。迄公去，不敢復然。墓碑。

至元七年春，復徵拜翰林學士。入謁宰相，首言：「方今害民之吏，轉運司爲甚，至有税人白骨，使民間槁殯不得改葬者，盍速罷去，以蘇民乎。」已而運司果罷。墓碑。

權臣阿合馬秉政，諷大臣奏言尚書省當併入中書，拜右丞相安童爲三公，蓋名示尊崇，實奪之相權，奉旨會議。公言：「兩省合而爲一，命右丞相總統之爲便。如其不然，則兩省姑宜依舊。三公既不與政，不宜虛設。」權臣私論爲之沮止。墓碑。

兼太常少卿，時宮闕未立，〔七〕朝議未定，凡遇稱賀，臣庶無問貴賤，皆集帳殿前，執法者厭其多，揮杖擊之，逐去復來，頃刻數次。公慮爲外國笑，上奏曰：「按舊制，天子宮門不應入而入者，謂之闌入，由外及内罪輕重各有差。宜令宣徽院，籍兩省而下百司官姓名，各依班序，聽通事舍人傳呼贊引，然後得進。有敢越次者，殿中司糾察罰俸；不應入而入者，宜准闌入治罪，庶望朝廷禮肅。」後遂定朝儀如公言。又言：「曲阜，宣聖鄉里，林廟所在，前代給百户，以供灑掃，國朝因仍皆蠲復差賦。夫百家歲賦爲鈔不過六百兩，僅可比朝廷一六品小官終年俸給。聖朝疆宇萬里，歲入財賦以億萬計，詎肯惜一六品官俸不以待孔子哉！

於府庫所益無多，於國體所損甚大。」初累朝給林廟灑掃户百，復其家，至是，尚書省臣括户悉收爲民，故公言及之。墓碑。

九年，上聞天下獄囚滋多，敕諸路自死罪以下，皆縱遣之，期以秋七月，來歸京師受刑，及期皆至。上惻然矜閔，悉原其罪。其後詔詞臣草詔，將戒諭天下，而不宣旨意，久之皆不稱旨。公乃以釋囚之意命辭進讀，上喜曰：「此朕心也，欲言而不能形之於口，卿能爲朕言之。」嘉奬不已。墓誌。

十年，再乞致仕，詔不從，仍舉宋衜、雷膺、魏初、徐琰、胡祗遹、孟祺、李謙宜居翰苑。墓誌。

國子祭酒許衡將告歸，上命中書左丞張文謙問公，公言：「自古有國家者，必與人材共治。若無學校，人材何從而得？今許某教生徒有法，數年之後，皆可從政，事體所繫至大。某素廉介，意其所以求退者，得非生員數少，坐糜廩禄，有所不安而然耶！宜增益生員，使之進學，庶幾人材有成，某之受禄亦可以少安矣。」詔從之。墓誌。

十一年秋，患腰髀痛，艱於行步，家居養疾。上遣使存問，賜以名藥，公嘗言：「前代用人，二十從政，七十致仕，所以用其材力，閔其衰老，養其廉耻之心也。今入仕者既不限年，而衰老病患者，或至扶舁抱負而登廳堂，其人既自不知耻，朝廷亦不以爲非，甚不可也。」每遇會集議政之際，數數及之，故自始得疾，即自停月俸，歷冬迄春，堅乞致仕。上遣使諭之曰：「卿年雖高，非任劇務，第安坐教人耳，何以辭焉！」仍諭旨右丞相：「王學士素著忠順之節，禄之終身可也。」復詔有司盡給所停俸，公不得已復出，國有大政，必咨訪而後行。墓誌。

有詔集百官，問鈔輕物重事，學士王文炳對云：「物貴則不足，物賤則有餘。要以節用而不妄費，庶物貨可平。」玉堂嘉話。

時方伐宋，凡帷幄謀畫有所未允，則遣中使詢問，公悉心敷對，皆見納用。又將有事于日本，遣使問公，公奏言：「今方伐宋，當用吾全力，庶可一舉殄滅。若復分力於東夷，恐曠日持久，功卒難成。俟宋滅，徐圖之未晚也。」墓誌。

江南既下，公言禁戢軍士，選擇官吏，賞功罰罪，推廣恩信，所以撫安新附，消弭寇盜之策甚備，皆略施行之。墓誌。

十三年冬，朝議欲汰冗官，權臣以不便，按察司欲因之省去，公奏疏曰：「外路州郡，去京師遥遠，濫官污吏，侵害小民，無所控告，惟賴按察司爲與申理。若指爲冗官，一例罷去，則小民冤死而無所訴矣。若曰京師有御史臺，足以糾察四方之事，是大不然。御史臺糾察朝廷百官、京畿州縣尚有不及，況能周徧外路千百城之事乎？若欲以按察司併入運司，今之運司專以營利增課爲職，與管民官恒分彼此，豈暇顧細民之冤抑哉？臣以爲存之便。」按察司由是得不罷。墓碑。

自江南撫定，賞賜有功，但遷加職位，有至宰執者二十餘人，因議更定官制。公奏疏曰：「歷代制度，有官品，有爵號，有職位，爵號所以示榮寵，職位所以委事權。臣下有功有勞，隨其大小酬以官爵；有才有能，稱其所堪處以職位，此人君御下之術也。臣以爲有功之人，宜加遷散官，或賜以五等爵號，如漢、唐封侯之制可也，不宜任以職位。」墓誌。

十九年，王師將大舉伐日本。公入諫曰：「日本島夷小國，海道險遠，勝之則不武，不勝則損威，不伐爲便。」時軍行有日矣，上以爲非所宜言，天威震怒，謂公曰：「此在吾國法，言者不赦，汝有它心而然耶？」公對曰：「臣赤心爲國，故敢有言。若有它心，向者何爲從叛亂之地冒死歸國乎！且臣以八十之年，又無子息，有它心欲何爲耶？」遂出。翌日，上遣侍臣以温言慰撫，使無憂懼。墓誌。

二十一年，公以年老，願乞骸骨以歸。丞相和禮霍孫以聞，詔允其請，進資德大夫致仕，仍給半俸終身。前行之一日，公卿百官供張祖餞。明日，皇太子錫宴于聖安寺，公卿百官送至麗澤門外。仍命其壻仕于其府，以便奉養。大臣燕見，上數問公起居狀。公恬愉静默家事，不復關白者凡十年。墓誌。

公性剛方，凡議國政，必正言不諱，雖上前奉對，〔八〕未始將順苟容，上嘗以古直稱之。夙有重名，持文柄主盟吾道，餘二十年，天下學士大夫，想聞風采，得被容接者，終身爲榮。言論清簡，義理精詣，世之號辯博者，方其辭語縱横，援引徵據宜莫可屈，公徐開一言，即語塞不得出聲。爲文沖粹典雅，得體裁之正，不取尖新以爲奇，不尚隱僻以爲高。詩則述事遣情，閑逸豪邁，不拘一律。程、朱性理之書，日夕玩味，手不釋卷，老而弥篤。燕居則瞑目端坐，以義理養其心，世俗紛華，略不寓目。惟善嗜書，晚年益造精妙，筆意簡遠，神氣超邁，自名一家，持縑素求書者，繼踵于門，應之不少拒，人得遺墨，争寶藏之。墓誌。

卷十二之三

尚書李公

公名昶，字士都，東平須城人。金興定中，登進士第。國初，爲東平嚴侯幕官。中統元年，召至京師。明年，以翰林侍讀學士行東平路總管同議官。至元五年，召拜吏禮部尚書。七年，除南京路總管，不赴。八年，起爲山東東西道提刑按察使，遂致仕歸。二十六年，卒，年八十七。

公幼精敏，六歲知讀書，性澹静，講學之外，一無所好。年十二三學爲程文，下筆爲時輩所稱。初，教授君困躓場屋，一夕夢在李彦榜下登第，數名閲計偕之士，無之，因以命公。年十六業成，質幹清癯，甫能勝衣，將從教授君赴春闈，儕輩或少君，教授君不恤也。及期肆筆數千言，比亭午已脱藁。莅試者見其敏給，大加賞異。命下，公中本經第一，教授君果居其下。且意義褒貶，所取各異，人以比歆、向父子。釋褐調孟州温縣丞，未赴，寓陳之項城，聚書深讀，務爲無所不聞，仍手自抄録，爲日課不輟。野齋李公撰墓碑。

金亡，公奉親還東平，嚴武惠公一見，待遇加禮，授行臺都事，凡入覲出征，不令去左右。行臺罷，改行軍萬户府知事。武惠薨，令中書右丞忠濟嗣政，升公經歷。東平大府，民繁事殷，公處贊畫之任，圖慮深遠，未始依違苟從。平章宋公時居幕長，議論率與公合。若府政得失，民生利病，屢爲嗣公言之。居數歲，同列者趣向不同，移疾求去，會丁教授君憂，即杜門不出。服除，嗣公不欲以幕僚相屈，位公師席，躬率僚屬，講問經傳，多所開益，魯諸生執經受業者，前後非一。墓碑。

己未，上將伐宋，次濮陽，召公問治國用兵之要，治國則以用人、立法、賞罰、君道、務本、清源爲對，用兵則以伐罪、救民、不嗜殺爲對，上嘉納之。墓碑。

上即位，建元中統，驛召至京師，時備咨訪，凡國政可否，知無不言。其年冬，車駕北征，徽需煩索，行中書省科取税賦，雖逋户不貸，公移書諸相，其略曰：「百姓困於弊政久矣，聖上龍飛，首頒明詔，天下之人如獲再生，拭目傾耳，思見太平。半年之間，人漸失望，良以渴仰之心太切，興除之政未孚故也。側聞欲據丁巳户籍，科徵租税，比之見户，或加多什六七，且止驗見户應輸，猶恐不逮，復令包補逃故，必致艱難。苟不以撫字安集爲心，惟事供億，則諸人皆能之，豈聖上擢賢更政之意哉！」省府爲蠲逋户之賦。墓碑。

二年春，内難平，公上表稱賀，因示諷諭曰：「患難之作，上天所以存警戒，願日新其德，雖休勿休，戰勝不矜，功成不有，選官以修政，崇儉以養民，恒以北征宵旰之勞，永爲南面佚豫之戒。」上爲之斂容，擢用有期。屬東平萬户嚴忠範代其兄爲本路總管，奏請公偕行，將師用其言，詔授翰林侍讀學士，行東平路總管同議官。墓碑。

朝議令老疾輸賦，公貽書書省府曰：「聖上即位之初，凡鰥寡廢疾之人，命所在優恤。去歲省府常有榜諭，俾給糧收養。旬月之間，一予一奪，非所以示信于民也。」從之。墓碑。

至元五年，詔起公吏禮部尚書，格品條式，選舉禮文之事，多出公裁定。宰相素重公，凡有集議，必延置上座，傾聽言論。會制府有升省之議，遂請老而歸。墓碑。

八年，拜山東東西道提刑按察使，務持大體，不事苛細。一出按行，則致仕不復出。墓碑。

公資簡重，後生小子，望之若莫可梯接，及前則温粹見于面。樂於誨誘，有所問，則叩竭終始，無所隱。或不可與言，則未嘗妄交一語。薄於世味，每以安恬退處爲心，故其居官日淺，而未嘗作期月留也。家居安坐一榻，書史滿前，窮日夕不少厭。墓碑。

太常徐公　卷十二之四

公名世隆，字威卿，陳州西華人。金正大中，登進士第。國初，爲東平行臺幕官。中統元年，拜燕京宣撫使。三年，除太常卿。至元元年，遷翰林侍講學士，兼太常卿，又兼户部侍郎。七年，拜吏部尚書。出爲東昌路總管。擢山東道提刑按察使。十五年，移江北淮東道。十七年，召爲翰林學士，又召爲集賢學士，皆以疾辭不行。二十二年，卒，年八十。

公生而穎悟，七歲入小學，應對進退，輒異常兒。年十五，有賦聲。二十二，登正大四年進士第，京朝官又章辟公爲縣令。朝請遣人辭焉，且戒公曰：「汝年少，學未至，毋急仕進，更當多讀書，涉獵往事，以益智識。俟三十入官，未晚也。」公奉教，爲學益刻厲，經史諸子百家，靡不研究。東平徐公撰墓碑。

壬辰之亂，朝請歿。癸巳，河南破，公輦太君北渡河，嚴武惠公知公名，招致東平幕府，俾掌書記。公勸武惠收養寒素，一時名公多歸焉，故東平人物之盛爲諸道最。武惠薨，嗣侯襲職，署公詳議，職雖贊佐，侯寔師之。先帝即位之歲，置總六部於燕京，以公充拘擢燕京路課税官，公謂理財非所能也，力辭而歸。墓誌。

大元受天命，肇造區夏，列聖相承，未遑文治。上在潛邸，獨喜儒士，凡天下鴻才碩學，往往延聘，以備顧問。壬子歲，自漠北遣使來徵公，見于日月山之帳殿，上方治兵征雲南，因問：「此行何如？」公對曰：「昔梁襄王問孟子：『天下烏乎定？』孟子曰：『定于一。』襄王曰：『誰能一之？』孟子曰：『不嗜殺人者能一之。』夫君人者，不嗜殺人，天下可定，况蕞爾之西南夷乎！」上曰：「誠如威卿言，吾事濟矣。」是歲，雲南諸國降。上既登極，每有征伐，必諭以不殺，於是四方未禀正朔之國，願來臣屬者，踵相躡於道，十餘年間，際天所覆，咸爲一家，土宇之廣，開闢以來未有也。不嗜殺人之效，其捷若此。然一言寤意，皆自公發之。墓誌。

東平自武惠公時得亡金太常登歌樂，有旨取觀，公典領以行。既見，上欲留公，公以母老辭，遣尚書柴公送公還。又明年，今參政商公由東平經歷赴召北上，嚴侯遂令公代之。公既正位幕長，軍民之利害，公事之得失，知無不言，其所救正者非一。墓誌。

中原版蕩之後，鄆學久廢，嚴侯修復，以養生徒，公從臾之力居多。又歲署題考試，等其甲乙，屢中高選者，擢用之。時自入學，親爲諸生講説，其課試之文，有不中程者，輒自擬作，與爲楷式。一時後進，業精而行成，人才輩出，如翰林學士閻復、太子諭德李謙、浙東按察使孟祺、禮部侍郎張孔孫、太子贊善夾谷之奇等是也。墓誌。

中統建元，擢公燕京等路宣撫使。京師久號難治，下車以新民善俗爲務。車駕往還，貴近迎送，百色供億，從容以辦。中書省檄諸路當養禁衛之羸馬，數以千、萬計，芻秣與其什器，前期戒備。公曰：「國馬牧於北方，往年無飼於南者。上新臨天下，京畿根本地，煩擾之事，必不爲之，馬將不來。」吏白：「此軍需也，其責不輕。」公曰：「責當我坐。」遂弗爲備，馬果不至。清、滄鹽課，前政虧不及額，公綜覈之，得增羡若干，敕賜白金三十笏，以嘉其能。墓誌。

二年，移治順天。歲饑，民乏食，公發廩貸之，所全活者甚衆。墓誌。

三年，宣撫司罷，公還東平。總管嚴公奏：「太常登歌樂，向聖主觀于日月山，既而發還，今十餘年矣。乞增宫懸大樂、文武二舞，令舊工教習，以備大祀。」上可其請，就除公太常卿以主之，兼提舉本路學校事。墓誌。

四年，上問堯、舜、禹、湯爲君之道，公取書所載帝王事以對，上喜曰：「汝爲朕直解進讀，我將聽之。」書成，上命翰林承旨安藏譯寫以進。墓誌。

至元元年，除翰林侍講學士，兼太常卿，朝廷大政諮訪而後行，詔命典册多出公手。公選前賢内外制可備館閣用者，凡百卷，曰瀛洲集，至今用之。墓誌。

六年，作新大都于燕，宗廟之制未有議者，公奏曰：「陛下帝中國，當行中國事。事之大者，首惟祭祀，祭祀必有清廟。」因以圖上，乞敕有司以時興建，從之。踰年而廟成，公之所教太常禮樂亦備，遂迎祖宗神御，入藏太室，因奉安而大饗焉。禮成，上悦，賞賜良渥。墓誌。

公在翰林、太常，所薦僚屬多海内名士，時號得人。尋兼户部侍郎，奉敕議立三省，遂定内外官制上之。墓誌。

時宫闕落成，而朝儀未立，公奏曰：「今四海一家，萬國會同，朝廷之禮，不可不肅，宜定百官朝會儀。」從之。墓誌。

七年，拜吏部尚書。公以銓選無可守之法，爲撰選曹八議。墓誌。

九年，公乞補外，除東昌路總管，佩虎符。至郡，專務以德率下，不事鞭箠，吏不忍欺，民亦化服，期年而政成。乃修廟學，起驛舍，新公廨，區處皆有條序，力省功倍，而民不知勞，郡人頌之。墓誌。

十四年，起爲山東提刑按察使。某路有妖言之獄，所司逮捕凡數百人，公爲剖析絓誤者十八九，悉縱遣之。墓誌。

十五年，移公淮東道按察使。淮安安撫使許瓊，亡宋邊將，家人有告瓊匿官庫財者，憲司繫其妻孥以徵之。公謂同僚曰：「許所匿者，亡宋之物也，豈可與今盗官財者同論耶？」同僚不以爲然，公獨抗章辨明，行臺是之，釋不問。墓誌。

詔發南北兵征日本，遠近愁歎，江浙尤甚。公奏疏諫之，語頗剴切，當路者恐忤旨，不即以聞。已而，上意寤，其事亦寢。墓誌。

二十二年，丞相安童再秉國鈞，圖任舊人共政，奏公雖老，使之坐而策國事，尚可用也。遣使召公，公老病辭不能行，附奏便宜九事，賜田十頃。公時年八十，至秋病增劇，作八十可老歌以自遣，所以處死生，若久客而將歸焉。易簀之際，吟諷弗輟。墓誌。

公儀觀魁梧，襟度宏博，慈祥樂易，人忤之，無忮心與愠色。與人交，一以誠，藩籬廓達，洞見肺腑。喜賓客，樂施與，及好奬進士類，人有片善，稱之惟恐不至。然和而不流，群而不黨，清而能容，仁而能斷。時論推之，以爲有公輔器。墓誌。

公明習前代典故，尤精律令。事有至難，獄有大疑，使公决之，不假閲成案，立談之間，引援區别，冰釋理順。載法之文，法外之意，無不包舉，雖專門名家者，亦不如是之審。至論事，口悱悱然若訥者，及秉筆而書，頃刻千百言，言盡意到，燦然成文，人謂尚書説事手敏于口。墓誌。

公之奏議典贍詳悉，無迂踈之累。古文純正明白，無奇澁之偏。歌詩則坦夷瀏亮，無雕斲晦深之病。四六則駢儷親切，無牽就支離之弊。雖然，在公悉爲餘事，惟愛君憂國之心，堅如金石，不以仕宦爲汚，不以辭退爲高，亦不以衰老疾病爲僊。苟聞時政有所可否，論思獻納，恒若言責之在己，惓惓不替，至死乃已，合于古人畎畝不忘君之義也。墓誌。

校勘記

〔一〕授奉直大夫　「授」原作「受」，據聚珍本及元史卷一六〇本傳改。

〔二〕今禮部尚書許國禎首聘公於保州　「禎」原作「楨」，據秋澗集卷一九禮部尚書許公挽辭及元史卷一六八許國禎傳改。

〔三〕我國家以威武定四方　「威」原作「成」，據明鈔本、清鈔本、聚珍本改。

〔四〕李壇萠異志　「李」字原脱，據聚珍本補。

〔五〕挈妻子來居東原　「東原」，畿輔本原作「東平」，校改爲「東原」。按元史卷一六〇本傳作「東平」，且云其致仕後「命其壻著作郎李稺賓爲東平判官，以便養。」疑作「東平」是。

〔六〕墓碑　聚珍本作「墓誌」，且下文均作「墓誌」，似是。按本書例，凡首注出處，必列其作者之名，此則無。

〔七〕時宫闕未立　「宫」原作「官」，明鈔本、清鈔本均描改作「宫」，聚珍本作「宫」，今據改。

〔八〕雖上前奉對　「奉」明鈔本邊改作「奏」，清影元鈔本、清鈔本、聚珍本均作「奏」。

國朝名臣事略卷第十三

廉訪使楊文憲公

卷十三之一

公名奂，字焕然，乾州奉天人。國初，舉進士中選，授河南路徵收課税所長官，兼廉訪使。歲壬子，參議京兆宣撫司事。乙卯，卒，年七十。

君母程嘗夢東南日光射其身，旁一神人以筆授之，已而君生，父蕭軒翁以爲文明之象，就爲制名。年十一，丁内艱，哀毁如成人，日蔬食，誦孝經爲課，人以天至稱焉。又五年，師鄉先生吴榮叔。未幾，賦業成，即有聲場屋間，不三十，三赴庭試。興定辛巳，以遺誤下第，同舍盧長卿、李欽若惜君連蹇，勸試補臺掾。臺掾要津，仕子慕羡而不能得者，君答書曰：「先夫人每以作掾爲諱，僕無所似肖，不能顯親揚名，敢貽下泉之憂乎！」正大初，君草萬言策，將詣闕上之，所親謂其指陳時病，辭旨剴切，他人所不敢言，保爲當國者所沮，忠信獲罪，君何得焉！君知直道不容，即日出國門而西，教授鄉里。遺山元公撰墓碑。

癸巳，汴梁陷，微服北渡，羈孤流落，人所不能堪，君處之自若也。冠氏帥趙侯壽之延致君，待之師友。問會門生朱拯自京師輂書至，君得聚而讀之。東平嚴公久聞君名，數以行藏爲問，君終不一詣。或問之故，君曰：「不招而往，禮歟？且業已主趙侯矣，將無以我爲二三乎！」墓碑。

戊戌，天朝開舉選，特詔宣德課税使劉公用之試諸道進士。君試東平，兩中賦論第一。俄從監試官北上，謁中書耶律公，力奏薦之，宣授河南路徵收課税所長官，兼廉訪使。陛辭之日，言於中書公曰：「僕不敏，誤蒙不次之用，以書生而理財賦，已非所長。又河南兵荒之後，遺民無幾，烹鮮之喻，正在今日，急而擾之，糜爛必矣。願公假以歲月，使得拊摩創罷，以爲朝廷愛養基本萬一之助。」中書甚善之。君初莅政，〔一〕招致名勝，如蒲陰楊正卿、武功張君美、華陰王元禮、下邽薛微之、澠池翟致忠、太原劉繼先等，日與商略條畫約束，一以簡易爲事。按行境内，親問監務，月課如干，難易若何。有循習舊例以增額爲言者，君訶之曰：「剥下罔上，若欲我爲之耶？」即減元額四之一，公私便之。官長所臨率有餽餉，君一切拒絶。不踰月政成，官民以爲前乎此，蓋未有漕司惠吾屬之如是也。在官十年，乃請老于燕之行臺。墓碑。　又公文集云：歲在己丑十有一月，中書耶律公以軍國大計舉近世轉運司例，經理十路課税，易司爲所，黜使稱長，相豐歉，察息耗，以平歲入，奏可一聽中書省總之。開創伊始，制度未遑，天下郡縣，猶以財賦自贍。不重其權，則無以剗其弊，故官吏汚濫，得廉糾之，刑賦舛錯，得釐正之。至於風俗之疵美，盗賊之有無，楮貨之低昂，得季奏之。凡佐吏許自辟以從，〔三〕被選者以爲榮。

壬子九月，王府驛召入關，尋被教參議京兆宣撫司事。累上書，乃得請。閒居鄉郡，築堂曰歸來，爲佚老之所，雖在病卧，猶召子弟秀民諭之曰：「吾鄉密邇豐、鎬，民俗敦朴。汝輩皆當孝弟力田，以廉慎自保，毋習珥筆之陋，以玷傷風化。」病革，處置後事如平時，敕家人：「吾且死，勿以二家齋醮，貽識者笑。」遂引觴大噱，怡然而逝。墓碑。

君不治生産，不取非義，仕宦十年，而家無十金之業。然其周困急，恤孤遺，扶病疾，助葬祭，力雖不贍，猶强勉爲之。與人言，每以名教爲言，有片善，則委曲奬藉，惟恐其名之不著。或小過失，必以苦語勸止之，怨怒不計也。墓碑。

初，泰和、大安間入仕者，惟舉選爲貴科，榮路所在，人争走之，程文之外，翰墨雜體，悉指爲無用之技，尤諱作詩，謂其害賦律尤甚。至於經爲通儒，文爲名家，不過翰苑六七公而已。君授學之後，其自望者不碌碌，舉業既成，乃以餘力作爲詩文，下筆即有可觀。性嗜讀書，博覽强記，務爲無所不闚，真積力久，猶恐不及，寒暑飢渴，不以累其業也。作文剗刮塵爛，創爲裁製，以蹈襲剽竊爲耻。禮部閑閑趙公、平章蕭國侯公、内翰馮公、屏山李公，皆折行位與相問遺，河朔士夫舊熟君名，想聞風采所過求見者，應接不暇，其爲世所重如此。暮年還秦中，秦中百年以來，號稱多士，較其聲問赫奕聳動一世，蓋未有出其右者，前世關西夫子之目，今以歸君矣。墓碑。

君著述有還山集六十卷，始於古賦，次之以古律詩，又次之碑誌、記説、銘贊、雜文。概言十卷，隱而天道性命之説，微而五經百氏之言，明聖賢之出處，辨理欲之消長，可謂極乎精義入神之妙矣。天興近鑑三卷，自壬辰正月至甲午六月絶筆，其書法如古之史臣，其議論如胡氏之春秋也。正統書六十卷，自唐、虞至于五代，一年一月一日各有所書事，三代以上存而不議，秦、漢而後附之以論。其叙曰：「正統之説，所以禍天下後世者，凡以不出於孔、孟之前故也。且夫湯、武之應天順人，後世莫可企及，猶曰『予有慙德，武未盡善。』後世僻王乃復賴前哲，概以正統之傳，非私言乎！今八例曰得、曰傳、曰衰、曰復、曰與、曰陷、曰絶、曰歸。始皇十年貶絶陷者何，懲任相之失也；太宗傳之而曰得者何，志奪宗之惡也；責景帝者何，短通喪也；責明帝者何，啓異端也；與明宗者何，有君人之言也；與周世宗者何，世宗而在禮樂可興也。」如是八例，其説累數十萬言，以謂不如是，則是非不白，治亂不分，勸戒不明，雖綿歷百千萬世，正統之爲正統昭昭矣。〔三〕

卷十三之二

内翰李文正公

公名冶，字仁卿，真定欒城人。金正大末登進士第。壬辰，北渡，居太原，藩府交辟，皆不就。至元二年，召拜翰林學士。明年，以疾辭歸，居元氏之封龍山。十六年，卒，年八十八。

公幼讀書，手不釋卷，性穎悟，有成人之風。既長，與河中李欽叔、龍山冀京甫、平晉李長源爲同年友。屏山李先生令代作墓銘數篇，一夕而就，屏山大加賞異。正大七年，登詞賦進士第，調高陵簿，未上。從大臣辟，權知鈞州事。時調度方殷，公掌出納，無規撮之誤。壬辰正月，城潰，公微服北渡，流落忻、崞間，人所不能堪，公處之自若也。事跡。

先生才大而雅，識遠而明，閎於中而肆於外，蓋將以斯文鳴斯道者也。在河南時，文聲已大振，及壬辰北渡，隱于崞山之桐川，聚書環堵中，閉關却掃，以涵泳先王之道爲樂，雖飢寒不能自存，亦不恤也。是後由崞而之太原，之平定，之元氏，流離顛挫，亦未嘗一日廢其業，手不停披，口不絶誦，如是者幾五十年。先生之於學，其勤至矣。人品既高，真積之力斯久，所以優柔饜飫，深造自得，兼衆人之所獨，經爲通儒，文爲名家，其名德雅望，又爲一時衣冠之龍門也。退然自以爲不足，嘗曰：「名爲吾眼中之昧。」蓋先生性喜退密，耻於近名，所學所行，切於爲己，而非以爲人也。門生集賢焦公撰文集序。

世祖方居潛邸，歲丁巳五月，遣按忒木兒、董文用馳傳來召，且曰：「素聞仁卿學贍才優，潛德不耀，久欲一見之，切毋它辭。」既至，帝問：「汝在河南，居官者誰最佳？」公對曰：「百餘年間人才未易數，在今日論之，其險夷一節，則完顏仲德甚可嘉尚。」又問：「仲德讀書否？」對曰：「仲德策論進士，觀其以國忘家，以主忘身，實自讀書中來。」又問：「完顏合答及蒲瓦何如？」對曰：「二人將略俱短少，帝任之不疑，此金所以亡也。」又問：「魏徵、曹彬何如？」對曰：「徵忠言讜論，知無不言，實爲唐朝名臣第一。彬伐河南，未嘗妄殺一人，當在方叔、召虎之列，韓、白、衛、霍在所不論。」又問：「今居官之人，有如魏徵者否？」對曰：「今之人側媚成風，欲比魏徵實多愧矣。」又問人材，對曰：「天下未嘗乏之材，求則得之，舍則失之，理勢然耳。且今之儒生如魏璠、王鶚、李獻卿、蘭光庭、趙復、郝經、王博文輩，皆可用之材，又皆賢王之所素知，已嘗聘問者也。舉而用之，何所不可，但恐用之不盡耳。夫四海之内，曷止此數子哉！誠能廣延於外，將見雲集輻湊於朝廷矣。」又問：「回鶻人可用否？」對曰：「漢人中有君子小人，回鶻人亦有君子小人。但其人貪財嗜利，廉謹者少，在國家擇而用之耳。」又問：「天下當如何而治？」對曰：「夫治天下，欲難則難於登天，欲易則易於反掌。蓋有法度則治，控名責實則治，進君子退小人則治，如是而治天下，豈不易於反掌乎！無法度則亂，有名無實則亂，進小人退君子則亂，如是而治天下，豈不難於登天乎！且爲治之道，不過立法度，正綱紀而已。紀綱者上下相維持，法度者賞罰示懲勸。今則大官小吏，下至編民，皆自縱恣，以私害公，是無法度也。有功者未必得賞，有罪者未必被罰，甚則有功者或反受辱，有罪者或反獲寵，是無賞罰也。法度隳，紀綱壞，天下不變亂已爲幸矣。」又問：「昨者地震何如？」對曰：「天裂爲陽不足，地動爲陰有餘。地道陰也，陰太盛則變常矣。今之震動，或姦邪在側，或女謁盛行，或讒慝弘多，或刑獄失中，或征伐驟舉，五者必有一於此矣。然天之愛君，如愛其子，故出此以警之。苟能辨姦邪，去女謁，屏讒慝，減刑獄，止征伐，上當天心，下合人意，則可變咎證爲休徵矣。」王庭問對。

先生平生愛山嗜書，餘無所好。晚家元氏，買田封龍山下，以供饘粥，學者稍稍從之。歲久，從游者日益多，所居不能容，鄉人相與言曰：「封龍山中有李相昉讀書堂故基，兵革以來，荆棘堙廢不治。若芟而葺之，令先生時慦杖屨，而棲生徒，豈不爲吾鄉之盛事哉。」以告先生，先生欣然從之，則相與聚材鳩工，日增月積，講堂齋舍以次成就。舊有大成殿弊漏傾欹，又重新之。未幾，朝廷聞先生賢，安車聘之。既至，奏對稱旨，欲處以清要，先生謝曰：「老病非所堪也。」懇求還山，朝廷知不可留，遂其意。後四年，詔立翰林院於燕京，再以學士召，仍敕真定宣慰司驛騎賫遣先生起，就職纔期月，又以老病尋醫去。王文忠公撰書院記。　按公與翰苑諸公書云：「諸公以英材駿足，絶世之學，高躡紫清，黼黻元化，固自其所。而某也，孱資瑣質，誤恩偶及，亦復與吹竽之部，律以廉耻，爲幾不韙耶。諸公愍我耄昏，教我不逮，肯容我竄名玉堂之署，日夕相與刺經講古，訂辯文字，不即叱出，覆露之德，寧敢少忘哉。但翰林非病叟所處，寵禄非庸夫所食，官謗可畏。幸而得請，投跡故山，木石與居，麋鹿與游，斯亦老朽無用者之所便也。」

翰林視草，唯天子命之，史館秉筆，以宰相監之，特書佐之流，有司之事耳。非作者所敢自專，而非非是是也。今者，猶以翰林、史館爲高選，是工諛譽，而善緣飾者爲高選也，吾恐識者羞之。敬齋泛説。

吾聞文章有不當爲者五，苟作一也，徇物二也，欺心三也，蠹俗四也，不可以示子孫五也。今之作者，異乎吾所聞矣，不以爲所不當者之爲患，惟無是五者之爲患。泛説。　公著述有文集四十卷，壁書叢削十卷，泛説四十卷，古今黈四十卷，側圓海鏡十二卷，益古衍段三卷，其它雜書又十餘卷。

或問學，李子曰：「學有三，積之之多，不若取之之精，取之之精，不若得之之深。」泛説。

李子年二十以來，知作爲文章之可樂，以爲外是無樂也。三十以來，知搴取聲華之可樂，以爲外是無樂也。四十以來，知究竟名理之可樂，以爲外是無樂也。今五十矣，覆取二十以前所讀論、孟、六經等書讀之，乃知曩諸所樂，曾夏蟲之不若焉，尚未卜自今以往，又有樂於此也以否。泛説。

初，聶侯珪以土豪歸國，帥平定者最久，雅親文儒，聞敬齋李公之名而賢之，輩至郡舍，會遺山元公還太原過之，爲數日留，因追憶閑閑、文獻二老，作詩云：「百年喬木鬱蒼蒼，耆舊風流趙與楊。爲向榆關使君道，郡中合有二賢堂。」聶侯起謝曰：「此珪志也。」方經始而聶侯卒。至元二年，劉侯天禄繼守是州，爲屋數楹，置趙、楊、元、李四公像其中以事之。惟閑閑、文獻以道德文章爲一代宗師，昔在禮部、翰林對持文柄，時號楊、趙，遺山、敬齋皆二公門下客，自南都時才名已相埒。北渡後，常往來西州，寓志于文字間，賡唱迭和，世亦謂之元、李。海内之人，識與不識，往往誦其詩，讀其書，敬仰其人，蓋所謂聞而不得見，見而不得親者。獨是一郡，閑閑之桐鄉，文獻之梓里也，人歌清静之政，家服孝友之化，而又接見遺山、敬齋，凡僚吏士庶，每話及中州耆舊，必以四賢爲稱首，堂而祠之宜矣。太常徐公撰四賢堂記。

太史楊文康公

公名恭懿，字元甫，奉元人。隱居不仕。至元十二年，召至京師。未幾，辭歸。十六年，以修曆召，曆成，授集賢學士，兼太史院事。十八年，辭歸。二十年，以太子賓客召；二十二年，以昭文館學士、領太史院事召；二十九年，以議中書省事召，皆辭疾不行。三十一年，卒，年七十。

公以正大乙酉生，童而讀書，記識强敏，日數千言。時艱，從中大夫逃亂而東，不恒其居，于汴，于歸德，于天平，雖間關險阻，未嘗怠弛其業。年十七，侍中大夫西歸，無田于郊，假室以居，鄉鄰或繼其匱，皆謝不取，惟服勞以爲養。暇則力學，綜博於書，無不經目而究心者。摳衣之徒，〔四〕户外滿履，横經入問，爲析疑義，〔五〕源源其辭，若引江河而下之。名聲日延，海内搢紳友中大夫者，馳書交譽，知之膚者，求觀其文，侈其肆者，以爲鱣堂之席有繼，與其極者，直期以宗盟斯道於將來。時已邃易、禮、春秋，思有纂述，耻爲章句儒而止。志於用世，反覆史學，以監觀廢興存亡、理亂得失於千數百年之中，輔治之具禮樂兵刑，禮樂非王者果爲，不可興行於天下，兵恃以芟暴亂而安元元，刑取其弼教循本以求，皆仁義之資也。不講之有素，或一旦帥三軍，爲士師，貿貿焉不知其方，反受成教武人俗吏乎。年二十四，始得朱子集注章句四經、太極圖、小學、近思録諸書，誦其言而惟其意，嘆曰：「人倫日用之常，天道性命之妙，皆萃此書。今入德有其門矣，進道有其途矣，吾何獨不可及前脩踵武哉。」窮理以致其知，反躬以踐其實，動静云爲一乎持敬。〔六〕行之以剛健，居之以悠久，日就月將，俟其成功於潛齋之下，自任益重，前習盡變，不事浮末矣。牧庵姚公撰神道碑。

歲甲寅，司徒許文正公，奉潛藩教來秦，公往見之，際其道德之光，聞其仁義之言，於傾蓋頃歸心服曰：「世烏有斯人之倫。」敬事猶師，而司徒友之亦至，分庭而行，抗席而坐。一遇講貫，動窮日力，而所造益深，平居訒於爲言。喪中大夫，絶口水漿五日，喪葬用牲，〔七〕盡祛桑門惑世之法，爲具不足，稱貸益之，棺槨皆黄腸，衣衾必縟，疏衰饘粥，悲憂爲疾，杖始能起。司徒會葬歸，語學者曰：「小子志之，曠世墜典，夫夫特立而獨能行之。」聚居六年，司徒東歸。喪妣夫人，猶中大夫，其疾益阽。三輔士夫，知由禮制自致其親者，皆本之公。神道碑。

先是，宣撫司、行省欲以掌書記共議事禄之，皆不能屈。至元七年，詔司徒由國子祭酒拜中書左丞，始與右丞相安童共政，日譽公賢，丞相以聞。十年，遣使來召，疾不能行。十一年，儲皇下教中書：「汝如漢惠聘四皓者，其聘以來。」故丞相遣郎中張元智書致是命。其冬，下車京師，上遣國王和童勞其遠來。他日入見，上問何鄉、先德爲誰、從何師學、子今有幾，無不周悉。明年月正元日之翼日，上御香殿，以大師南伐，使久不至，方念之深，欲筮之。時以日者待詔公車，百十爲輩，獨以命公，蓋以其道德素著，可交神明者，其言頗秘。神道碑。

侍讀徒單公履請設取士之科，詔先少師文獻公、司徒竇文正公與公雜議，公上奏曰：「三代以德行六藝，賓興賢能。漢舉孝廉，兼策經術。魏、晉尚文辭，而經術猶未之遺。隋煬始專賦詩，唐因之，使自投牒，貢舉之法遂熄，雖有明經，止於記誦。宋神宗始試經義，亦令典矣，哲宗復賦詩，遼、金循習。將救斯弊，惟如明詔嘗曰：『士不治經學孔、孟之道，日爲賦詩空文。』斯言足立萬世治安之本。今欲取士，宜敕有司，舉有行檢通經史之士，使無投牒自賤，〔八〕試以五經四書大小義、史論、時務策。夫既從事實學，則士風還淳，民俗趍厚，國家得識治之才矣。」奏入，上善之。丞相每咨世務，倚以自毗，會其北征，公遂請畢男婚而歸。神道碑。〔九〕

十六年，詔安西王相敦遣赴都。九月，入見，詔於太史院改曆。十七年二月，副樞領太史易、教領太史衡及公等上改曆奏曰：「臣等徧考自漢以來，曆書四十餘家，精思推算，晝夜測驗，舊儀難用，而新者未備，故日行盈縮，月行遲疾，五行周天，其詳皆未精察，四方亦未測驗參考。臣等共議，權以新儀木表，與舊儀所測相較，得今歲冬至晷景及日躔所在，與列舍分度之差，大都北極之高下，晝夜刻長短，參以古制，創立新法，推算成辛巳曆。雖或未精，然比之前改曆者，附會曆元，更立日法，全踵故習，顧亦無愧。然必每歲測驗修改，積二三十年，庶盡其法。可使如三代日官，世守其職，測驗恒久，無改歲之事矣。」又合朔議曰：〔一〇〕「日行曆四時一周，謂之一歲，月踰一周，復與日合，謂之一月，言一月之始，日月相合，故謂合朔。自秦廢曆紀，漢太初止用平朔法，大小相間，或有二大者，故日食多在晦日或二日，測驗時刻亦鮮中。宋何承天測驗四十餘年，進元嘉曆，始以月行遲速定小餘，以正朔望，使食必在朔，名定朔法，有三大二小，時以異舊罷之。梁虞劇造大同曆，隋劉孝孫造皇極曆，皆用定朔，爲時所阻。唐傅仁均造戊寅曆，定朔始得行。貞觀十九年，四月頻大，人皆異之，竟改從平朔。李淳風造麟德曆，雖用平朔，〔一一〕遇四大則避人言，以平朔間之，又希合當世，爲進朔法，使無元日之食。至一行造大衍曆，謂『天事誠密，四大三小何傷。』〔一二〕誠爲確論，然亦循常不改。臣等更造新曆，一依前賢定論，推算皆改從實。今十九年曆，自八月後，四月併大，實日月合朔之數也。」是日，方列跪未讀奏，詔賜魯齋及公坐，諭曰：「卿二老，毋自勞，謹教示諸人耳。」四月，授集賢學士，兼太史院事。墓誌。

徵士蕭𣂏誌其墓曰：「朱文公集周、程夫子之大成，其學盛於江左，北方之士聞而知者，固有其人，求能究聖賢精微之蘊，篤志於學，真知實踐，主乎敬義，表裏一致，以躬行心得之

餘，〔一三〕私淑諸人，繼前脩而開後覺，粹然一出乎正者，維司徒暨公。」嗚呼！誠知德不易之言哉。神道碑。〔一四〕

校勘記

〔一〕君初莅政　「莅」原作「在」，據國家圖書館藏元刻本、聚珍本改。按元遺山先生全集卷二三故河南路課税所長官兼廉訪使楊君神道之碑作「涖」，清鈔本作「蒞」，足證作「莅」是。

〔二〕凡佐吏許自辟以從　「佐」原作「在」，據聚珍本改。

〔三〕正統之爲正統昭昭矣　按此段文字闕注出處，聚珍本補「墓碑」二字。然核之元遺山先生全集卷二三故河南路課所長官兼訪使楊君神道之碑，文字頗多出入，疑另有所本。

〔四〕摳衣之徒　「徒」字原脱，明鈔本補「徒」字，清鈔本、聚珍本亦均有「徒」字，與元文類卷六〇領太史院事楊公神道碑合，今據補。

〔五〕爲析疑義　「析」原作「折」，據明鈔本、清影元鈔本、清鈔本、聚珍本及上引元文類改。

〔六〕動静云爲一乎持敬　「乎持」明鈔本校作「持乎」，清鈔本作「持乎」。

〔七〕喪葬用牲　「喪」原作「器」，明鈔本描改作「喪」，清鈔本、聚珍本均作「喪」，與元文類卷六〇領太史院事楊公神道碑合，今據改。

〔八〕使無投牒自賤　「賤」上引元文類作「薦」。

〔九〕神道碑　「碑」字原脱，據清影元鈔本、清鈔本、聚珍本補。

〔一〇〕合朔議　「議」原作「曆」，據畿輔本及元史卷一六四本傳改。

〔一一〕雖用平朔　按上引元史「用」上有「不」字，似是。本傳上文云：「貞觀十九年，四月頻大，人皆異之，竟改從平朔」，李淳風之造麟德曆則不當再用平朔，不然下文「遇四大則避人言，以平朔間之」，就前後矛盾。

〔一二〕天事誠密四大三小何傷　「三」原作「二」，按前引元文類作「三」；元史卷一六四郭守敬傳叙及一行造曆亦云：「始以朔有四大三小」；元史卷五三曆志有「天事誠密，雖四大三小庸何傷。」今據改。

〔一三〕以躬行心得之餘　「餘」原作「於」，明鈔本描改作「餘」，清鈔本眉校作「餘」，聚珍本亦作「餘」，與上引元文類合，今據改。

〔一四〕神道碑　「碑」字原脱，據清影元鈔本、清鈔本、聚珍本補。

國朝名臣事略卷第十四

卷十四之一

左丞董忠獻公

公名文炳，字彦明，真定藁城人。少爲藁城令，入事潛邸。中統元年，宣慰燕南諸道。二年，授山東東路宣撫使，未至，召爲侍衛親軍都指揮使。〔一〕三年，授山東經略使。至元三年，授鄧州光化行軍萬户、河南統軍副使。七年，改山東統軍副使。九年，遷樞密院判官，行院淮西。十一年，拜參知政事，遂與丞相伯顔合兵取宋。宋亡，拜中書左丞。十四年，還朝，拜僉書樞密院事。是歲，薨，〔二〕年六十二。

龍虎公薨時，公年始十六，率諸稚弟事母李夫人。李夫人有賢行，治家嚴，篤於教子。公學侍其先生，警敏善記誦，自幼儼如成人。清河元公撰家傳。又李野齋撰墓誌云：公幼岐嶷，舉動如成人，嘗率群兒嬉戲，部分左右，習爲行陣之事，指揮號令，無敢違者。

歲乙未，以父任爲藁城令，同列皆父時人，少公，吏亦不之憚。居半歲，明於聽斷，以恩濟威，同列束手下之，吏抱案求署，不敢仰首，里人亦化服。縣貧，重以旱蝗薦饑，而府徵日暴，民殆不能生。公以私穀數千石予縣，縣得以少寬民。前令乏軍興，貸於人，而貸家息入歲倍，率取償民之蠶麥。公曰：「民困矣，頭會箕斂，不足已責。吾爲令，義不忍，吾代償。」乃以田廬若干畝所，計直予貸家。遂業貧民縣之閒田，教之敏藝，而豪不敢奪。流離漸還，數年間，民食以饒。初料民，敢隱實者，誅籍其家。公務衆其力，而寡其居，衆危不可，公曰：「爲民獲罪，亦所甘心。」由是藁民富完至今。外縣民或銜負，〔三〕不直其縣，而投牒求直於公，嘗上計府，外縣人聚觀之，曰：「吾亟聞董令，董令顧亦人耳，何明能若神也！」府索無厭，公抑不予。或讒之府，府欲中公，公曰：「吾終不能剜民規利。」即棄官去。家傳。

世祖在藩邸，癸丑秋，奉憲宗命征南詔。公率義士四十六人騎從世祖南詔，後世祖軍，人馬道死亡，比至吐蕃，止兩人能從，兩人翼公徒行，顣頷蹢躅，取死馬肉續食，日不能三二十里，期必達。會東使過公，至軍言狀，世祖亟命公弟文忠解尚廐五馬，載糗精來迓。既至，世祖壯其忠，閔其勞，勞賜優渥。用輒稱旨，由是日親貴用事。家傳。

己未，我師伐宋，上駐蹕淮西之仙居山，旁有臺山砦，宋人行光山縣事於其上。公受命往取之，親抵砦下，再四開諭，守者不應。公免胄示之曰：「以吾之兵威，視舉一砦如拉朽耳。所以不即取者，正欲活汝等故也。」守者感悟，遂降。墓誌。

秋九月，師次羊羅洑。羊羅洑，宋之要害也，築堡于岸，陳船江中，軍容甚盛。公請於世祖曰：「長江天險，宋所恃以爲國，勢必死守，不奪之氣不可，臣請嘗之。」與敢死士數十百人當其前，率弟文用、文忠，載艨衝鼓櫂疾趍，士叫呼畢奮。鋒交，公麾衆走岸搏戰，宋師大敗。文用帆船報捷，世祖大喜，戟手上指曰：「天也！」明日，渡諸軍圍鄂州，會上崩，閏十一月班師。家傳。

世祖即皇帝位于上都，是爲中統元年，上命公宣慰燕南諸道。還奏曰：「人久馳縱，一旦遽束以法，危疑者尚多。與之更始，宜赦天下。」制曰「可」。反側者遂安。家傳。

三年，山東守將李壇反，據濟南。壇劇賊，善用兵。會諸軍圍之，壇不得遁。久之，賊勢日衂，公曰：「窮寇可以計禽。」乃抵城下，呼壇將田都帥者曰：「反者壇耳，餘來即吾人，毋昧取誅死也。」田縋城降。田，壇愛將，既降，衆亂，遂禽壇。壇勝兵有浙、漣兩軍，〔四〕可二萬餘人，勇而善戰，主帥怒其與賊，配諸軍陰殺之，公當殺二千許人，公言主帥曰：「賊由壇脅，從者何罪，殺之徒膏草土耳，良乖陛下仁聖。陛下往伐南詔，或妄殺人，雖大吏亦罪之，是宜勿殺。」帥從之。大悔已殺者，而殺之者亦自恨失計。家傳。

壇伏誅，山東賊未靖，山東搖，以公爲山東東路經略使，率親軍以行。出金銀牌五十，有功者聽予。閏九月，公次益都，留兵于外，從數騎衣裳而入。至府，不設警衛，召壇故將吏立之庭，曰：「壇狂賊，詿誤若曹〔五〕壇誅死，若曹爲王民，陛下至仁聖，遣經略使撫汝，相安毋恐。經略使不敢格上命不予有功。」所部大悦，山東安。家傳。

至元三年，上懲李璮潛弭方鎮之横，以公代史氏兩萬户爲鄧州光化行軍萬户、河南等路統軍副使，造戰艦數百艘，肄水戰，預講取宋方略，凡阨塞要害，盡諸禦備，列栅築堡，深爲吾利。上召公密謀，欲大發河北民丁，公曰：「河南密邇宋境，人習江淮地利，河北畊以供需，河南戰以啓土。宋平，則河北長隸兵籍，河南削籍爲民便。又將校素無俸稍，連年用兵，至有身爲大校出無馬乘者。臣即所部，千户私役兵士四人，百户二人，聽其顧役，稍食其力。」上皆從之，始頒將校俸錢，以秩爲差。家傳。

七年，改山東路統軍副使，治沂州。沂與宋人接壤，鎮兵仰給内郡饟餽，有詔和糴本部，公亟命收州縣所移文。衆皆争以違詔，公曰：「第止之。」乃遣使入奏，略曰：「敵人接壤，知吾虚實，一不可；邊民供頓甚勞，重苦此役，二不可；困吾民以懼來者，三不可。」上大悟，仍舊和糴内郡。家傳。

九年，遷樞密院判官，行院事淮西。築正陽兩城，兩城夾淮相望，以綴襄陽，以擣宋腹。家傳。

十年，拜參知政事。〔六〕夏，霖雨水漲，宋淮西制置使夏貴帥舟師十萬環攻我急，矢石雨下，公禦之城上。夜貴去復來，俄飛矢貫公左臂著脇。公拔矢授左右，發四十矢許，房矢絶，索矢左右，又十餘發，矢不繼，而不能張滿，遂悶絶幾殆。明日，水浸淫入郛，麾士郤避，貴乘之，壓吾軍而陣。公病創，子士選請代戰，壯而遣之。公飲痛束創，手劍督戰。士選與貴將搏，斬貴將以戈，貴將仆，不死，獲之以獻。貴去，不敢復來。家傳。

王師大舉入宋，丞相伯顔行中書省，自襄陽東下，及宋人戰於羊邏洑。公以九月發正陽，十一年正月會丞相于安慶。〔七〕安慶守將范文虎以城降。公請於丞相曰：「行省兵既勞於羊邏洑，行院兵當前行均勞。」宋都督賈似道禦師陳於蕪湖，似道棄師走。次當塗，公言丞相曰：「采石當江之南，和州對峙，不取，慮有後顧。請先取和州。」許之，遂降知州事王喜。家傳。

三月，有詔時向暑，師宜持重，行中書省駐劄建康，行樞密院駐劄鎮江。時真州、揚州堅守不下，常州、蘇州既降復叛。久之，張世傑、孫虎臣誓真、揚兵，致死於我，真、揚兵先期敗，不敢出。世傑等陳大艦萬艘，碇之焦山下江中，勁卒前左。公身犯前左，載士選别船，而弟子士表請從，公顧曰：「吾弟僅汝一息，脱吾與士選不返，士元、士秀猶足殺敵，吾不汝忍也。」士表固請，乃許。公乘輪船，建大將旗鼓，翼二子船，大呼突陣，諸將繼之，飛矢蔽日。戰酣，短兵相接，宋人亦殊死戰，聲震天地，横屍委仗，江水爲之不流。自寅至午，宋師大敗，世傑走，公追及夾灘。世傑收潰卒復戰，又破之。世傑走海，公船小不可海，夜乃還。俘甲士萬餘人，悉縱不殺，獲戰艦七百艘，宋力自此窮矣。家傳。又王文忠公撰墓碑云：淮東之役，士元陳兵揚子橋，賊夜出擣營，士元搏戰，身受十七創而卒。左右祕不以聞，會四弟文直訃至，乘其哀發之，問其疾，告之故，公一慟而止，曰：「真吾子也！」

冬十月，王師分三道，而左公由江竝海趍臨安。先是，江陰軍僉判李世脩乞降，奪於勢不能來，城復爲宋。公予之檄，世脩以城來，令權本軍安撫使。所過民不知兵，凡所獲生口，悉縱遣之，無敢匿者，以故威信前布，望旗自靡。張瑄者有衆數千，自宋時負海陸梁，公命招討使王世强及士選往降瑄。士選單舸至瑄所，諭以威德，瑄降，得海舶五百，瑄後至大官。家傳。

十三年春正月，次鹽官。鹽官，臨安劇縣，俟救不下，招之，一再反，將佐請屠縣，公曰：「縣去臨安不百里遠，聲勢相及，臨安降有成約，吾殺一人將誤大計，況屠縣。」於是遣人入城諭意，縣降。家傳。

公會丞相於臨安北，張世傑欲以其主逃之海，公繞出臨安城南，戍浙江亭。世傑計不行，竊宋主弟吉王昰、廣王昺南走，而宋主㬎出降。丞相命公入城，罷宋官府，散其諸軍，封庫藏，收禮樂器及諸圖籍。取皇帝諸璽符上之丞相。丞相以宋主㬎還，有詔留事一委公。禁戢豪猾，撫慰士女，宋人不知易主也。時翰林直學士李槃奉詔招致宋士至臨安，公謂之曰：「國可滅，史不可没。宋十六主，有天下三百餘年，其太史所記具在史館，宜悉收入，以備典禮。」乃得宋史及諸注記凡五千餘册，歸之于國史院典籍氏。家傳。宋宗室福王與芮赴京師，徧以重寶致諸貴人，公峻却不取。及官録與芮家，具籍所致貴人重寶，獨無公名。丞相朝奏曰：「臣等奉天威平宋，宋既以平，懷徠安集之功，臣董文炳實最諸將，留事謹奉詔矣。」上曰：「文炳吾舊臣，忠勤朕所素知。」家傳。

拜中書左丞。時張世傑奉宋主弟吉王昰據台州，閩中尚爲宋守。敕公進兵，所過禁士馬無敢履踐田麥，曰：「在庾者吾既食之，在野者汝又蹂之，新民何以續命。」是以南人不忍以兵鄉公。次台，世傑遁，諸將先俘州民，公下令曰：「台人首效順，我不暇有，而世傑據之，民何罪？敢有不縱所俘者，以軍法論。」得免者口數萬。薄温州，温州未下，令曰：「毋取子女，毋掠民有。」衆曰：「諾。」守將火城中逃，公亟命撲滅火，追禽守將，數其殘民之罪，斬以徇。逾嶺，閩人扶老驩迎，漳、泉、建寧、邵武諸郡皆送款來，凡得州若干、縣若干、户口若干。閩人感公德最深，至今廟而祀之，水旱疾病禱焉。家傳。

十四年，北國有警，上將北狩。正月，亟召公。四月，公至自臨安。比至，上日問來期。及至，即召入。公拜稽首曰：「今南方已平，臣無所效，請事北圉。」上曰：「所亟召卿，意不在此，竪子盜兵，朕自撫定。山以南，國之根本也，盡以託卿，卒有不虞，便宜處置以聞。中書省、樞密院事無小大，咨卿而行，已敕主者，卿其勉之。」公蹴踖避謝，不許。因奏曰：「臣在臨安時，阿里伯奉詔檢括宋諸藏貨寶，追索没匿甚細，人實苦之。宋人未洽吾德，遽苦之以財，恐非安懷之道。」即詔罷之。又曰：「臣有專擅之罪。初，泉州蒲壽庚以城降，壽庚素主市舶，謂宜重其事權，俾爲我扞海寇、誘諸蠻，臣解所佩金虎符佩壽庚矣，惟陛下鑑裁。」上大嘉之，更賜金虎符，燕勞畢，即聽陛辭。家傳。

公凡在上都三日，至大都，更日至中書、樞密，不署中書案。平章阿合馬方怙寵用事，生殺任情，惟嚴憚公，奸狀爲之少斂。執筆起請曰：「相公官爲左丞，當署省案。」請至再四，不肯署。後或私問其故，公曰：「主上所付託者，在根本之重，非文移之細。且吾少徇則濟奸，不徇則致讒，讒行則身危，而深失付託本意。吾是以預其大政，而略其細務也。」家傳。

十五年夏，公有疾，奏請解機務。詔曰：「大都暑熾，非病者宜，卿可此來，固當愈。」公至上都，奏曰：「臣病不足領機務，西北高寒，觔骸暢逸，當復自愈，請畢力北役。」上曰：「卿固忠孝，是不足行。樞密事重，以卿僉書樞密院事，中書左丞如故。」公辭，不許，遂拜。家傳。

八月，上生日，禮成，賜宴，掌禮者奏公坐，坐公上坐，每尚食上食輒輟賜公。是夜，疾復作，敕諸御醫日來診視。九月十三日夜，疾革，洗沐而坐，召文忠等曰：「吾以先人死事，恨不爲國死邊。今至此，命也。願董氏世有男能騎馬者，勉報國，吾死瞑目。」言畢，就枕薨。上聞，痛悼之良久。家傳。

公忠實似其父，人主益信之，嘗曰：「朕心文炳所知，文炳心朕所知。」故讒間不行，而功立在軍。或與長官争事，長官國人，持己見不公是，公日第上兩奏，得可，事乃行。長官輒不敢上，卒公是。蓋上嘗誡長官者曰：「董文炳老成練事，汝父行也。事事聽之，文炳不我負也。」家傳。

公平居不妄笑語，毅然有不可犯之色，立朝諤諤，有古大臣風。故上每論漢人功臣謂可任大事者，必首公，而追惜其壽止於六十二也。家傳。

公孝友天至，居母喪，哀毀骨立，奉祀事一遵其父而有嚴。教諸弟如嚴師，諸弟事之如嚴君，雖貴顯如文用、文忠歸休沐，不敢先私室，侍立終日夜不敢坐，不問不敢對。裘馬金帛，公未嘗先御，有即盡賜諸弟。閨門之間肅然。而諸弟或以過被笞，皆悃款受之以改。及喪公，皆毁瘠踰禮，而思其蚤孤，深賴賢兄以成之也。世之言家法者，比爲萬石君奮家云。家傳。

公好讀書，延禮儒士，士雖賤必接以禮，若金翰林學士滹南王若虛先生、真定提舉侍其先生軸，存則師尊之，没則恤其孤，而侍其提學家子孫，與之婚姻至今。雖在兵馬間，教諸子不蹔廢。公退，日一再至塾，程其學。〔八〕與儒者講明聖人之道，評品史事，夜分乃休。居官清慎，家無餘財，其子孫化之，亦能清慎世其家。家傳。

公薨後十餘年，姦臣相哥事敗，有詔董文炳子名士選者速召入，上曰：「汝知汝父事朕否？」士選拜謝曰：「臣愚不足以知。」上曰：「若父忠勤不欺，能成吾大事。汝士選不必遠學，學而父足矣。」又嘗問士選曰：「汝知曹彬如何？」士選謹對曰曹彬云云，上曰：「曹彬不殺降一事，較之而父未足爲多。必欲盡書而父，竹帛有既也。」家傳。

卷十四之二

内翰董忠穆公

公名文用，字彦材，忠獻公之弟也。初事潛邸。中統初，大名宣撫司奏爲左右司郎中，歷兵部及西夏行省郎中。至元七年，除山東道勸農使，改工部侍郎，出爲衛輝路總管。十九年，召爲兵部尚書。明年，除禮部尚書，遷翰林集賢學士，知祕書監。二十二年，拜江淮行省參知政事。二十五年，拜御史中丞。明年，除大司農。又明年，除翰林學士承旨。大德元年，歸老于家，薨，年七十四。

公生十年，元帥公死王事于歸德，母李夫人治家嚴，伯兄忠獻公文炳教諸弟有法。公内承家訓，而外受學侍其先生軸，故學問早成，弱冠以詞賦試中真定。〔九〕時以真定藁城奉莊聖太后湯沐，庚戌太后使擇邑中子弟來上，公始從忠獻公謁太后和林城。世祖在潛藩，命公主文書，講説帳中，常見許重。癸丑，世祖以憲宗命自河西征雲南大理，忠獻公在行，公與弟正獻公文忠先在軍中督糧，具贊軍務。丁巳，世祖令授皇子經，是爲北平王、雲南王也。又使爲使，召遺老於四方，而内翰竇公默、左丞姚公樞、鶴鳴李公俊民、敬齋李公冶、玉峰魏公璠偕至，於是王府得人爲盛。己未，世祖以憲宗命取宋，公發沿邊蒙古、漢人諸軍理軍需。將攻鄂州，宋以賈似道、吕文德將兵抗我，水陸軍容甚備。九月，世祖臨江閱戰，忠獻公請曰：「宋恃江爲險，兵力厚，法當先之奪其氣，臣請先。」公與正獻公固請偕行。世祖親料甲冑，擇大艦授之。乃率敢死士數十百人，鼓棹疾呼奮進，直薄南岸。諸軍亦争進，宋軍來赴戰，三合三敗之。公乘小舟歸報世祖。世祖方駐香爐峰，因策馬下山，問戰勝狀，則扶鞍起立，竪鞭仰指曰：「天也！」且命傳令它師曰：「今夕毋解甲，明日將圍城。」既渡江，會憲宗崩，閏十一月師還。蜀郡虞公撰行狀。又遺事云：公從世祖圍鄂，聞憲宗登遐，猶欲待城破，公一日三諫，以神器不可久曠，宜俟登位後，以一偏師來，即了江南事，遂班師。世祖即位，建元中統，公持詔宣諭邊郡，且擇諸軍充侍衛。七月，還朝。中書左丞張文謙宣撫大名等路，奏公爲左右司郎中。二年八月，以兵部郎中參議都元帥府事。三年，山東守臣李璮叛據濟南，從元帥闊闊帶統兵伐之，五月而克其城，璮伏誅，山東平，元帥公卒還。今伯都元帥阿术奉詔取宋，召公爲屬。公辭曰：「新制，諸侯總兵者，其子弟勿復任兵事。今伯兄以經略使總重兵，鎮山東，我不當行。」帥曰：「潛邸舊臣，不得引此爲説。」公病不行。行狀。

至元改元，召爲西夏中興等路行省郎中。中興自渾都海之亂甫定，民間相恐，動竄匿山谷，而省臣方入奏，同僚不知所爲。公曰：「宜鎮以靜。」乃爲書置通道諭之，然後粗安。始開唐來、漢延、秦家等渠，墾中興、西涼、甘、肅、瓜、沙等州之土爲水田若干，於是民之歸者户四五萬，悉授田種，頒農具。更造舟置黄河中，受諸部落及潰叛之來降者。時近屬貴人曰只必鐵木兒者鎮西方，其下縱横，需索旁午，不可會計，省臣不能支。公坐幕府，輒面折以國法。其徒積忿，譖公，貴人怒，召使左右雜訊之，意叵測。公曰：「我天子命吏，請得與天子所遣傳貴人者辨。」天子所遣傳貴人者，中朝舊臣，嘗事莊聖太后，來詰問公不承貴人旨意狀。公曰：「我漢人，生死不足計。我所恨者，仁慈寬裕如貴人，以重威鎮遠方，〔一〇〕而其下毒虐百姓，凌暴官府，傷貴人威名，於事體不便。」因僂指其不法者數十事。詰問者驚起去，白貴人，即召公謝之曰：「非郎中我殆不知，郎中持此心事朝廷，宜勿怠。」自是譖不行，而省府事粗立。二年，入奏經略事宜。還，以上旨行之，中興遂定。行狀。

八年，立司農司，〔一一〕授公山東東西道巡行勸農使。山東中更叛亂，多曠土，公巡行勸勵，無間幽僻。入登州境，見其墾闢有方，公爲詩表異其守移剌某。於是列郡咸勸，地利畢興，五年之間，政績爲天下勸農使之最。行狀。

十二年，丞相安童公奏公爲工部侍郎，代紇石里，紇石里者，阿合馬私人也。其徒間安童公罷政，即使鷹監奏曰：「自紇石里去，工部侍郎不給鷹食，鷹且瘦死矣。」上怒，輒召治之，因急逮公，入見，上望見曰：「董某顧爲爾治鷹食者耶！」置不問，别令取給有司。行狀。

十三年，出公爲衛輝路總管，〔一二〕佩金虎符。郡當要衝，民爲兵者十九，餘皆單弱貧病，不任力役。會初得江南，圖籍金玉財帛之運，日夜不絶于道，警衛輸輓，日役數千夫。公奭然憂之，曰：「吾民弊矣，而又重妨穡事，殆不可。」乃從轉運主者言：「郡邑胥校足備用，不必重煩吾民也。」主者曰：「公言誠然，即行公言。事萬一有不虞，罪將誰歸？」公即爲手書具官職姓名保任之，民得以時耕，而運事亦無不具者。諸郡運江淮粟于京師，衛當運十五萬，公曰：「民籍可役者無幾，且江淮舟行風水不時至，而先弊吾民以期會，是未運而民已憊矣。」乃爲集旁郡通議，立法驛置，民力以紓。十四年，以職事詣汴，漕司方議通沁水，北東合流御河，以便漕者。公曰：「衛爲郡地最下，大雨時行，沁輒溢出百十里，間雨更甚，水不得達于河，即浸淫及衛。今又道之使來，豈惟無衛，將無大名、長蘆矣。」會朝廷遣使相地形，上言：「衛州城中浮屠最高者，才與沁水平，勢不可開也。」事得寢不行。爲郡多善政，民有去思碑。行狀。

十六年，受代歸田里，茅茨數椽，僅避風日，讀書賦詩，怡然燕居。裕宗在東宮，數爲臺臣言：「董某勛舊忠良，何以不見用也！」十八年，臺臣奏起公爲山北遼東道提刑按察使，不赴。行狀。

十九年，朝廷選用舊臣，召公爲兵部尚書。自是朝廷有大議，未嘗不與聞。二十年，江淮省臣有欲專肆而忌廉察官者，建議行臺隸行省，狀上，集議，公議曰：「不可。御史臺譬之臥虎，雖未噬人，人猶畏其爲虎也。今司憲僅在，〔一三〕紀綱猶不振，一旦摧抑之，則風采薾然，無可復望者矣。」又曰：「前阿合馬用事時，商賈賤役皆行賄入官，及事敗，欲盡去其人，廷議以爲不可使阿合馬售私恩，而朝廷驟斂怨也。乃使按察司劾去其不可者，然後吏有所憚，民有所赴愬。則是按察司者，國家當飭勵之，不可摧抑也。」後悉從公議。行狀。

轉禮部尚書，遷翰林、集賢學士，知祕書監。時中書右丞盧世榮，本以貨利得幸權要爲貴官，陰結貪刻之黨，將錙銖掊克爲功，乃建議曰：「我立法治財，視常歲當倍增，而民不擾也。」詔下會議，人無敢言者，公陽問曰：「此錢取諸右丞家耶？將取之民？取諸右丞家，則不敢知；若取諸民，則有説矣。牧羊者歲常兩剪其毛，今牧人日剪其毛而獻之，則主者固悦其得毛之多矣。然而羊無以避寒熱，即死且盡，毛又可得哉！民財亦有限，取之以時，猶懼其傷殘也，今盡刻剥無遺氂，猶有百姓乎！」世榮不能對。丞相安童公謂坐中諸君曰：「董尚書真不虚食俸禄者。」議者出，皆謝公曰：「公以一言，折聚斂之臣，而厚邦本。」仁人之言，其利博哉，豈不信然。世榮竟以是得罪。行狀。

二十二年，拜江淮行中書省參知政事，公力辭，上曰：「卿家世非它人比，朕所以任卿者，不在錢穀細務也。卿當察其大者，事有不便，第言之。」公遂行。行省長官者，素貴倨多傲，同列莫敢仰視，跪起禀白如小吏事上官，公則坐堂上，侃侃與論是非可否，無所遷就，雖數忤之，不顧也。有以上命建浮屠於亡宋故宫者，有司奉行急迫，天大雨雪，入山伐木，死者數百人，而猶欲併大建佛寺。公坐中謂其人曰：「非時役民，民不堪矣，少徐之如何？」長官者曰：「參政奈何格上命？」公曰：「非格上命也，今日重困民力，失民心，豈上意耶！」然竟得少紓其程。二十三年，將用兵海東，徵斂益急，有司爲姦日益甚。公曰：「吾力不足以口語勝矣。」乃請入奏事，大略言疲國家可寶之民力，取僻陋無用之小邦，其條目甚悉。言上，事亦罷。行狀。

二十五年，拜御史中丞。公曰：「中丞不當理細務，吾當先舉按察使。」乃舉胡公祇遹、王公惲、雷公膺、荆幼紀、許楫、孔從道十餘人爲按察使，又舉徐公琰、魏公初爲行臺中丞，當時以爲極選。方是時，桑葛當國用事，寵奉方熾，自近戚貴臣，見桑葛皆屏息遜避，無可誰何。公以舊臣任御史，號不易爲。桑葛令人風公贊己功於上前，公不答。又自謂公曰：「百司皆具食丞相府，獨御史臺未具食丞相府。」公又不答。屬朔方軍興，糧糗粗備，而誅責愈急。公謂之曰：「民急矣，外難未解，而内戕其根本，丞相宜思之。」於是遠近盜賊蜂起，公持外郡所上盜賊之目，謂之曰：「百姓豈不欲生養安樂哉！急法苛斂使至此耳。」又謂之曰：「御史臺所以救政事之不及，丞相當助之，不當抑之也。御史臺不得行，則民無所赴愬，無所赴愬而政日亂，將不止臺事不行也。」浸忤其意益深，乃摭拾臺事百端，公日與辯論，不爲屈。於是具奏桑葛姦狀，詔報公，語密外人不知也。桑葛日誣譖公于上曰：「在朝惟董中丞戇傲不聽令，沮撓尚書省，請痛治其罪。」上曰：「彼御史職也，何罪！且董某端謹，朕所素知，汝善視之。」行狀。

遷大司農。時欲奪民田爲屯田，公固執不可，則又遷公爲翰林學士承旨。二十七年，隆福太后在東宫，以公耆舊，欲使公授皇孫經，具奏上，以上命命之。公每講説經旨，必傅以國朝故實，丁寧譬喻，反覆開悟，故皇孫亦特加崇禮焉。行狀。

三十一年，上命公以其諸子入見，公曰：「臣蒙國厚恩，死無以報，臣之子何能爲！」命至再三，終不以見。是歲，世祖升遐，成宗將即位于上都，太后命公從行。既即位，巡狩三不剌，公奏曰：「先帝新棄天下，陛下遠狩不以時還，無以慰安元元，宜趣還京師。且臣聞，人君猶北辰然，居其所而衆星拱之，不在勤遠略也。」上悟，即日可其奏。是行也，上每召入帳中，問先朝故事，公亦盛言先帝虚心納賢，開國經世之務，談説或至夜半。公自先帝時，每侍燕，與蒙古大臣同列，裕宗嘗就榻上賜酒，使毋下拜跪飲，皆異數也。上在東宫時，正旦受賀，於衆中見公，召使前，曰：「吾鄉見至尊甚憐汝。」輒親取酒飲之。至是，眷賚至渥，賜鈔三百定。行狀。

是年，詔脩世祖實録，公於祖宗世系功德、戚近將相家世勛績，皆記憶貫穿，史館有所考訂質問，公應之無所遺失。行狀。

公性孝友，四時祭祖禰，輒思慕感愴，如將見之。事伯兄如事父，教子弟嚴而有禮。爲學以誠實爲主本，故其文章議論，皆質直忠厚，不爲華靡。其從政，寬裕慈愛，簡於細務，至於謀大事、决大議，則剛毅正直，磊落可觀。歷事三朝，每以忠言正論爲己任。故言事上前，必引古證今，從容盡達其藴而後已。平居聞朝政有一未善，輒終夜不寐，倚壁歎恨不置，曰：「祖宗艱難成立之天下，豈可使賊臣壞之！」故每與朝議，即奮言不顧危禍，以片言折權姦定國是者，不可勝紀，朝廷賴之。在御史臺、行中書省時，所遭皆大姦劇惡，每恨公不順己，計萬方欲殺之，公一不以爲意，曰：「人臣在位，豈愛身苟容，而上負國家，而下負生民乎！」公仕宦五十餘年，凡十八命，禄俸之餘盡以買書，而家無饘粥之資，卒賣其京城之宅，以償積貸，逮薨之日，惟有祭器書册而已。其好賢樂善，尤出天性，雖待下士，必盡禮，至老且貴，終不倦。人有善，必推舉之，而名公大人聞公所薦，亦必曰：「出董公門，佳士也。」故天下之士争歸之。與人謀，至忠款，故國人有爲使遠方，若出而領兵治民者，必來受教而後行。公爲開導訓誨，足以歆動其意，至有欣然聽之終日忘去者。而蒙古大臣見之，必曰：「此故老也。」皆改容待之。嗚呼！可謂忠厚誠實君子者矣。行狀。

樞密董正獻公

卷十四之三

公名文忠，字彦誠，忠穆公之弟也。初事潛邸。中統元年，置符寶局，除符寶郎。至元十八年，陞局爲典瑞監，遂除典瑞監卿。未幾，拜僉書樞密院事。是歲，薨，年五十二。

憲宗即位，明年壬子，公年二十有二，始入侍世祖潛藩。承旨王文康公鶚言詩教，問公能乎，對曰：「臣少讀書，唯知入則竭力以事父母，出則致身事君而已，詩非所學。」牧庵姚公撰墓碑。

癸丑，從征南詔。己未，伐宋，王師臨江，與兄忠獻公文炳、故翰林承旨文用，率勇士乘䑸舠求先濟，教遺他將舟師繼之，三戰三捷，得敵艨艟百艘，遂進圍鄂。墓碑。

上正宸極，置符寶局，以公爲郎。居益近密，上嘗不名，唯第呼董八，亦異數也，而不爲容悅，隨事獻納。墓碑。

至元二年，安童以右丞相入領中書，建陳十事，言忤天聽，公曰：「丞相由勛閥王孫，夙以賢聞，今其始政，人方延佇傾耳，而所請若是，後何以爲？」乃從旁代對，懇惻詳切，如身條疏者，始得開可。〔一四〕墓碑。

八年，侍講徒單公履欲行貢舉，知上於釋崇教抑禪，乘是隙言儒亦有是，科書生類教，〔一五〕道學類禪。上怒，已召先少師文獻公、司徒許文正公與一左相廷辯。公自外入，上曰：「汝日誦四書，亦道學者。」公曰：「陛下每言：士不治經究心孔、孟之道，而爲賦詩，何關脩身，何益治國！由是海內之士，稍知從事實學。臣今所誦，皆孔、孟言，烏知所謂道學哉。而俗儒守亡國餘習，求售已能，欲錮其說，恐非陛下上建皇極，下脩人紀之賴也。」事爲之止。君子以爲善於羽翼斯文。墓碑。

十一年，以太師南伐，民困供億，奏蠲常歲他名之征。後燕見降將，問宋所由以亡，皆曰：「賈似道當國，薄武人而唯文儒之崇，武人怨之。後太師至，外而疆埸，內而京都，莫有鬥志，釋甲投戈，歸命恐後。」上問公之言何如，公曰：「似道薄汝，而君則爵以貴汝，祿以富汝，未嘗汝薄也。而以有憾而相，移怨而君，不戰而坐視亡國，如臣節何！似道薄汝，豈亦逆知汝曹不足恃爲一旦用乎！」上深善之。墓碑。

公嘗進言：「田器古無筭，所以劭農。今冶官列肆，以求贏利，至鋤鎛之屬，亦皆市鬻於耕者，非便。」詔遂罷之。又言：「職虞者將盡徙獵户，無慮數千，戍郢中，往往質妻賣子，哭聲震路，或自經死，實單弱不中徙，徒紛擾無益。」詔止之。涿郡盧公撰墓誌。

時患多盜，敕苟犯皆殺無赦，在在繫纍，充牣犴獄。公言：「今殺人于貨，與竊取一錢直上鈎死，一斷不屬，慘黷莫甚。恐於陛下致祥之氣，好生之德，多所干傷。」敕革之。墓碑。

或告漢人歐國人傷，或告太府監屬盧摯盜斷監布，上命殺以懲衆。公言：「今刑曹於囚罪入死者，已有服辭，猶必詳讞，是事未可因人一言，遽置重典。宜付有司簿責閲實，以俟後命。」乃遣近臣脯滿覈歐傷，公覈監布。告歐得誣，杖遣之。監布，蓋太府始受，端外皆有羡尺，適尚方工官有需，其人惜毁成端，斷羡以給，非身利而爲也。降旨原之。責侍臣曰：「方朕怒際，卿曹皆結喙，非董八啓沃朕心，則殺是非辜，必竊竊取議中外矣。」賜金尊，曰：「用旌卿直。」儲皇亦曉宫臣曰：「方壓以雷霆，而容止話言，暇不失次，卒矯以正，實人臣難能者。」太府屬摯而泣謝曰：「鄙人腰領，賴公以全。」公曰：「吾雅非知子，其必拯濟諸阽危者，蓋爲國平刑，非期子見德也。」其返而摯。墓碑。

自安童北伐，阿合馬獨用，盗弄威福，衆立親黨，懼平章廉希憲復相，必防其私，表以右丞，行省江陵者踰年。公奏：「希憲昭代名臣，今端揆虚席，不可久使居外，以孤人望，宜早賜還。」從之。墓碑。

十六年十月，還自萬壽宫祝釐所，奏曰：「陛下始以燕王爲中書令、樞密使，纔一至中書。後册儲皇，累使明習軍國事者，十有餘年。終守謙抑，非不奉明詔也，亦朝廷處之未極其道。夫事已奏裁而始啓白，爲人臣子惟有唯默避任，〔一六〕不敢以令可否，制敕而已。以臣所知，曷令有司啓而後聞，其有未安，斷以制敕，則理順而分不踰，必不敢辭責元良矣。」其日，盡前省院臺臣將百人，上面諭曰：「自今庶務，聽皇太子臨決而後入聞。」墓碑。

禮部謝昌元請立門下省，封駁制敕，以絶中書風曉近習奏請之源。上鋭欲行之，詔廷臣雜議。怒承旨王公磐曰：「如是益事，汝不入告，而使南土後至之臣言之，用學何爲！必今日開是省。」廷臣三日始奏公爲侍中，兼其屬多至數十人，其臣弗便也，入言：「陛下將别置省，斯誠其時。得人則可寬聖心，以新民聽，今聞盗詐之臣與居其間。」言多目公，公恚辯曰：「上每稱臣不盗不詐，今汝顧臣而言，意實在臣。其顯言盗詐何事？」上出奏者，公猶愬不止，且攻其賊國之姦。上曰：「朕自知之，彼不汝言也。」然終忌公得君，清慎無過，莫可指以爲報者，乃以楮鏹萬緡爲壽，求文驩，擯棄不取。墓碑。

忠獻公卒官中書左丞，故太傅伯顔公表其可相，上使嗣爲，公曰：「臣兄有戡定南土之勞，位是則可。臣給事居中，宣何力焉，而可嗣爲！」墓碑。

十八年，陞局爲典瑞監，郎爲卿。俄僉書樞密院事，卿如故。始不從蹕，留居大都，凡宫籞、城門、直舍、徼道、環衛、營屯、禁兵、太府、少府、軍器、尚乘等監，皆領焉。兵馬司舊隸中書，併付公將，權臣累請奪還中書，不報。墓碑。

冬十月某日，鷄鳴將入朝，忽踣家庭，氣息奄奄，上遣中使持藥投救不及，遂絶，傷悼不已，猶覬其息，敕勿速斂，五日乃匱。且知公圖書外，無他居積，賻錢數千萬，〔一七〕歸葬其鄉。最始至終，實三十年，征伐蒐田，無地不從。凡乘輿、衣服、鞶帶、藥餌，小大無慮百數十橐，靡不司之，中夜有需，不以燭索可立至前。風雨寒暑，饑渴駿奔，心無怠荫，口絶勩語，屬屬乎惟以執事不恪獲譴爲懼。故能滋久眷寵彌深，爲臣則然。其在家出門，弟弟敦宗，賢賢信友，淵毅而明炳，遜恭而易直，倫理之間，人文粲然。元臣故老奉朝請者，上所存問，及有欲言，皆由公傳達，權倖不敢讒危之。及是，則皆出涕几筵曰：「哀哉！若人曾未中壽而不淑，自兹君側失正人矣。」一貴戚獨曰：「天乎！世無吾曹一人，誠不加少，而奪公歸耶！」下至庸人販夫，亦失聲投業。墓碑。

公於誅賞大政，往往預聞，是非予敚，毅然不回，要歸公論，晦顯略詳，當簡於書，〔一八〕其見幾慮遠，時然後作，使天下被澤無眹，衆所未及知，而上獨知之者，此亦不得而論也。故上嘗語皇太子曰：「竭誠許國，能於大事，多所建明者，惟董文忠爲然。」墓誌。

校勘記

〔一〕召爲侍衛親軍都指揮使　「衛」原作「御」，據元文類卷七〇藁城董氏家傳及元史卷一五六本傳改。按元無「侍御親軍」。

〔二〕是歲薨　按本傳正文，文炳死於至元十五年九月十三日，與上引元文類、元史合，則此「是歲」當作「十五年」。

〔三〕外縣民或銜負　「銜」原作「御」，明鈔本描改作「銜」，清鈔本、聚珍本均作「銜」，與上引元文類合，今據改。

〔四〕壇勝兵有浙漣兩軍　疑「浙」字誤。按李壇據山東，浙江尚屬南宋，遠非其勢力所及。藁城嘉靖縣志卷八董文炳遺愛碑作「漣海兩軍」，似是。

〔五〕詿誤若曹　「詿」原作「註」，據明鈔本、清鈔本、聚珍本及元文類卷七〇藁城董氏家傳、元史卷一五六本傳改。

〔六〕十年拜參知政事　按藁城嘉靖縣志卷八董文炳遺愛碑、卷九神道碑均繫此事於至元十一年，元史卷八世祖紀至元十一年三月辛卯有「董文炳爲參知政事，行中書省事於淮西」，可證此作「十年」誤。

〔七〕十一年正月會丞相于安慶　按元史卷八世祖紀、卷一二七伯顔傳，伯顔軍至安慶在至元十二年二月，此作「十一年正月」誤。

〔八〕程其學　「學」下原衍「家」字，據明鈔本、清鈔本、聚珍本及元文類卷七〇藁城董氏家傳删。

〔九〕弱冠以詞賦試中真定　聚珍本「定」下有「鄉舉」二字。

〔一〇〕以重威鎮遠方　「威」，元文類卷四九翰林學士承旨董公行狀及元史卷一四八本傳均作「戚」。

〔一一〕八年立司農司　「八」，聚珍本作「七」，與元史卷七世祖紀至元七年二月壬辰「立司農司」合，疑是。

〔一二〕出公爲衛輝路總管　「輝」原作「耀」，明鈔本校作「輝」，清鈔本、聚珍本及元文類卷四九翰林學士承旨董公行狀、元史卷一四八本傳均作「輝」，今據改。

〔一三〕今司憲僅在　「憲」字原脱，明鈔本校補「憲」字，清鈔本、聚珍本均有「憲」字，與道園類稿卷二〇翰林學士承旨董公行狀合，今據補。

〔一四〕始得開可　「開」，明鈔本、清鈔本、聚珍本均作「聞」。

〔一五〕科書生類教　「書生」原作「主」，明鈔本於「科」下補「書」字，「主」作「生」；清鈔本、聚珍本均作「書生」，與元文類卷六一僉樞密院事董公神道碑合，今據補改。按元史卷一四八本傳作「科舉類教」。

〔一六〕爲人臣子惟有唯默避任　「任」原作「在」，據聚珍本及牧庵集卷一五董文忠神道碑改。

〔一七〕賻錢數千萬　「千」，元史卷一四八本傳作「十」，似是。

〔一八〕當簡於書　「當」，清影元鈔本、聚珍本均作「常」。

國朝名臣事略卷第十五

國信使郝文忠公

卷十五之一

公名經，字伯常，澤州陵川人。召居潛邸。歲己未，扈從濟江，授江淮宣慰司副使。中統元年，拜翰林侍讀學士，充國信使，奉使于宋，宋人館于真州，凡十六年始得歸。卒，年五十三。

公幼不好弄，沈厚寡言。金季亂離，父母挈之河南，偕衆避兵，潛匿窟室，兵士偵知，燎烟于穴，爩死者百餘人，母許以預其禍。公甫九歲，暗中索得寒菹一瓿，抉齒飲母，良久乃蘇。其卓異見於童稚若此。高唐閻公撰墓誌。

金亡，北渡，僑寓保定。亂後生理狼狽，晨給薪水，晝理家務，少隙則執書讀之。父母欲成其志，假館于鐵佛精舍，俾專業於學，坐達旦者凡五年。蔡國張公聞其名，延之家塾，教授諸子。蔡國儲書萬卷，付公管鑰，恣其搜覽。公才識超邁，務爲有用之學，上泝洙、泗，下迨伊、洛諸書，經史子集，靡不洞究，掇其英華，發爲論議，高視前古，慨然以羽翼斯文爲己任。

自是聲名籍甚，藩帥交辟，皆不屑就。墓誌。又保定苟公撰行狀云：公嘗自誦曰不學無用學，不讀非聖書。達必先天下之憂，窮必全一己之愚，賢則周、孔，詎如韋如脂，爲碌碌之徒而已耶，故慨然以興復斯文道濟天下爲己任。讀書則專治六經，潛心伊、洛之學，一以窮理、盡性、脩己、治人爲本，其餘皆厭視而不屑也。故世之爲詞章學者，始則群聚訕笑，終亦拱視而服之矣。江漢趙先生曰：「江左爲學讀書如伯常者甚多，然似吾伯常挺然一氣，立於天地之間者，蓋亦鮮矣。」

世祖在潛邸，羅致異儁，挹其聞，遣使者一再起公。既奉清問，上稽唐、虞，下迨湯、武，所以仁義天下者，緩頰以談，粲若所陳也。帝喜隃所聞，凝聽忘倦，且俾書所欲言者，條數十餘事，皆援據古義，劘切時病。及踐阼更化，用公之言居多。涿郡盧公撰墓碑。

歲己未，憲宗自將伐宋，建益上流，世祖總東師，跨荆、鄂。公建議大概以謂「彼無釁可乘，未見其利。唯修德以應天心，發政以慰人望，簡賢以尊將相，惇族以壯基圖，撫殊俗，制列鎮，以防窺竊，結盟保境，興文治，飭武事，育英材，恤罷氓，以培埴元氣。藏器於身，俟時而動，則宋可圖矣。」帝偉公所論，以爲江淮、荆湖南北等路宣撫副使。然勢不中止，遂絶江圍鄂。守將賈似道駴，遽請和，屬憲廟升遐，王師言還。墓碑。又按公班師議云：今吾國内空虚，塔察國王與李行省肱髀相依，西域諸胡窺覘關隴，隔絶旭烈大王，病民諸姦各持兩端，觀望所立，莫不覬覦神器，染指垂涎。一有狡焉，或啓戎心，先人舉事，腹背受敵，大事去矣。且阿里不哥已行赦令，令脱里察爲斷事官、行尚書省，據燕都，按圖籍，號令諸道，行皇帝事矣。雖大王素有人望，且握重兵，獨不見金世宗、海陵之事乎？若彼果决，稱受遺詔，便正位號，下詔中原，行赦江上，欲歸得乎？願大王以社稷生靈爲念，奮發乾剛，斷然班師，與宋議和，置輜重，以輕騎歸，渡淮乘驛，直造都，則彼之姦謀，冰釋瓦解。遣一軍逆大行靈舁，〔二〕收皇帝璽。遣使召旭烈、阿里不哥、摩哥諸王，會喪和林。差官於汴京、京兆、成都、西涼、〔三〕東平、西京、北京撫慰安輯，召太子鎮守燕都，示以形勢。則大寶有歸，而社稷安矣。

世祖御極，欲柔服宋人，以公奉使，告登寶位，且徵前日請和之議。或爲公言：「宋人譎詐叵信，盍以疾辭。」公曰：「自南北遘難，江、淮遺黎，弱者被俘略，壯者死原野，兵連禍結，斯亦久矣。聖上一視同仁，務通兩國之好，雖以微軀蹈不測之淵，苟能弭兵靖亂，活百萬生靈於鋒鏑之下，吾學爲有用矣。」乃授翰林侍讀學士，佩金虎符，充國信使。墓誌。又行狀云：

陛辭，公請與一二蒙古人偕行，詔不許，曰：「只卿等往，彼之君臣皆書生也。」

公方踰淮，邊將李壇輙潛師侵宋，兩淮制置使李庭芝寓書于公，巇以款兵，館留真州，藉爲口實。公答書：「弭兵息民，通好兩國，實出聖衷。日諭邊將，戢戍守圉，以契和議，衆所聞知。今啓釁自擅，一旦律以違詔，將無所逃罪，此何與使人事也。」公復上書宋主，移文其執政，論辯古今南北戰和利害甚悉，皆不報。顧窮極變詐，以撼公之志，知其終不可怵於詭數也。棲鎘館所，塹垣栫棘，驛吏訶閽，夜士鳴柝，防閑挫抑，獄犴之嚴，不啻如此。介佐而下，久於囚羈，戚嗟尤怨，無復生意。公語之曰：「鄉顧望不前，將命之責。一入宋境，死生進退，聽其在彼，守節不屈，盡其在我者。豈能不忠不義，以辱中州士大夫乎！但公等不幸，須忍死以待。揆之天時人事，宋祚殆不遠矣。」衆服其言，亦皆自振勵。墓碑。又行狀云：公將入宋境，憂朝廷初政，治具未完，遣使上封事，言闕失，以爲國家振舉綱維，脩明禮樂，雖不能便如三代，亦當期致漢、唐，不宜苟且參用憸人，以蠹國政。又極論風俗者，天下之命脈，方今最爲敗亂，當速修理。又云：宋人既留公不遣，見公辭氣曾無少沮，明年伴使朱寶臣爲報本朝異聞，公弗聽，復累言之，公厲聲曰：「此事斷無，設若有之，當發遣我輩還國。」宋人知公志節終不可奪，亦不忍害，反畏而敬之。又按公與宋論本朝兵亂書云：主上之立，固其所也。太母有與賢之意，先帝無立子之詔。主上雖在潛邸，久符人望，以親則尊，以功則大，以理則順。愛養中國，寬仁愛人，樂賢下士，甚得夷夏之心，有漢、唐英主之風。加以地廣兵强，神斷威靈，風蜚雷厲，其爲天下主無疑也。故屬籍之尊而賢者，合丹大王，先帝之終，率先推戴；摩歌大王，主上庶弟也，在諸王中，英賢亞於主上，先帝臨終，畀以後事，先歸推戴；塔察國王，士馬精强，當代主上帥東諸侯，亦先推戴；旭烈大王，主上母弟也，總統西師，鎮壓西域二十餘國，去中國三萬餘里，亦遣使勸進，言「兄亡弟及，祖宗法也。長兄既没，次兄當立，兄若不立，吾誰與歸？」主上乃集大統，應天人。即位之初，聘起諸儒，更定制度。不意一二懼罪不逞之徒，糾合奴隸，間離骨肉，劫立阿里不哥，締起兵端，拒命漠北。以次則幼，以事則逆，以衆則寡，以地則偏，兵食不足，素無人望，則彼卒無所成無疑也。今主上既以正立，一時豪傑，雲從景附，奄有中夏，縱彼小有侵軼，則塔察國王一族足以平蕩，其余三十餘王，猶卷甲牧馬，從容營衛。矧中國諸侯，如史、如李、如嚴、如張、如劉、如汪，大者五六萬，小者不下二三萬，虓將勁卒，莅習兵革，〔三〕視蒙古、回鶻尤爲猛鷙，其肯使蠹國害民之尤者復肆虵豕。彼之屈强，祇以自斃，而不足以爲害也明矣。

至元十一年，丞相伯顔奉辭南伐，江、漢名城，望風鄉附。世祖命禮部尚書廉希賢，詰宋執行人之故，遂以禮歸公。聞嬰疾在塗，醫問絡繹。既至，錫燕路朝，以張異睠，隱其瘁於廛事也。詔治疾於家，病遂殆，不起，以聞，天子悼焉。命其子采麟起家知林州。凡從公使宋者，賜爵各有差。墓碑。

初，公之使宋也，内則時相王文統，忌公重望，排置異國，陰屬邊將違詔侵宋，沮撓使事，欲以款兵，假手害公；外則宋權臣似道，竊却敵爲功，取宰相，畏公露其丐盟幸免之跡，遂主議羈留，舉國皆知其非，似道不恤也。公拘儀真館，十有六年。去國未幾，而文統伏誅，甫歸國，宋探誤國之罪，似道殛，宋隨以滅。然則懷姦怙寵，傾陷善良，雖暫若得計，機發禍敗，曾不旋踵。抑宋有亡徵，公與阨會，其患難不渝，始終名節，窘一時而亨百世者，初非不幸也。墓碑。

公幼至孝，撫諸弟極厚，待宗族疎近如一，篤友樂施。德於己者，雖細惠必報。然偉特方嚴，風岸峭立，衆不可攀，薰良蕕奸，題帖無貸，〔四〕故用世之志，適際可爲。已墮奇擯，既處幽所，日以立言載道爲務，撰續後漢書，絀丕僭權，還統章武，以正壽史之失。著春秋外傳、易外傳、太極演、原古録、通鑑書法、玉衡貞觀。删注三子，一王雅，行人志，各數十卷。公於辭以理爲主，雄渾有氣。文集若干卷，傳於世。墓碑。又臨川吴公文集云：昔公使宋，留江淮間十有餘年，常貽書宋之君相，其言忠厚懇惻，内爲國計，外爲宋計，其心平恕廣遠，真古之仁人君子哉。宋之柄臣阻遏掩蔽，不使上聞，以自速滅亡，悲夫！公前時從世祖渡江取鄂，作望黄鶴樓詞，他人處此，必謂乘方興之勢，殄垂盡之命，一舉而吞噬之也夫何難，而公之詞乃曰：「問南朝之士，有何長策，更休把蒼生誤。」則其忠厚懇惻之言，平恕廣遠之心，與後來貽書之意同，真古之仁人君子哉。

卷十五之二

静脩劉先生

先生名因，字夢吉，雄州容城人，隱居不仕。至元二十年，召爲右贊善大夫，未幾辭歸。又召爲集賢學士，以疾辭。三十年，卒，年四十五。延祐中，賜謚文靖公。

君天資卓軼，早歲讀書屬文，落筆驚人。既又涵浸義理，充廣問學，故聲名益大以肆。裕宗方毓德青宮，聞其賢，以右贊善大夫召至京師。未幾，辭以親老歸養。居數歲，朝廷尊仰德誼，拜集賢學士，又以疾辭。踰年，遂不起，春秋四十有五，縉紳惜之。野齋李公撰文集序。

先生上宰相書曰：「因幼讀書，接聞大人君子之餘論，至如君臣之義，自謂見之甚明。姑以日用近事言之，凡吾人所以得安居而暇食，以遂其生聚之樂者，君上之賜也。是以或給力役，或出智能，各有以自效焉。此理勢之必然，亘萬古而不可易者也。因生四十三年，未嘗效尺寸之功，以報國家養育生成之德，而恩命連至，尚敢偃蹇不出，貪高尚之名以自媚，而得罪於聖門中庸之教也哉！且因自幼及長，未嘗一日敢爲崖岸卓絶、甚高難繼之行。或者不求其實，止於縱跡近似者觀之，是以有高人隱士之目，因未嘗以此自居也。向者，先儲皇以贊善之命來召，即與使者俱行，再奉旨令教學，亦即時應命。後以老母中風，請還家省視，不幸彌留，竟遭憂制，遂不復出，初豈有意不仕耶！今天子一新時政，雖前日隱晦之人，亦將出矣，况因非隱者耶。因素有羸疾，自去年喪子，憂患之餘，繼以痁瘧。今歲五月，瘧疾復作，至七月，𤇺發舊積，腹痛如刺，下血不已。自念旁無期功之親，家無紀綱之僕，恐一旦身先朝露，必至累人，遂遣人於容城先人墓側，脩營一舍，儻病勢不退，當居處其中以待盡。遣人之際，未免感傷，由是病勢益增，飲食極減。至八月，使者持恩命至，因初聞之，惶怖無地，又慮若稍涉遲疑，則不惟人臣之心有所不安，而蹤跡高峻，已不近於人情矣。是以即日拜受，留使者，候病勢稍退，與之俱行。遷延至今，服療百至，略無一效，乃請使者先行。惟閣下俯加矜憫，曲爲保全，始終成就之。」靜脩文集。

嗚呼！金蹂宋蹢南，兩帝並立，廢道德性命之説，以辨博長雄爲詞章，發揚稱述，率皆誕漫叢雜，理偏而氣豪，南北崇尚，幾無所分別。當是時，伊、洛之學傳南劒，至乾道、淳熙，士知尊其説闡明之，朱文公統宗據會，纖鉅畢備，正學始崇。又未幾，僞學造謗，咸諱其説，以售仕干時。金將亡，各流離自保，烏睹所謂經説哉。有明其説者，獨江漢趙氏，私相筆録，尊聞傳信，稍自異流俗。皇元平江南，其書稛載以來，保定劉先生因篤志獨行，取文公書，會粹而甄别之，其文精而深，其識專以正，蓋隆平之興，使夫道德同而風俗一，不在於目接耳受而有嗣也。會稽袁公文集。

伏見保定處士劉因，隱居教授，不求聞達。屬裕宗在東宫，由布衣起爲贊善大夫，旋以母老辭去。又以集賢學士召，而不復起。是其志趣高尚，有非時輩所敢望。或者謂因矜己傲物，索隱之流，臣謂不然。夫風俗之薄也久矣，士之處世，不自貴重，聞一人之譽，一章之薦，喜見顔色，惟恐或失，不復知有廉耻等事。何則？私欲動於中，利禄奪於外也。而斯人也，授以三品清要之官，辭而不顧，非操守有素，能如是乎！當風俗澆薄之中，忽得斯人，庶幾息奔競，厚風俗，而士類亦知懲勸矣。助教吴明進策。

翰林待制歐陽玄贊先生之像曰：「微點之狂，而有沂上風雩之樂；資由之勇，而無北鄙鼓瑟之聲。於裕皇之仁，而見不可留之四皓；以世祖之略，而遇不能致之兩生。烏乎！麒麟鳳皇，固宇内之不常有也，然而一鳴而六典作，一出而春秋成。則其志不欲遺世而獨逞也明矣，亦將從周公、孔子之後，爲往聖繼絶學，爲來世開太平者耶！」

校勘記

〔一〕遺一軍逆大行靈舁　「舁」元史卷一五七本傳作「輿」。

〔二〕西涼　原作「西京」，據聚珍本及郝文忠公集卷一八班師議、元史卷一五七本傳改。

〔三〕莅習兵革　「莅」原作「莅」，明鈔本邊改作「莅」，清鈔本作「莅」，今據改。

〔四〕題帖無貸　「題帖」聚珍本作「獎黜」。

附録

蘇天爵傳

蘇天爵字伯脩，真定人也。父志道，歷官嶺北行中書省左右司郎中，和林大饑，救荒有惠政，時稱能吏。天爵由國子學生公試，名在第一，釋褐，授從仕郎、大都路薊州判官。丁内外艱，服除，調功德使司照磨。泰定元年，改翰林國史院典籍官，陞應奉翰林文字。至順元年，預修武宗實録。二年，陞修撰，擢江南行臺監察御史。

明年，慮囚于湖北。湖北地僻遠，民獠所雜居，天爵冒瘴毒，徧歷其地。囚有言冤狀者，天爵曰：「憲司歲兩至，不言何也？」皆曰：「前此慮囚者，應故事耳。今聞御史至，當受刑，故不得不言。」天爵爲之太息。每事必究心，雖盛暑，猶夜篝燈，治文書無倦。沅陵民文甲無子，育其甥雷乙，後乃生兩子，而出乙，乙俟兩子行賣茶，即舟中取斧，並斮殺之，沈斧水中，而血漬其衣，跡故在。事覺，乙具服，部使者乃以三年之疑獄釋之。天爵曰：「此事二年半耳，且不殺人，何以衣污血？又何以知斧在水中？又其居去殺人處甚近，何謂疑獄？」

遂復置于理。常德民盧甲、莫乙、汪丙同出傭，而甲誤墮水死，甲弟之爲僧者，欲私甲妻不得，訴甲妻與乙通，而殺其夫。乙不能明，誣服擊之死，斷其首棄草間，屍與仗棄譚氏家溝中。吏往索，果得髑髏，然屍與仗皆無有，而譚誣證曾見一屍，水漂去。天爵曰：「屍與仗縱存，今已八年，未有不腐者。」召譚詰之，則甲未死時，目已瞽，其言曾見一屍水漂去，妄也。天爵語吏曰：「此乃疑獄，况不止三年。」俱釋之。其明於詳讞，大抵類此。

入爲監察御史，道改奎章閣授經郎。元統元年，復拜監察御史，在官四閲月，章疏凡四十五上，自人君至朝廷政令、稽古禮文、閭閻幽隱，其關乎大體、繫乎得失者，知無不言。所劾者五人，所薦舉者百有九人。明年，預修文宗實録，遷翰林待制，尋除中書右司都事，兼經筵參贊官。後至元二年，由刑部郎中，改御史臺都事。三年，遷禮部侍郎。五年，出爲淮東道肅政廉訪使，憲綱大振，一道肅然。入爲樞密院判官。明年，改吏部尚書，拜陝西行臺治書侍御史，復爲吏部尚書，陞參議中書省事。是時，朝廷更立宰相，庶務多所弛張，而天子圖治之意甚切，天爵知無不言，言無顧忌，夙夜謀畫，須髮盡白。

至正二年，拜湖廣行省參知政事，遷陝西行臺侍御史。四年，召爲集賢侍講學士，兼國子祭酒。天爵自以起自諸生，進爲師長，端己悉心，以範學者。明年，出爲山東道肅政廉訪使，尋召還集賢，充京畿奉使宣撫，究民所疾苦，察吏之姦貪，其興除者七百八十有三事，其糾劾者九百四十有九人，都人有包、韓之譽，然以忤時相意，竟坐不稱職罷歸。七年，天子察其誣，乃復起爲湖北道宣慰使、浙東道廉訪使，俱未行。拜江浙行省參知政事。江浙財賦，居天下十七，事務最煩劇，天爵條分目别，細鉅不遺。

九年，召爲大都路都總管，以疾歸。俄復起爲兩浙都轉運使，時鹽法弊甚，天爵拯治有方，所辦課爲鈔八十萬錠，及期而足。十二年，妖寇自淮右蔓延及江東，詔仍江浙行省參知政事，總兵于饒、信，所克復者一路六縣。其方略之密，節制之嚴，雖老帥宿將不能過之。然以憂深病積，遂卒于軍中，年五十九。

天爵爲學，博而知要，長於紀載，嘗著國朝名臣事略十五卷、文類七十卷。其爲文，長於序事，平易温厚，成一家言，而詩尤得古法，有詩稿七卷、文稿三十卷。於是中原前輩，凋謝殆盡，天爵獨身任一代文獻之寄，討論講辯，雖老不倦。晚歲，復以釋經爲己任。學者因其所居，稱之爲滋溪先生。其他所著文，有松廳章疏五卷、春風亭筆記二卷，遼金紀年、黄河原委未及脱稿云。

四庫全書總目提要

元蘇天爵撰。天爵字伯脩，真定人。由國子學生試第一，釋褐，授從仕郎、薊州判官，終江浙行省參知政事，事跡具元史本傳。此書記元代名臣事實，始穆呼哩終劉因，凡四十七人。大抵據諸家文集所載墓碑、墓誌、行狀、家傳爲多，其雜書可徵信者，亦採掇焉。一一注其所出，以示有徵，蓋仿朱子名臣言行録例，而始末較詳，又兼仿杜大珪名臣碑傳琬琰集例，但有所棄取，不盡録全篇耳。後蘇霖作有官龜鑑，於當代事跡皆採是書；元史列傳亦皆與是書相出入，足知其不失爲信史矣。

中國史學基本典籍叢刊 書目

穆天子傳匯校集釋
國語集解
吴越春秋輯校彙考
越絶書校釋
西漢年紀
兩漢紀
漢官六種
東觀漢記校注
校補襄陽耆舊記（附南雍州記）
十六國春秋輯補
洛陽伽藍記校箋
建康實録
荆楚歲時記
貞觀政要集校（修訂本）
唐六典
蠻書校注
十國春秋
皇朝編年綱目備要
皇宋十朝綱要校正
隆平集校證
宋史全文
宋太宗皇帝實録校注
金石録校證
靖康稗史箋證
中興遺史輯校
鄂國金佗稡編續編校注
皇宋中興兩朝聖政輯校
續宋中興編年資治通鑑
續編兩朝綱目備要
宋季三朝政要箋證
宋代官箴書五種
契丹國志

西夏書校補

大金弔伐録校補

大金國志校證

聖武親征録（新校本）

元朝名臣事略

明本紀校注

皇明通紀

明季北略

明季南略

小腆紀年附考

小腆紀傳

廿二史劄記校證